DIE ENDREDAKTION DES NEUEN TESTAMENTS

DIE ENDREDAKTION DES NEUEN TESTAMENTS

Eine Untersuchung zur Entstehung der christlichen Bibel

David Trobisch

Quiet Waters Publications
2023

Copyright © 2023 David Trobisch

All rights reserved. No part of this book may be used or reproduced without written permission, except in the case of brief quotations embodied in critical articles and reviews.

Quiet Waters Publications
Springfield, Missouri
www.quietwaterspub.com

ISBN 978-1-931475-95-2 (US Softcover)
ISBN 978-1-931475-96-9 (US Hardcover)

International Distribution by Amazon
>US >UK >DE >FR >ES >IT >NL >PL >SE >JP >CA >AU

GERMANY:

ISBN 978-3-911124-11-9 (DE Softcover)
ISBN 978-3-911124-10-2 (DE Hardcover)

Reprint of the First Edition: Die Deutsche Bibliothek - CIP-Einheitsaufnahme: **Trobisch, David:** Die Endredaktion des Neuen Testamentes: eine Untersuchung zur Entstehung der christlichen Bibel / David Trobisch. - Freiburg, Schweiz: Univ.-Verl.; Göttingen: Vandenhoeck und Ruprecht. 1996 (Novum testamentum et orbis antiquus; 31) ISBN 3-525-53933-9 (Vandenhoeck & Ruprecht) ISBN 3-7278-1075-0 (Univ.-Verl.) NE:GT

VORWORT ZUR ZWEITEN AUFLAGE

Als das Manuskript dieses Buches vor dreißig Jahren der Theologischen Fakultät der Universität Heidelberg als Habilitationsschrift vorgelegt wurde, repräsentierte es einen bahnbrechenden methodologischen Neuansatz, der etablierte Forschungsparadigmen hinterfragte.

Die Habilitationswürde wurde zunächst abgelehnt, nur um wenige Wochen später einstimmig verliehen zu werden. In gewissem Sinne war dies auch das Schicksal dieses Buches. Obwohl die deutsche Ausgabe schon nach wenigen Monaten vergriffen war, wurde das Buch nicht neu aufgelegt. Die englische Übersetzung hingegen erlebte mehrere Auflagen, ist immer noch im Druck und ist aus der Diskussion um die Entstehung des Neuen Testamentes nicht wegzudenken.[1]

---

[1] Zur Wirkungsgeschichte vgl. Jan Heilmann, „Die These einer *editio princeps* des Neuen Testaments im Spiegel der Forschungsdiskussion der letzten zwei Jahrzehnte." In: Das Neue Testament und sein Text im 2. Jahrhundert, hgg. Jan Heilmann, Matthias Klinghardt. 2018. Tübingen: Narr Francke Attempto. 21-56.

In der traditionellen Forschung liegt der Schwerpunkt auf der patristischen Literatur. Dazu gehören zum Beispiel Aussagen kirchlicher Autoren zur Authentizität einzelner neutestamentlicher Schriften. Im Gegensatz dazu legt die vorliegende Arbeit den Fokus auf die empirische Analyse von Handschriften des Neuen Testaments. Die Arbeit betont die entscheidende Bedeutung dieser primären Quellen und plädiert dafür, ihnen in zukünftigen Forschungsansätzen mehr Gewicht als den sekundären Zeugnissen der Kirchenväter zukommen zu lassen. Trotz der empirischen Fundierung dieses Ansatzes wurde er in der akademischen Welt nur zurückhaltend akzeptiert.

Die zögerliche Akzeptanz des neuen Ansatzes ist verständlich, da die Konsequenzen für das Fachgebiet weitreichend wären. Statt des historischen Jesus von Nazareth aus dem ersten Jahrhundert würde die Christuserfahrung der katholischen Bewegung des zweiten Jahrhunderts, deren Gründungsmythos das Neue Testament darstellt, in den Mittelpunkt der akademischen Auseinandersetzung rücken. Ein solcher Paradigmenwechsel sollte nicht leichtfertig vollzogen werden.

Die Hauptthese des Buches postuliert, dass die 27 einzelnen Schriften des Neuen Testaments nicht das Resultat eines langwierigen anonymen Sammel- und Ausscheidungsprozesses sind, der sie zu einer literarischen und theologischen Einheit formte. Vielmehr argumentiert das Buch, dass diese Einheit das Produkt einer spezifischen Edition ist, die historisch in der Mitte des zweiten Jahrhunderts verortet werden kann. Diese Edition trug den Titel *Das Neue Testament*. Sie wurde von Anfang an als eine geschlossene Sammlung konzipiert, wobei der Bezug zu jüdischen heiligen Schriften, von den Herausgebern als „Das Alte Testament" bezeichnet, nie aus dem Blickfeld gerät. Da sich diese Ausgabe gegenüber anderen christlichen Publikationen durchsetzen konnte und kanonischen Status erhielt, wurde sie in diesem Buch erstmals als „Kanonische Ausgabe" bezeichnet, ein Begriff, der mittlerweile von vielen Autoren übernommen wurde.

Eine literaturhistorische Interpretation des Neuen Testaments als Publikation des zweiten Jahrhunderts ist auf Englisch erschienen.[2]

David Trobisch, Heidelberg im September 2023

---

[2] David Trobisch. 2023. *On the Origin of Christian Scripture: The Evolution of the New Testament Canon in the Second Century*. Fortress Press, USA.

VORWORT

Die vorliegende Untersuchung wurde von den Professoren Gerd Theißen (Neues Testament), A. Martin Ritter (Kirchengeschichte) und Dieter Hagedorn (Papyrologie) begutachtet und im Herbst 1994 von der Theologischen Fakultät der Universität Heidelberg als Habilitationsschrift angenommen. Für die Veröffentlichung wurde das Manuskript überarbeitet.
Ich bedanke mich bei Prof. Gerd Theißen und Prof. Max Küchler für die Aufnahme der Untersuchung in die Reihe NOVUM TESTAMENTUM ET ORBIS ANTIQUUS.

INHALT

EINLEITUNG 5
  Die historischen Quellen 5
  Indirekte Belege 5 — Handschriften 10 — Der redaktionelle Rahmen 11
  These und Aufbau der Untersuchung 11

NACHWEIS EINER ENDREDAKTION 13
  Begriffsvereinbarungen 13
  Was heißt Endredaktion? 14
  Textliche Elemente 14 — Nichttextliche Elemente 14 — Erkennungsmerkmale 15
  Die Notierung der Nomina Sacra 16
  Verbreitung 16 — Notierung 17 — Das Tetragramm in der jüdischen Bibel 20 — Abkürzungen 26 — Element der Endredaktion 30
  Die Verwendung der Kodexform 31
  Verbreitung 31 — Element der Endredaktion 34
  Reihenfolge und Umfang in den Handschriften 35
  Methodische Überlegungen 35 — Gesamtausgaben 38 — Stellung des Hebräerbriefes und der Apostelgeschichte 40 — Vier Sammlungseinheiten 40 — Nicht auswertbare Handschriften 44 — Anordnung der Kanonischen Ausgabe 46 — Abweichende Reihenfolgen 47 — Ergebnis 53 — Reflexion 54
  Die Titel der Schriften 58
  Evangelien 59 — Praxapostolos 61 — Paulusbriefsammlung 63 — Offenbarung des Johannes 65 — Die Gruppierung der Schriften 65 — Ergebnis 66 — Reflexion 67
  Der Titel der Kanonischen Ausgabe 68
  Zusammenfassung 70

DAS LITERARISCHE KONZEPT 71
  Drei Perspektiven: Leser, Herausgeber, Vorlage 71
  Implizierte Verfasserangaben 73
  Matthäusevangelium 73 — Markusevangelium 75 — Lukasevangelium Apostelgeschichte 78 — Johannesevangelium 81 — Johannesbriefe 86 — Offenbarung des Johannes 87 — Judasbrief 87 — Jakobusbrief 88 — Petrusbriefe 90 — Paulusbriefe 90 — Hebräerbrief 91 — Zusammenfassung 91
  Die Auswahl der Verfasser 91
  Acht Autoren 91 — Aufbau der Ausgabe 92 — Echtheit 93 — Autorenrezension der Paulusbriefsammlung 93

Inhalt

Der Titel der Ausgabe 94
Septuaginta 95 — Gliederung 96 — Textverweis auf 2Kor 3 100

Nomina Sacra 102
Tetragramm 102 — Zur Entstehung 104 — Gruppendefinierende Funktion 105

Kodex 106
Ausgewählte Zeugnisse 106 — Rolle 110 — Kodex 113 — Vorteile für die Kanonische Ausgabe 121

Zusammenfassung 122

DAS EDITORIAL DER KANONISCHEN AUSGABE 125

Einleitung 125
Relative Datierung 125 — Ordnungsprinzip der Evangelien 127 — Weitere Vorgangsweise 127

Apostelgeschichte 128
Paulus und Petrus 128 — Gliederung 130 — Apostelkonzil 131 — Paulus und Jakobus 131 — Paulus und Barnabas 132 — Paulus und Timotheus 133 — Querverweise 133

2.Timotheusbrief 134
Lektüreempfehlung 135 — Querverweise 136

2.Petrusbrief 136
Johannesevangelium 136 — Markusevangelium 137 — Altes Testament 139 — Judasbrief 141 — 1.Petrusbrief 145 — Paulusbriefsammlung 145 — 1.Thessalonicherbrief und Offenbarung 146 — Querverweise 147

Ergebnis 147

Johannesevangelium 147
Joh 21,25: Der letzte Satz der Evangeliensammlung 149 — ℵ 01 und Joh 21,25 151 — Querverweise 153

AUSBLICK 155

Moderne Ausgaben 155
Ziel der Textkritik 155 — Neues Testament 155 — Altes Testament 156 — Nomina sacra 157

Zur Leserschaft der Kanonischen Ausgabe 158

VERZEICHNIS DER ZITIERTEN LITERATUR 161

REGISTER 178

EINLEITUNG

Wer heute ein Exemplar der christlichen Bibel kauft, erhält ein Buch, dessen zweiter Teil — meist durch ein separates Deckblatt gekennzeichnet — den Titel „Neues Testament" trägt. Dieses Neue Testament enthält 27 Schriften, beginnt mit den Evangelien und endet mit der Offenbarung des Johannes. Die „Kanonische Ausgabe", wie ich sie nennen werde, ist der Gegenstand der folgenden Erörterungen.

Jede Ausgabe hat eine Vorgeschichte. Ich interessiere mich für den Punkt in der Geschichte der christlichen Bibel, an dem die neutestamentlichen Schriften in der redaktionellen Gestalt, in der sie bis heute in der christlichen Kirche anerkannt sind, zum ersten Mal als Sammelwerk veröffentlicht wurden. Während sich die meisten neutestamentlichen Abhandlungen mit der Vorgeschichte der christlichen Bibel beschäftigen und von Jesus von Nazareth ausgehend die Zeit und Intention der einzelnen Autoren des Neuen Testamentes beschreiben, setzt diese Untersuchung zu einem Zeitpunkt ein, an dem die Verfasser ihre Arbeit längst abgeschlossen hatten, und Verleger und Buchhändler es übernahmen, das wachsende christliche Leserinteresse mit der uns bekannten Ausgabe des „Neuen Testamentes" zu bedienen.

Die historischen Quellen

Die Quellen, die für die frühe Geschichte der christlichen Bibel ausgewertet werden können, lassen sich in drei Kategorien aufteilen: (1) Zitate und Anspielungen auf neutestamentliche Texte in der Literatur der ersten Jahrhunderte unserer Zeitrechnung, (2) die ältesten erhaltenen Handschriften des Neuen Testamentes und (3) der literarische Befund des Neuen Testamentes selbst.

Indirekte Belege

Traditionellerweise haben sich Untersuchungen zur Kanonsgeschichte auf die Belege der ersten Kategorie konzentriert. Die anerkannten Quellensammlungen zur sogenannten Kanonsgeschichte und die bis heute gültigen Deutungsmuster dieser Quellen reichen bis in das letzte Jahrhundert zurück und sind untrennbar mit den Namen von B.F. Westcott[1] für den englischsprachigen Raum, A. Loisy[2] für den französischen, und Theodor Zahn[3] und Adolf von Harnack[4] für den deutschen Raum verbunden. Trotz erheblicher Unterschiede im Detail stimmen diese Entwürfe in den groben Zügen überein und haben den Konsens des 20. Jahrhunderts entscheidend mitgeprägt. Es wird davon ausgegangen, daß die einzelnen Schriften des Neuen Testamentes Jahrzehnte lang getrennt in Umlauf waren bis ein langwieriger, komplizierter Sammlungsprozeß einsetzte, der in den verschiedenen geographischen Regionen unterschiedlich verlief, und die entstandene katholische Kirche zwang, verbindliche Beschlüsse zu fassen, welche 'Bücher' zur christlichen Bibel gehörten und welche nicht.

Daß sich an dieser Sicht auch in der zweiten Hälfte unseres Jahrhunderts nicht viel geändert hat, bestätigt die umfassende Analyse des Forschungsstandes, die Brevard S. Childs 1985 vorgelegt hat.[5] Childs, dessen Lebenswerk von dem Engagement geprägt ist, die theologischen und historischen Implikationen, die sich aus der Abgeschlossenheit des Kanons ergeben, für die Auslegung des Alten und Neuen Testamentes fruchtbar zu machen,[6] präzisiert den Konsens dahingehend, daß um das Jahr 200

---

[1] B.F. Westcott, *A General Survey of the History of the Canon of the New Testament*, 6.Auflage (Cambridge, London: Macmillan, 1889).

[2] A. Loisy, *Histoire du canon du Nouveau Testament* (Paris, 1891; unveränderter Nachdruck Frankfurt: Minerva, 1971).

[3] Th. Zahn, *Geschichte des Neutestamentlichen Kanons*, Erster Band: *Das Neue Testament vor Origenes* (Erlangen: Deichert, 1888/1889). Zweiter Band: *Urkunden und Belege zum ersten und dritten Band* (Erlangen, Leipzig: Deichert, 1890/1892).

[4] A. v. Harnack, *Die Entstehung des Neuen Testamentes und die wichtigsten Folgen der neuen Schöpfung* (Leipzig: Hinrichs, 1914). Besonders aufschlußreich ist Harnacks Besprechung des ersten Bandes von Zahn: A.v. Harnack, *Das Neue Testament um das Jahr 200* (Freiburg: Mohr, 1889).

[5] B.S.Childs, *The New Testament as Canon: An Introduction* (London: SCM Press, 1984; Philadelphia: Fortress, 1985).

[6] Große Aufmerksamkeit erregte Childs mit seiner Einleitung, *Introduction to the Old Testament as Scripture* (Philadelphia: Fortress, 1979). Zur weltweiten Wirkungsgeschichte dieses Ansatzes siehe die Monographie von M.G. Brett, *Biblical Criticism in Crisis? The Impact of the Canonical Approach on Old Testament Studies* (Cambridge: University Press, 1991); Ch.H. Scobie, „The Challenge of Biblical Theology", *Tyndale*

Einleitung 7

die vier Evangelien zusammen mit einer Sammlung der Paulusbriefe in den christlichen Gemeinden anerkannt waren und gleichberechtigt neben den Schriften der jüdischen Bibel als Heilige Schrift gelesen wurden. Der Prozeß, der die Grenzen der Sammlung apostolischer Schriften festlegte, und der sich oft in hitzigen Debatten vollzog, dauerte aber noch bis an das Ende des vierten Jahrhunderts.[7]

Nach diesem Modell hat sich die Entwicklung des Kanons in drei Schritten vollzogen:[8] In der ersten Phase entstehen zahlreiche christliche Schriften mit hohem Geltungsanspruch.[9] In der zweiten Phase, die das

---

Bulletin 42 (1991) 33-61. Die theologischen Ergebnisse in systematischer Form hat Childs 1992 vorgelegt: *Biblical Theology of the Old and New Testaments: Theological Reflection on the Christian Bible* (London: SCM Press, 1992).

[7] Childs, *NT as Canon*, 18. K. Aland, „Das Problem der Anonymität und Pseudonymität in der christlichen Literatur der ersten beiden Jahrhunderte", *Studien zur Überlieferung des Neuen Testaments und seines Textes*, ANTF 2 (Berlin: de Gruyter, 1967) 26, formuliert: Die Einheitlichkeit bezüglich des Kanons des Neuen Testaments „*ist erst am Ausgang des 4.Jahrhunderts als Resultat eines langwierigen und komplizierten Prozesses in einer Reihe von Kirchenprovinzen erreicht worden, hat aber noch Jahrhunderte gebraucht, bis sie sich überall durchgesetzt hat.*" In diesem weitgefaßten Rahmen haben auch noch forschungskritische Ansätze Platz, wie sie etwa A.C. Sundberg vertreten hat, der u.a. den Quellenwert des Kanon Muratori als Dokument des zweiten Jahrhunderts nachdrücklich in Frage gestellt hat. Vgl. A.C. Sundberg: „Towards a Revised History of the New Testament Canon", *Studia Evangelica*, 4, *TU* 102 (1968) 452-461; *The Old Testament of the Early Church* (Cambridge, Mass.: Harvard University Press, 1964); „Canon Muratori: A Fourth-Century List", *HThR* 66 (1973) 1-41; „Canon of the New Testament", Supplementary Volume, *Interpreters Dictionary of the Bible*; „The Bible Canon and the Christian Doctrine of Inspiration", *Interpretation*, 29 (1975) 352-371. Die Spätdatierung wurde untersucht und bestätigt von G. M. Hahneman, *The Muratorian Fragment and the Development of the Canon*, Oxford Theological Monographs (Oxford: Clarendon, 1992).

[8] Sundberg, „Revised History", 459-460.

[9] Ausgeprägt begegnet diese Sicht bei K. Aland: „Das Problem des neutestamentlichen Kanons", *ANTF* 2 (1967) 1-23; „Falsche Verfasserangaben? Zur Pseudonymität im frühchristlichen Schrifttum", *Th Rv* 75 (1979) 1-10; „Noch einmal: Das Problem der Anonymität und Pseudonymität in der christlichen Literatur der ersten beiden Jahrhunderte", *Pietas*. FS Bernhard Kötting, *JAC.E* 8 (1980) 121-139 (126). Aland läßt diese Epoche mit Justin in der Mitte des zweiten Jahrhunderts ausklingen. Ähnlich K.M. Fischer, „Anmerkung zur Pseudepigraphie im Neuen Testament", *NTS* 23 (1977) 76-81; vgl. H. Kraft, „Das besondere Selbstbewußtsein der Verfasser der Neutestamentlichen

zweite und dritte Jahrhundert bestimmt, werden christliche Schriften zu unterschiedlichen Sammlungen zusammengefaßt und es entstehen geschlossene Corpora.[10] Ab dem vierten Jahrhundert setzt dann die dritte

---

Schriften", J. M. Hollenbach, H. Staudinger (Hgg), *Moderne Exegese und historische Wissenschaft* (Trier: Spee, 1972) 77-93.

[10] Die Literatur zu diesem Zeitraum ist reich, neuere Bibliographien finden sich bei: F.F. Bruce, *The Canon of Scripture* (Downers Grove, IL: Inter Varsity Press, 1988); Childs, *NT as Canon*; A. F. J. Klijn, „Die Entstehungsgeschichte des Neuen Testaments", *ANRW* 2,26,1 (1992) 64-97; B.M. Metzger, *The Canon of the New Testament: Its Origin, Development and Significance* (Oxford: Clarendon Press, 1987) = *Der Kanon des Neuen Testaments: Entstehung, Entwicklung, Bedeutung* (Düsseldorf: Patmos, 1987). Im folgenden eine Auswahl von Einzeluntersuchungen: B. Aland, „Die Rezeption des neutestamentlichen Textes in den ersten Jahrhunderten", *The New Testament in Early Christianity*, BEThL 86 (Leuven: University Press, 1989) 1-38; Ch.P. Anderson, „The Epistle to the Hebrews and the Pauline Letter Collection", *HThR* 59 (1966) 429-438 (methodologisch interessant); R. T. Beckwith, *The Old Testament Canon of the New Testament Church and its Background in Early Judaism* (Grand Rapids: Eerdmans, 1985); G.G. Blum, *Tradition und Sukzession: Studie zum Normbegriff des Apostolischen von Paulus bis Irenäus*, Arbeiten zur Geschichte und Theologie des Luthertums 9 (Berlin, Hamburg: Luther. Verlagshaus, 1963); F.F. Bruce, „Some Thoughts in the Beginning of the New Testament Canon", *Bulletin of The John Rylands University Library*, 65 (Manchester, 1982-1983) 37-60; Ch.H. Cosgrove, „Justin Martyr and the Emerging Christian Canon: Observations on the Purpose and Destination of the Dialogue with Trypho", *VigChr* 36 (1982) 209-232; I. Frank, *Der Sinn der Kanonbildung: Eine historisch-theologische Untersuchung der Zeit vom 1. Clemensbrief bis Irenäus von Lyon*, Freiburger Theologische Studien, 90 (Freiburg: Herder, 1971); J. Hoh, *Die Lehre des Hl. Irenäus über das Neue Testament*, Neutestamentliche Abhandlungen, 7 (Münster: Aschendorffsche Verlagsbuchhandlung, 1919); E.R. Kalin, „Re-examining New Testament Canon History: 1. The Canon of Origin", *Currents in Theology and Mission*, 17 (Chicago, IL, 1990) 274-282; J. Knox, *Marcion and the New Testament: An Essay in the Early History of the Canon* (Chicago: University of Chicago Press, 1942); H. Paulsen, „Die Bedeutung des Montanismus für die Herausbildung des Kanons", *VigChr* 32 (1978) 19-52; A.M. Ritter, „Die Entstehung des neutestamentlichen Kanons: Selbstdurchsetzung oder autoritative Entscheidung?", Aleida und Jan Assman (Hgg), *Kanon und Zensur: Beiträge zur Archäologie der literarischen Kommunikation*, 2 (München: Fink, 1987); Ders., „Zur Kanonbildung in der alten Kirche", *Charisma und Caritas: Patristische Aufsätze* (Göttingen: Vandenhoeck, 1993); A. Sand, *Kanon: Von den Anfängen bis zum Fragmentum Muratorianum*, Handbuch der Dogmengeschichte 1,3a,1 (Freiburg u.a., 1974); F. Stuhlhofer, *Der Gebrauch der Bibel von Jesus bis Euseb: Eine statistische Untersuchung zur Kanonsgeschichte* (Wuppertal: R.Brockhaus, 1988).

Einleitung

und letzte Phase ein, die eigentliche Kanonisierung, in der die Kirche normative Listen ausbildet.[11] Die Frage nach dem Kriterium, das historisch während dieser letzten Phase über die Kanonizität einer Schrift entschied, hat das Interesse christlicher Theologen seit jeher auf sich gezogen.[12] Gerade darüber aber zeichnet sich keine Übereinstimmung in der historischen Forschung ab,[13] an der theologischen Relevanz dieser Fragestellung wird aber über die Konfessionsgrenzen hinweg festgehalten.[14] Auch wird eine präzise Datierung dadurch erschwert, daß ein bindender gesamtkirchlicher Beschluß der Alten Kirche, auf den man sich berufen könnte, für die frühe Zeit fehlt.[15]

---

[11] Nach wie vor einen forschungsgeschichtlichen Meilenstein bildet H. v. Campenhausen, *Die Entstehung der christlichen Bibel*, BHTh 39 (1968), auf den sich alle späteren Darstellungen beziehen. Eine Auswahl neuerer Untersuchungen zur allgemeinen Kanonsgeschichte neben den eben aufgeführten: K.-H. Ohlig, *Die theologische Begründung des neutestamentlichen Kanons in der alten Kirche* (Düsseldorf: Patmos, 1972); F. Hahn, „Die Heilige Schrift als älteste christliche Tradition und als Kanon", *Evangelische Theologie*, 40 (1980) 456-466; D. Lührmann, „Gal 2,9 und die katholischen Briefe: Bemerkungen zum Kanon und zur regula fidei", *ZNW* 72 (1981) 65-87; W.R. Farmer und D.M. Farkasfalvy, *The Formation of the New Testament Canon* (New York u.a.: Paulist Press, 1983); H. Gamble, *The New Testament Canon: Its Making and Meaning* (Philadelphia: Fortress, 1985).

[12] Frank, *Kanonbildung*, 9, führt fünf wichtige Vorschläge aus diesem Jahrhundert auf: *„a) die Autopistie der Schrift (Karl Barth); b) die Apostolische Verfasserschaft (Oscar Cullmann); c) die Tradition der Kirche (Nikolaus Appel); d) die Entscheidung der Kirche (Hans von Campenhausen); e) der Evangelische Inhalt (Werner Georg Kümmel u.a.)."* R.F. Collins, „The Matrix of the NT Canon", *BTB* 7 (1977) 51 sieht das Feld, innerhalb dessen sich der Kanon bildet durch vier Faktoren definiert: *„suitability for public reading, apostolicity, orthodoxy, and proper literary form"*.

[13] Vgl. den Sammelband: E. Käsemann (Hg), *Das Neue Testament als Kanon: Dokumentation und kritische Analyse zur gegenwärtigen Diskussion* (Göttingen: Vandenhoeck, 1970).

[14] Welch wichtige Rolle die Kanonsgeschichte im theologischen Bewußtsein evangelikaler Exegeten spielt, dokumentiert eindrucksvoll der Sammelband: G. Maier (Hg), *Der Kanon der Bibel* (Wuppertal: R.Brockhaus, 1990). Eine eingehende Untersuchung und Darstellung der Relevanz für katholische Theologen liegt vor bei: J. Schumacher, *Der apostolische Abschluß der Offenbarung Gottes*, Freiburger Theologische Studien, 114 (Freiburg, Basel, Wien: Herder, 1979).

[15] Ritter, „Die Entstehung des neutestamentlichen Kanons", 94.

Keine Übereinstimmung in der Forschung besteht heute in der Frage, ob die Entstehung des Neuen Testaments ein allmählicher Prozeß eines „sich selbst durchsetzenden Kanons" war[16] oder ob es ein Ereignis gab, das die Kirche dazu zwang, eine Bibelausgabe herzustellen und autoritativ durchzusetzen. Im letzeren Fall wird die Entstehung des Neuen Testamentes — im Gefolge Adolf von Harnacks — dann meistens in Beziehung zur Bibelausgabe des Markion gesetzt, der in der ersten Hälfte des zweiten Jahrhunderts zehn Paulusbriefe und eine mit dem kanonischen Lukasevangelium verwandte Evangelienschrift als Sammlung publizierte.[17] Ob Markion allerdings Anlaß für die kirchliche Reaktion war,[18] ob er die Kanonische Ausgabe überarbeitet und gekürzt habe[19] oder ob es sich sogar um voneinander unabhängige Sammlungen handelte,[20] bleibt auch in diesem Lager heftig umstritten.

Handschriften
Die zahlreichen Handschriftenfunde der letzten siebzig Jahre haben uns heute in eine Lage versetzt, die sich erheblich von der Situation der Altmeister der Kanonsgeschichte unterscheidet. Statt aus indirekten Anspielungen in Zitaten des zweiten und dritten Jahrhunderts Rückschlüsse auf

---

[16] Z.B. G. Wanke, „Bibel, I. Die Entstehung des Alten Testaments als Kanon", *TRE* 6 (1980) 1-8. Dagegen polemisiert heftig D. Georgi, „Die Aristoteles- und Theophrastausgabe des Andronikus von Rhodus: Ein Beitrag zur Kanonsproblematik", R. Bartelmus u.a. (Hgg), *Konsequente Traditionsgeschichte*, Festschrift für Klaus Baltzer, OBO 126 (1993), 45-78. Siehe auch Campenhausen, *Entstehung*, 382, Anm. 12, der allerdings mit erheblichen Differenzierungen vertritt, „*daß der Kanon — inhaltlich begriffen — sich selbst durchgesetzt habe*".
[17] A. v. Harnack, *Marcion: Das Evangelium vom fremden Gott: Eine Monographie zur Geschichte der Grundlegung der katholischen Kirche* (Leipzig: Hinrichs, 1921; Neudruck 1960). In bezug auf Markion hat sich Campenhausen, *Entstehung*, Harnack weitgehend angeschlossen. Daß Harnack den Einfluß Markions überschätzt, vertritt überzeugend B. Aland, „Marcion: Versuch einer neuen Interpretation", *ZThK* 70 (1973) 420-447. Richtungsweisend: U. Schmid, *Marcion und sein Apostolos: Rekonstruktion und historische Einordnung der marcionitischen Paulusbriefausgabe*, ANTF 25 (1995).
[18] Vgl. R.J. Hoffmann, *Marcion: On the Restitution of Christianity: An Essay on the Development of Radical Paulinist Theology in the Second Century* (Chico CA: Scholars Press, 1984) 101-134.
[19] Z.B. B. Aland, „Marcion (ca. 85-160)/ Marcioniten", *TRE* 22 (1992) 89-101.
[20] Schmid, *Marcion*, 297-298.

Einleitung 11

Gestalt und Umfang des Neuen Testamentes ziehen zu müssen, können wir heute umfangreich erhaltene Abschriften aus diesem Zeitraum in die Hand nehmen und untersuchen. Die Darstellung des handschriftlichen Befundes wird deshalb in der folgenden Untersuchung eine wesentliche Grundlage der Argumentation bilden.

Der redaktionelle Rahmen
Neben der frühen handschriftlichen Bezeugung und den gut dokumentierten sekundären Belegen für neutestamentliche Schriften, bildet meines Erachtens der redaktionelle Rahmen der Kanonischen Ausgabe des Neuen Testamentes eine weitere, bisher vernachlässigte historische Quelle.

These und Aufbau der Untersuchung

Ich möchte zeigen, daß das Neue Testament, in der Form, die in der Christenheit kanonische Geltung erlangt hat, nicht das Produkt eines jahrhundertelangen Entwicklungsprozesses ist. Die Geschichte des Neuen Testamentes ist die Geschichte eines Buches. Eines Buches, das von einem konkreten Herausgeberkreis an einem bestimmten Ort und zu einem bestimmten Zeitpunkt herausgegeben wurde.

Bei der Flut der erscheinenden Literatur und dem weitgefaßten Thema — schließlich ist das ganze Neue Testament zu betrachten — ist mir bewußt, daß mir Beiträge entgangen sind, die in methodischer als auch materieller Hinsicht die Untersuchung sehr bereichert hätten. Bemüht habe ich mich aber intensiv, möglichst umfassend Beiträge aus den letzten Jahren einzusehen und — aus persönlichem Interesse am interkontinentalen Dialog — deutsche und englischsprachige Erscheinungen etwa gleichwertig zu berücksichtigen. Kompilationen aus leicht zugänglichen Standardwerken wie Einleitungsbüchern und Kommentaren habe ich auf ein mir zweckmäßig erscheinendes Maß beschränkt. Das Material, das in bezug auf die Handschriftenkunde und auf den antiken Literaturbetrieb herangezogen wurde, habe ich dagegen möglichst vollständig dokumentiert.

Noch ein Wort zu den Fragen, die nicht behandelt werden. Die Vorgeschichte der Kanonischen Ausgabe ist nicht das Thema dieses Buches, dazu gehören die ältesten Erwähnungen neutestamentlicher Texte, die literarkritischen Quellentheorien und vor allem das Problem der Pseudepigraphie im Neuen Testament.

Auch möchte ich einen Minimalkonsens der Forschung nicht problematisieren, der heute davon ausgeht, daß keine der im Neuen Testament aufgenommenen Schriften deutlich nach 150 entstanden ist und daß um 200 der kirchliche Gebrauch jeder Schrift des Neuen Testamentes zweifelsfrei belegt ist. Ferner bildet die Datierung und Lokalisierung der Erstausgabe des Neuen Testamentes nicht das eigentliche Thema der Untersuchung, sie versteht sich aber als wichtige Vorarbeit dazu.

Das vorliegende Buch besteht aus drei Hauptteilen. Im ersten Teil soll nachgewiesen werden, daß es überhaupt eine einheitliche Endredaktion des Neuen Testamentes gegeben hat. Im zweiten Teil soll das inhaltliche Konzept erörtert werden, das dieser Bearbeitung zugrundeliegt. Der dritte Teil möchte zeigen, daß sich die Schriften, die nach Darstellung der Herausgeber die jüngsten Bücher der Sammlung bilden, inhaltlich mit dem Gesamtkonzept der Ausgabe auf das engste berühren. An einer Stelle — so soll wahrscheinlich gemacht werden — wendet sich der Herausgeber der christlichen Bibel in einem Editorial sogar direkt an die Leser der Kanonischen Ausgabe.

Im Ausblick schlage ich Änderungen bei der Gestaltung moderner Bibelausgaben vor, die sich aus dieser Untersuchung ergeben haben, und lasse die Untersuchung mit Überlegungen zur historischen Verortung der impliziten Leserschaft ausklingen.

NACHWEIS EINER ENDREDAKTION

Die Frage nach der Endredaktion der Kanonischen Ausgabe des Neuen Testamentes bildet kein Standardthema der Einleitungswerke in das Neue Testament. Es kann dadurch der Eindruck entstehen, daß es eine solche einheitliche Endredaktion nicht gegeben hat. Doch schon ein oberflächlicher Blick auf die Überlieferung des Neuen Testamentes erweist die Geschichte des Textes als die Geschichte einer Ausgabe.

Begriffsvereinbarungen

Die *Kanonische Ausgabe des Neuen Testaments* bildet den Gegenstand dieser Untersuchung. Um die Ausführungen sprachlich zu entlasten, seien einige Begriffsvereinbarungen vorausgeschickt.

Mit *Ausgabe* wird, dem heutigen Sprachgebrauch folgend, die Form einer Veröffentlichung bezeichnet.[1] Diese Form ist das Ergebnis redaktioneller Entscheidungen, die ich in dem Begriff der *Endredaktion* zusammenfassen werde. Sie kann sich durch äußerliche Merkmale wie Größe und Bindung beschreiben lassen, aber auch durch inhaltliche Änderungen an der Vorlage, die das Interesse der Bearbeiter und Herausgeber zum Ausdruck bringen.

Mit *kanonisch* werden Ausgaben bezeichnet, die von Interpretationsgemeinschaften als autoritativ angesehen werden. In den heutigen, christlichen Kirchen definiert sich eine kanonische Ausgabe des Neuen Testamentes vor allem durch ihren Umfang von 27 genau bestimmbaren Schriften. Der genaue Wortlaut dieser Schriften ist für die Anerkennung nicht konstitutiv.

In diesem Sinne ist *Kanon* ein wirkungsgeschichtlicher Begriff. Erst ihre breite Anerkennung macht eine Ausgabe normativ. Neben den Interessen der Herausgeber und Bearbeiter wird diese Untersuchung daher versuchen, die Ausgabe auch aus Leserperspektive zu beschreiben.

---

[1] G. Dodrowski (Hg), *Duden: Das große Wörterbuch der deutschen Sprache*, Durchgesehener Nachdruck (Mannheim, Wien, Zürich: Bibliograph. Institut, 1977) 251: „Ausgabe ... 4. a) (von einem Druckwerk o.ä.) Form der Veröffentlichung; Edition: eine gebundene, broschierte, kommentierte A.; eine A. erster, letzter Hand (die erste, letzte vom Autor selbst betreute Ausgabe eines Werkes)".

Nachweis einer Endredaktion

Was heißt Endredaktion?

Was genau ist mit Endredaktion gemeint? Und woran läßt sie sich erkennen? Der Begriff der Endredaktion von Sammelwerken, wie er in dieser Untersuchung verwendet wird, bezeichnet spätere, redaktionelle Veränderungen, die keinen ursprünglichen Bestandteil des gesammelten traditionellen Materials darstellen und deren Funktion es ist, einzelne Schriften zu einer übergreifenden literarischen Einheit zusammenzufassen.

Textliche Elemente

Die *Theologische Realenzyklopädie*[2] — nur um ein Beispiel zu nennen — stellt eine der bedeutendsten enzyklopädischen Anstrengungen der wissenschaftlichen Theologie des zwanzigsten Jahrhunderts dar und ist zum gegenwärtigen Zeitpunkt, zwanzig Jahre nach Erscheinen des ersten Bandes, noch nicht abgeschlossen.

Beiträge zu den ersten Buchstaben des Alphabetes repräsentieren daher einen älteren Wissensstand als die Beiträge der letzten Bände. Auch können sich die Beiträge in Stil, Wortwahl und Ausführlichkeit erheblich voneinander unterscheiden. Das Layout aber, das erst bei der Endredaktion erfolgt, ist einheitlich. Auf jeder Seite, in jedem Band gibt der zentrierte Kolumnentitel der Kopfzeile an, welcher Artikel aufgeschlagen wurde, Zeilennummern am linken Rand erleichtern die präzise Zitierung. Nicht nur das Seitenlayout ist vereinheitlicht, auch die Abkürzungen entsprechen dem beigegebenen Abkürzungsverzeichnis; die bibliographischen Angaben und Zitate sind immer in der gleichen Weise notiert und gekennzeichnet. Verweiszeichen im Text signalisieren, unter welchem Eintrag noch weitere Informationen zu finden sind. Diese Verweise sind das Produkt der Endredaktion und sollen im folgenden als *Querverweise* bezeichnet werden.

Nichttextliche Elemente

Die Endredaktion ist aber nicht auf den Wortlaut des Textes beschränkt. Die unterschiedliche Schrifttype für Fließtext und Titelblatt, das beschriebene Seitenlayout, die blaue Farbe des Einbandes, die Goldprägung

---

[2] G. Krause u.a. (Hgg), *Theologische Realenzyklopädie* (Berlin, New York: de Gruyter, 1977ff).

(mit Abkürzung „TRE", Bandzahl, Eingangs- und Abschlußlemma) auf dem Buchrücken, oberhalb des Verlagslogos plaziert, Anzahl und Aufbau der Lagen etc. bilden nichttextliche Formmerkmale und sind ebenfalls auf Entscheidungen der Herausgeber und Verleger zurückzuführen. Sie bilden für die Leser der Ausgabe ebenso wichtige Signale wie textliche Elemente. Die regelmäßigen Benutzer dieser Ausgabe erkennen auch in einer fremden Bibliothek die vertrauten, dunkelblauen Bände. Sie haben Signalwirkung.

Erkennungsmerkmale
Woran lassen sich Elemente der Endredaktion eines Sammelwerkes erkennen? Am späteren Entstehungszeitpunkt, an der vereinheitlichenden Funktion und an einem durchgängigen literarischen Konzept.

Elemente der Endredaktion weisen sich zunächst dadurch aus, daß sie nicht gleichzeitig mit dem herausgegebenen Text entstanden sind und meist nicht von den Verfassern der einzelnen Beiträge verantwortet werden. Selbst in dem kuriosen Fall, daß der Autor oder die Autorin als Herausgeber eigener Schriften auftreten, schaffen sie die Elemente der Endredaktion zu einem späteren *Zeitpunkt* als den zugrundeliegenden Text.

Die meisten Eingriffe während der Endredaktion erfüllen die gleiche *Funktion*: Sie sollen über die Unterschiede der einzelnen Beiträge hinweg den Lesern deutlich machen, daß die gesammelten Texte Bestandteile eines einheitlichen, größeren Werkes sind. Diese Signale werden in der vorliegenden Untersuchung als Elemente der Endredaktion von Sammelwerken bezeichnet. Sie stammen nicht von den Männern und Frauen, die die Artikel verfaßt haben. Verantwortlich für die Endredaktion sind Redaktoren, Lektoren und Herausgeber.

Die für die Endredaktion verantwortlichen Herausgeber moderner Sammelwerke arbeiten wiederum enger mit dem Verlag zusammen, der das Werk herstellen und vertreiben wird, als die Autoren der Beiträge. Oft geht die Initiative sogar vom Verlag aus und basiert von Anfang an auf wirtschaflichen Kalkulationen. Die Verbindung zwischen den Gesetzmäßigkeiten des Buchhandels und der Endredaktion ist daher bei modernen Sammelwerken besonders eng.

Solche Ausgaben sind gewöhnlich nicht das Ergebnis der künstlerischen Leistung einer Einzelperson, sondern werden von mehreren Personen verantwortet. Das Herausgeberkomitee kann im Laufe der Jahre sogar wechseln, das *literarische Konzept* aber, das die Auswahlkriterien für Einzelbeiträge, die Anordnung, die äußere Form und den redaktionellen Rahmen bestimmt, muß sich dadurch nicht ändern. Auch muß der Herausgeberkreis, der das Konzept entwickelt, nicht personengleich sein mit den Leuten, die den Text redaktionell bearbeiten. Die konkrete Ausführung kann delegiert werden.

Gerade die enge Verbindung zwischen Herausgeber und Vertrieb begünstigt erkennbare Unterschiede zwischen Ausgaben. Denn so wichtig die vereinheitlichenden Signale innerhalb des Werkes sind, so sind für den Vertrieb doch die Unterschiede nach außen und die damit ausgedrückte Abgrenzung zu konkurrierenden Ausgaben wichtiger. All das spielt eine wesentliche Rolle im komplizierten Geflecht der Gesetzmäßigkeiten des Buchmarktes. Jedes Buch ist auch eine Ware, die verkauft werden muß.

Das Neue Testament weist Elemente einer Endredaktion auf, sowohl textliche Elemente als auch nichttextliche. Die Wichtigsten sollen im folgenden vorgestellt werden.

Die Notierung der Nomina Sacra

Verbreitung

Wer eine Handschrift des griechischen Neuen Testamentes zum ersten Mal in Händen hält und versucht, einige Zeilen zu lesen, wird rasch eine Entdeckung machen. Es ist dabei unwesentlich, aus welchem Jahrhundert das Manuskript stammt, oder in welchem Land es angefertigt wurde. Es ist dabei auch gleichgültig, ob es sich um eine Majuskel oder Minuskel handelt, ob der Text auf Papyrus oder auf Leder geschrieben wurde. Es spielt auch keine Rolle, ob ein Textstück aus den Evangelien, den Paulusbriefen oder der Offenbarung gelesen werden soll. In sämtlichen Handschriften des Neuen Testamentes ist eine Reihe von Begriffen verkürzt wiedergegeben und muß von den Lesern aufgelöst werden, die sogenannten *nomina sacra*.

Nachweis einer Endredaktion 17

Notierung
Die Erforschung des Phänomens der *nomina sacra* ist durch die beiden Monographien von L. Traube (1907)³ und A.H.R.E. Paap (1959)⁴ bestimmt, die das zu ihrer Zeit bekannte Material gesammelt und ausgewertet haben.

Es handelt sich um etwa 15 Wörter, die gängigsten Notierungen sind in Klammern aufgeführt:⁵ θεος (θς), κυριος (κς), Ιησους (ις) und Χριστος (χς), πνευμα (πνα), ανθρωπος (ανος), σταυρος (σρος) im 𝔓⁴⁶, aber als Buchstabenverbindung von Tau und Rho σ⳨ος in 𝔓⁴⁵, 𝔓⁶⁶, 𝔓⁷⁵,⁶ πατηρ (πηρ), υιος (υς), σωτηρ (σηρ), μητηρ (μηρ), ουρανος (ουνος), Ισραηλ (ιηλ), Δαωειδ (δαδ oder δδ), Ιερουσαλημ (ιλημ).

Zusätzlich verzeichnet Paap noch weitere, in den von ihm ausgewerteten Textzeugen nur ein bis zwei Mal belegte Begriffe, die mit einem waagerechten Strich als *nomina sacra* notiert wurden: Moses, Jesaja, Prophet, König, Reich, Blut, Fleisch, Johannes, Welt, Fisch, Tochter, Engel, Friede, Heil und wenige andere.⁷

---

³ L. Traube, *Nomina Sacra: Versuch einer Geschichte der christlichen Kürzungen* (München, 1907; Nachdruck: Darmstadt: Wiss. Buchgesellschaft, 1967).
⁴ A.H.R.E. Paap, *Nomina Sacra in the Greek Papyri of the First Five Centuries A.D.* (Leiden: Brill, 1959).
⁵ C.H. Roberts, *Manuscript, Society and Belief in Early Christian Egypt*, The Schweich Lectures of the British Academy 1977 (London, 1979) 27.
⁶ Das Staurogramm nimmt unter den *nomina sacra* eine Sonderstellung ein. Außer der Kennzeichnung durch den supralinearen Querstrich werden die „*Buchstaben τ und ρ so vereint, daß der senkrechte Strich des τ nach oben verlängert und dann nach rechts umgebogen ist, so daß das ρ dem τ organisch eingefügt wird*" (K. Aland, „Bemerkungen zum Alter und zur Entstehung des Christogrammes anhand von Beobachtungen bei P66 und P75", *ANTF* 2 (1967) 174). Es taucht schon in den ältesten Handschriften auf (eine Auswahl von Belegen bei Aland, „Christogramm", 174-176). Laktanz, *DeMortPers* 44,5, berichtet, daß Konstantin dieses Zeichen auf die Schilde seiner Soldaten malen ließ (vgl. Aland, „Christogramm", 176). Eine ausführliche Untersuchung zum Staurogramm liefert Erika Dinkler von Schubert, „CTAYPOC: Vom 'Wort vom Kreuz' (I Cor. I,18) zum Kreuz-Symbol", FS K.Weitzmann (Princeton, 1995). Vgl. Erich Dinkler, „Zur Geschichte des Kreuzsymbols", *ZThK* 48 (1951) 148-172.
⁷ Paap, *Nomina Sacra*, 113-115. K. Aland (Hg), *Repertorium der griechischen christlichen Papyri, 1: Biblische Papyri, Altes Testament, Neues Testament, Varia, Apokryphen*, Im Namen der patristischen Arbeitsstelle Münster herausgegeben (Berlin, New York: De

Wie man der gebotenen Aufzählung entnehmen kann, läßt sich die Vorgangsweise bei der Kennzeichnung der *nomina sacra* folgendermaßen beschreiben: die Schreiber notierten mindestens den Anfangs- und den Endbuchstaben des Wortes, manchmal nahmen sie noch weitere Buchstaben aus dem Wortinneren dazu, und brachten über den ausgewählten Schriftzeichen einen waagerechten Strich an.

Bei näherer Betrachtung der Textzeugen erweist sich, daß das Prinzip der *nomina sacra* zwar einhellig geteilt wird, die konkrete Umsetzung im Einzelfalle aber deutlich voneinander abweichen kann.

Dies beginnt schon bei der Anzahl der notierten Begriffe. Sie kann von Zeuge zu Zeuge stark abweichen. Ein eindeutiger Zusammenhang zwischen dem Alter des Zeugen und der Anzahl der *nomina sacra* kann nicht hergestellt werden, vor allem ein Anwachsen der Anzahl im Laufe der Jahrhunderte beschreibt den handschriftlichen Befund nicht korrekt.[8] So bietet nach G. Rudberg der Codex Bezae Cantabrigiensis (D 05) aus dem 5. Jahrhundert nur θεος, κυριος, Ιησους und Χριστος regelmäßig als *nomina sacra*, während σταυρος, πατηρ, πνευμα nur manchmal kontrahiert werden. Der Rest der oben aufgeführten Worte wird immer voll ausgeschrieben.[9] Im Gegensatz dazu notiert der ca. 250 Jahre ältere Bodmer Papyrus des Johannesevangeliums, 𝔓66, der um 200 datiert wird, zusätzlich meist noch ανθρωπος (in 35 von 50 Vorkommen) und υιος (in 30 von 49 Vorkommen).[10]

Gruyter, 1976) 420-428 zählt 28 Begriffe mit Angabe der Fundstelle auf, die in griechischen christlichen Papyri als *nomina sacra* notiert werden.

[8] Gegen Roberts, *Manuscript*, 27. F.G. Kenyon, „Nomina Sacra in the Chester Beatty Papyri", *Aegyptus*, 13 (1933) 5-10 stellt für die Chester Beatty Papyri sogar ein Abnehmen der Anzahl der *nomina sacra* fest (10): „*The net result appears to be that in the third century several forms of abbreviation were occasionally used (αθν, ιη, πρ, πς, πτς, υιν, υιυ) which failed to establish themselves in the general practice of the following centuries.*"

[9] G. Rudberg, *Neutestamentlicher Text und Nomina Sacra*, Skrifter utgifna af K. Humanistiska Vetenskaps-Samfundet i Uppsala 17:3 (Uppsala: Akademiska Bokhandeln; Leipzig: Harrassowitz, 1915) 49-50; Paap, *Nomina Sacra*, 119-120.

[10] Der nichtbiblische Papyrus Egerton 2, der um die Mitte des 2. Jahrhunderts angesetzt wird, bietet πρα = πατέρα, μω = Μωϋσῆς; ησας = Ἡσαΐας; προφρας = προφήτας; επροφσεν = επροφήτευσεν. H. Idris Bell; T.C. Skeat (Hgg), *Fragments of an Unknown Gospel and Other Early Christian Papyri*, 2.Auflage (London, 1935) 2-3; C.H.

Und auch innerhalb des gleichen Zeugen kann derselbe Begriff einmal als *nomen sacrum* notiert und einmal ausgeschrieben werden, ohne daß die Gründe dafür offensichtlich wären. Manchmal erscheint es, daß die Begriffe nur kontrahiert wurden, wenn sie in ihrer sakralen Bedeutung verwendet wurden, aber auch diese Analyse trifft nicht hundertprozentig zu.[11] So verzeichnet Paap für die älteste erhaltene Paulusabschrift, $\mathfrak{P}^{46}$, die an das Ende des zweiten Jahrhunderts datiert wird, acht Fälle, in denen πατηρ im Nominativ Singular in sakraler Bedeutung verzeichnet wird.[12] Zweimal wird das Wort als π̄ρ̄, zweimal als π̄η̄ρ̄ notiert und vier Mal als πατηρ ausgeschrieben.

Schließlich fällt noch auf, daß die Art der Notierung nicht einheitlich ist. Bei den bei Paap[13] angeführten Zeugen wird Χριστος von 15 Zeugen ingesamt 228 Mal als χ̄ρ̄ς wiedergegeben, während 49 andere Zeugen insgesamt 223 Mal χ̄ς notieren. Und manchmal wird in denselben Handschriften das *nomen sacrum* vollständig ausgeschrieben mit Überstrich notiert.[14]

Dodd, „A New Gospel", *The John Rylands Library*, 2.Auflage (Manchester: University Press, 1954) 56-92.

[11] Kenyon, „Nomina Sacra", 6: So weist der Chester Beatty Kodex mit Numeri und Deuteronomium aus dem zweiten Jahrhundert den Namen Josua in den gleichen kontrahierten Formen auf wie den Namen Jesus im Neuen Testament. Ähnliches gilt von πνεῦμα, das Num 5,14; 27,16.18 als *nomen sacrum* notiert wird, obwohl nicht der Heilige Geist damit bezeichnet werden soll.

[12] Paap, *Nomina Sacra*, 8-9. Die Datierung beruht ausschließlich auf paläographischen Erwägungen und ist daher mit Unsicherheiten behaftet. Vgl. Kritik und Frühdatierung bei Y.K. Kim, „Paleographical Dating of P46 to the Later First Century", *Bib.* 69 (1988) 248-257.

[13] Paap, *Nomina Sacra*, 110.

[14] Auch die lateinischen Handschriften der christlichen Bibel weisen von Anfang an Kontraktionen der *nomina sacra* auf. Dort wurde in den ältesten Belegen die Mehrdeutigkeit, die dadurch entsteht, daß *dominus* und *deus* mit den gleichen Buchstaben beginnen und enden, so gelöst, daß d̄ēūs und d̄m̄s notiert wurden, später ging man zu d̄s und d̄n̄s über. Für die Schreiber war also im Falle von d̄ēūs der Oberstrich bezeichnender als die Kontraktion. Zu den lateinischen *nomina sacra* außer bei Traube, *Nomina sacra*, 129-266 vor allem C.P.H. Bammel, „Products of Fifth-Century Scriptoria Preserving Conventions Used by Rufinus of Aquileia", *JThS* 30 (1979) 430-462. Dort ist auch die wichtige Literatur umfassend verzeichnet.

Tabelle 1
Uneinheitliche Notierung von *nomina sacra*[15]

Begriff	Notierungen	Zeugen	Fundstellen
υιος		143	
	ausgeschrieben ohne Strich	123	
	n.s. in sakraler Bedeutung	15	74
	n.s. in profaner Bedeutung	5	17
	ῡς ῡῡ ῡω̄ ῡν̄	19	74
	ῡῑς ῡῑῡ ῡῑν̄	3	17
	ausgeschrieben mit Strich	3	3
σωτηρ		28	42
	ausgeschrieben ohne Strich	22	30
	σ̄η̄ρ̄ σ̄ρ̄ς σ̄ρ̄ι σ̄ρ̄α	4	8
	σ̄ω̄ρ̄ σ̄ω̄ρ̄ς σ̄ω̄ρ̄ι	3	4

Von den oben aufgezählten Begriffen können nur θεος, κυριος, Ιησους und Χριστος als gemeinsamer Bestand aufgezählt werden. Diese vier sind wohl in allen neutestamentlichen Handschriften regelmäßig als *nomina sacra* notiert.[16]

Die Fortschritte, die die Erforschung der *nomina sacra* seit L. Traube erzielt hat, sind vor allem negativer Art. Einige Erklärungsmodelle können mit hoher Wahrscheinlichkeit ausgeschlossen werden.

Das Tetragramm in der jüdischen Bibel
L. Traube hat auf die enge Parallele in der hebräischen Bibel hingewiesen, in der der Gottesname zwar als Konsonanten im Tetragramm *jhwh* (יהוה) geschrieben, aber als *adonai* (אדני), Herr, vokalisiert und ausgesprochen

---

[15] Daten nach Paap, *Nomina Sacra*, 110-112.
[16] Aber auch diese vier Begriffe werden nicht an jeder Stelle kontrahiert verzeichnet. Paaps Tabellen weisen ungefähr 600 Vorkommen von θεός nach, rund 500 mal als Kontraktion notiert und 100 mal voll ausgeschrieben. Vgl. H. Gerstinger, „Rezension: A.H.R.E. Paap: Nomina sacra in the Greek Papyri of the first five centuries A.D. (Leiden: Brill 1959)", *Gnomon*, 32 (1960) 373.

wird.¹⁷ Diese Beobachtung hat ihn dann dazu geführt, einen Zusammenhang zwischen אדני und der griechischen Entsprechung κύριος herzustellen. Κύριος wiederum gehört zu den *nomina sacra*, die in allen neutestamentlichen Handschriften regelmäßig verzeichnet sind. Traube geht noch einen Schritt weiter und meint, die Notierung der *nomina sacra* sei dadurch entstanden, daß — in Anlehung an die hebräische Sprache — nur die Konsonanten verzeichnet wurden.¹⁸ Dadurch wird θεος zu θ̄ς̄.

So eindrucksvoll diese Verbindung zur hebräischen Bibel auf den ersten Blick erscheinen mag, so ist sie doch mit unlösbaren Problemen verbunden. Zunächst wurde in frühchristlicher Zeit der gesamte hebräische Bibeltext unvokalisiert geschrieben und nicht nur das Tetragramm. Die Vokalisation des Bibeltextes wurde erst Jahrhunderte später von den Masoreten eingeführt. Es handelt sich bei der besonderen Behandlung des Tetragramms in der hebräischen Bibel deshalb nicht um eine Regel, die beim Schreiben beachtet werden mußte, sondern um eine Regel, die beim Lesen beachtet werden mußte, denn der Gottesname durfte nicht ausgesprochen werden. Daß dadurch ein beträchtliches technisches Problem entstand, wenn der Text per Diktat vervielfältigt werden sollte, sei am Rande angemerkt.¹⁹ Christen hatten aber keine Scheu, die als *nomina sacra* notierten Begriffe (Herr, Gott, Jesus, Christus, Vater etc.) auszusprechen. Außerdem handelt es sich bei der Notierung der *nomina sacra*

---

¹⁷ Vgl. auch Paap, *Nomina sacra*, 124. Dies wird durch die Qumran-Funde bestätigt. Nach einem Vergleich des masoretischen Textes mit 1QIsaᵃ stellt St.T. Byington, „יהוה and אדני", *JBL* 76 (1957) 58-59, fest: „*some passages indicate that* יהוה *was pronounced* אדני *at the time and place of the writing of 1QIsaᵃ; no passage indicates the contrary.*" Vgl. M. Delcor, „Des diverses manières d'écrire le tétragramme sacré dans les anciens documents hébraïques", *Revue de l'histoire des religions*, 147 (1955) 145-173. Zum Ganzen vgl. das monumentale Werk von W.W. Baudissin, *Κυριος als Gottesname im Judentum und seine Stelle in der Religionsgeschichte*, Otto Eissfeldt (Hg) 4 Bände (Giessen: Töpelmann, 1929).

¹⁸ Traube, *Nomina sacra*, 31-32.

¹⁹ Die zahlreichen Korrekturen in 1QIsaᵃ von יהוה nach אדני und umgekehrt sind wohl auf Diktat zurückzuführen. Denn beim Diktat ausgesprochen wurde nur אדני, und es lag an der Interpretation der Schreiber, ob im Einzelfalle nicht doch יהוה zu schreiben sei, was aber erst beim Korrekturvorgang nach der Niederschrift festgestellt werden konnte. Vgl. G. Howard, „The Tetragram and the New Testament", *JBL* 96 (1977) 69.

nicht um den Versuch, das Wort auf die Konsonanten zu reduzieren, da auch Konsonanten weggelassen werden: das *nomen sacrum* von χριστος lautet χ̄ς̄ und nicht χρστς, wie es bei Verzeichnung der Konsonanten lauten müßte. Und die Vokale werden sehr wohl erfaßt, wenn das *nomen sacrum* nicht im Nominativ singular gebraucht wird, z.B. θεος im Dativ wird als θ̄ω̄ verzeichnet.[20]

Auch eine Ableitung aus griechischen Ausgaben der jüdischen Bibel legt sich nahe, da die Entsprechung des Tetragrammes in den christlichen Bibelausgaben θ̄ς̄ oder meist κ̄ς̄ lautet.[21] Durch die Handschriftenfunde in Qumran hat sich die Basis des auswertbaren Materials glücklicherweise erweitert, so daß man heute gesichertere Aussagen über die jüdischen Schreibgewohnheiten in vorchristlicher Zeit machen kann als noch vor wenigen Jahrzehnten.[22] Es steht fest, daß normalerweise weder *nomina sacra* noch der κύριος-Titel in jüdischen Abschriften der griechischen Bibel verwendet wurden.[23] Im Gegensatz zu ihren christlichen Kollegen

---

[20] Vgl. S. Brown, „Concerning the Origin of the Nomina Sacra", *Studia Papyrologica*, 9 (1970) 8-12.

[21] Howard, „Tetragram", 74.

[22] K. Treu, „Die Bedeutung des Griechischen für die Juden im Römischen Reich", *Kairos*, 15 (1973) 142-143, bietet eine Liste des zur Verfügung stehenden Materials.

[23] Howard, „Tetragram", 65: „... we can now say with almost absolute certainty that the divine name, יהוה, was not rendered by κύριος in the pre-Christian Greek Bible, as so often has been thought." Mir ist lediglich ein Beleg eines *nomen sacrum* in einer jüdischen Ausgabe bekannt, und zwar in den Fragmenten der Übersetzung Aquilas aus der Kairoer Geniza, F.C. Burkitt (Hg), *Fragments of the Books of Kings According to the Translation of Aquila* (Cambridge: University Press, 1897); vgl. H.B. Swete, *An Introduction to the Old Testament in Greek: With an Appendix containing the Letter of Aristeas edited by H.St.J. Thackeray* (Cambridge: University Press, 1900) (rev. R.R. Ottley, reprinted New York: Ktav, 1968) 34-42. Der Palimpsest bietet normalerweise das Tetragramm in althebräischen Buchstaben. An einer Stelle aber, an der dem Schreiber nicht genügend Platz blieb, um das Tetragramm noch in der Zeile unterzubringen, schreibt er οἴκῳ κ̄ῡ statt οἴκῳ *jhwh*; Fol. 2 Verso, Spalte a, Zeile 15 bei Burkitt, 8; 16. Auf der Photographie ist es kaum auszumachen. Mir scheint, daß es sich um eine interlineare Korrektur handelt, auch ist der Überstrich merkwürdig kurz ausgefallen. Vgl. J.A. Fitzmyer, „Der semitische Hintergrund des neutestamentlichen Kyriostitels", G. Strecker (Hg), *Jesus Christus in Historie und Theologie: Neutestamentliche Festschrift für Hans Conzelmann zum 60. Geburtstag* (Tübingen: Mohr, 1975) 288; F. Dunand, *Papyrus grecs bibliques (F. Inv. 266): Volumina de la Genèse et du Deutéronome*, Papyrus grecs bibliques (F. Inv. 266): Volu-

Nachweis einer Endredaktion

hielten die jüdischen Schreiber am Tetragramm fest und suchten keine griechische Übersetzung.[24] Die Möglichkeiten der Wiedergabe sind allerdings vielfältig, meistens wird das Tetragramm im griechischen Text in hebräischen,[25] aramäischen[26] oder althebräischen[27] Buchstaben wiedergegeben, oder es wird als πιπι[28] oder ιαω[29] mit griechischen Buchstaben transliteriert.

---

mina de la Genèse et du Deutéronome, Recherches d'archéologie, de philologie et d'histoire, 27 (Kairo 1966) 51.

[24] Einen Überblick mit ausführlichen Literaturangaben über die im folgenden skizzierten Möglichkeiten der Notierung bei Fitz nyer, „Kyriostitel", 282-285.

[25] Hieronymus, *Prologus galeatus* (MPL 23. 594-595): „*Nomen Domini tetragrammaton in quibusdam graecis voluminibus usque hodie antiquis expressum litteris invenimus*" (*Wir finden bis heute in einigen griechischen Büchern den Namen des Herrn als Tetragramm und in alten Buchstaben notiert*).

[26] Bsp.: P.Fouad Inv. 266; Edition mit Photo: W.G. Waddell, „The Tetragrammaton in the LXX", *JThS* 45 (1944) 158-161; A. Zaki (Hg), *Three rolls of the Early Septuagint: Genesis and Deuteronomy*, Papyrologische Texte und Untersuchungen, 17 (Bonn: Rudolf Habelt, 1980). Vgl. P.Oxy 50, 3522 Ijob 42,11-12.

[27] Vgl. die griechischen Fragmente einer Lederrolle mit einer Ausgabe der Kleinen Propheten, Ende 1.Jh. n.Chr. (siehe Abbildung 1, S.24); B. Lifshitz, „The Greek Documents from the Cave of Horror", *Israel Exploration Journal*, 12 (Jerusalem, 1962) 201-207; D. Barthélemy, „Redécouverte d'un chaînon manquant de l'Histoire de la Septante", *RB* 60 (1953) 18-29; E. Tov (Hg), *The Greek Minor Prophets Scroll From Nahal Hever (8HevXIIgr) (The Seiyâl Collection I)*, Discoveries in the Judaean Desert, 8 (1990).

[28] Hieronymus tadelt diese Notierung und führt sie auf Lesefehler zurück (ΠΙΠΙ = יהוה): *Tetragrammum ... quod quidam non intellegentes propter elementorum similitudinem, cum in graecis libris reppererint, pipi legere consueuerunt*" (*Das Tetragramm ... wird mit folgenden [hebräischen] Buchstaben notiert: Yod, He, Waw, He, was einige Unverständige wegen der Ähnlichkeit der Buchstaben gewöhnlich als PIPI lesen, wenn sie es in griechischen Büchern vorfinden*), Hieronymus, ep 25, AdMarcellam; CSEL 54.219. Doch ist dies nicht der einzige Lesefehler, der auftreten kann, worauf J.A. Montgomery, „A Survival of the Tetragrammaton in Daniel", *JBL* 40 (1921) 86, hingewiesen hat: da Π, Τ und Γ beim Lesen verwechselt werden können und aufgrund der Itazismen H und I beim Hören nicht unterschieden werden kann, hat sich in der Septuagintaüberlieferung von Dan 9,2 der Fehler ΠΙΠΙ = ΤΗΓΗ eingeschlichen, da τη γη im Zusammenhang einen Sinn ergibt. Dies ist nur ein Anzeichen für die großen technischen Schwierigkeiten, die bei der Vervielfältigung der griechischen jüdischen Bibel unter Beibehaltung des hebräischen Tetragrammes auftreten konnten.

[29] Weitere Vorkommen bei Kirchenvätern und aus vorchristlicher Zeit bei A.L. Williams, „The Tetragrammaton — Jahweh, Name or Surrogate?", *ZAW* 54 (1936) 266.

Abbildung 1
Tetragramm in althebräischen Buchstaben[30]

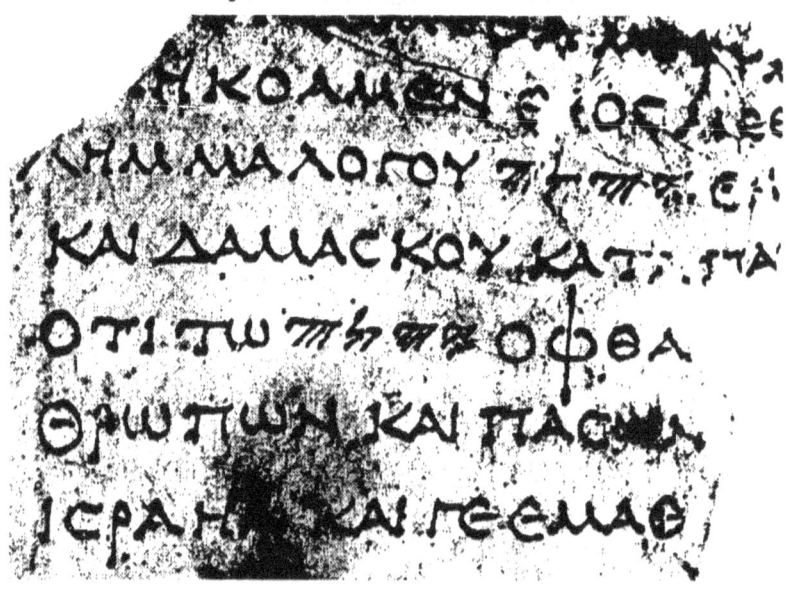

Diese Uneinheitlichkeit der Wiedergabe des Tetragrammes in frühen griechischen, jüdischen Bibelausgaben entspricht dem Befund in den hebräischen und aramäischen Qumrantexten. Neben dem Tetragramm in althebräischen Buchstaben (z.B. 1QpHab) wird gelegentlich auch אל (z.B.: 1Q14,27; 4Q180. 183), צבאות, אדוני und אלוהים in althebräischen Schriftzeichen notiert.[31] Während das Tetragramm im Bibelzitat gebraucht wird, wird es im Kommentar vermieden und oft durch אל wiedergegeben (z.B. 1QpHab 10,6-7.9-13 = Hab 2,13; 1QpHab 11,10.12-

---

Qumran: 4QLXXLev[b]; vgl. P.W. Skehan, „The Qumran Manuscripts and Textual Criticism", Volume du Congrès, Strasbourg 1956, *Supplements to Vetus Testamentum*, 4 (Leiden: Brill, 1957) 157.

[30] Die Abbildung ist entnommen: Tov, *The Greek Minor Prophets Scroll*, plate XIX, Col. B1-2; zum Tetragramm, ebd., 12. Der vergrößerte Ausschnitt zeigt Text aus Sach 8,23b-9,2.

[31] P.W. Skehan, „The Text of Isaias at Qumran", *CBQ* 17 (1955) 42-43.

15 = Hab 2,16). Eine andere Notierung außerhalb der Qumranfunde ist die Kennzeichnung mit drei Yod יייּ (z.b. Ben Sira, Cairo Geniza MS B).³² Interessant in diesem Zusammenhang ist auch, daß das aramäische מָרֵא (hebräisch אדוני) zwar dem Gebrauch von κύριος im Neuen Testament entspricht, aber in den erhaltenen Fragmenten der Targumim nur zögernd und keineswegs konsequent an Stelle des Tetragrammes gebraucht wird.³³

Wahrscheinlich an der Wende zum zweiten Jahrhundert n.Chr. erfolgte eine einflußreiche Ausgabe der hebräischen Bibel, die sich als *textus receptus* im rabbinisch geprägten Judentum etablierte und konkurrierende Ausgaben fast vollständig verdrängte.³⁴ Gleichzeitig entwickelten sich Regeln und Bestimmungen, wie im Falle eines Schreibfehlers, der den Gottesnamen betraf, zu verfahren sei.³⁵ Diese Standardausgabe wurde dann erneut ins Griechische übertragen und führte so zu den griechischen Bibelausgaben des Aquila,³⁶ Theodotion und Symmachus. Diese Übersetzungen gaben das Tetragramm aber nicht, wie die Christen, als κύριος wieder, sondern behielten die hebräischen Buchstaben bei und bezeugen damit, daß das Tetragramm als ein wesentlicher editorialer Bestandteil dieses Texttypes betrachtet wurde.³⁷

Auf diesem Hintergrund ist es sehr bemerkenswert, daß christliche Ausgaben des griechischen Alten Testamentes das Tetragramm nicht erhalten, sondern es mit zwei Notierungen, θς und κς, wiedergeben.

---

³² Beschreibung von MS B bei Y. Yadin (Hg), *The Ben Sira Scroll from Masada* (Jerusalem: Israel Exploration Society, 1965) 5-11. Eine weitere Variante bietet ein Genesisfragment aus dem 3.Jh. n. Chr., P.Oxy 7.1007: hier wird *jhwh* als zwei Z notiert, die mit einem durchgezogenen Mittelstrich verbunden sind; Waddell, „Tetragrammaton", 158.

³³ Howard, „Tetragram", 69-70.

³⁴ Erhalten blieb die damals bereits kanonisierte Ausgabe der Samaritaner.

³⁵ J.P. Siegel, „The Employment of Palaeo-Hebrew Characters for the Divine Names at Qumran in the Light of Tannaitic Sources", *Hebrew Union College Annual*, 42 (1971) 159-172. Die Bestimmungen sollten sicherlich auch die Verwendung von Tetragramm und אדוני vereinheitlichen.

³⁶ Vgl. Hieronymus, *Praef. Sam. et Mal.* (Migne, PL, 28, 549-550).

³⁷ Howard, „Tetragram" 72-73.

Abkürzungen
Auch eine Deutung der *nomina sacra* als Abkürzung kann durch antike Analogien nicht gestützt werden. Abkürzungen werden typischerweise eingesetzt, wenn nur wenig Platz für die Beschriftung zur Verfügung steht, wie etwa bei Münzen oder Wegmarkierungen; wenn eine schnelle Texterfassung erforderlich ist, wie etwa beim Diktat; oder wenn der Text zahlreiche Begriffe wiederholt, z.B. bei der Erstellung von Listen.[38]
Paap hat in seiner bereits mehrfach erwähnten Monographie in Auseinandersetzung mit G. Rudberg[39] und E. Nachmanson[40] gezeigt, daß das Phänomen nicht aufgrund ähnlicher Beobachtungen an griechischen *Ostraka* und *Inschriften* erklärt werden kann.[41] Die wichtigsten Unterschiede seien noch einmal zusammengefaßt:
- In der Antike werden Begriffe normalerweise abgekürzt, indem der Anfang geschrieben und das Ende weggelassen wird, und nicht, indem das Wortinnere wegfällt.[42] Gelegentliche Ausnahmen, bei denen ein *nomen sacrum* durch Fortfall des Wortendes abgekürzt wird, bestätigen lediglich die Regel.[43]

---

[38] M. Avi-Yonah, „Abbreviations in Greek Inscriptions", *Quarterly of the department of antiquities in Palestine*, Supplement to vol. IX (Jerusalem, 1940) 9. Vgl. K. McNamee, *Abbreviations in Greek Literary Papyri and Ostraca*, Bulletin of the American Society of Papyrologists, Supplements 3 (1981).

[39] G. Rudberg, „Zur paläographischen Kontraktion auf griechischen Ostraka", *Eranos*, 9 (1909) 71-100. Ders., *Neutestamentlicher Text und Nomina sacra*. Ders., „Ad usum circumscribentem praepositionum Graecarum adnotationes", *Eranos*, 19 (1919-20) 173-206.

[40] E. Nachmanson, „Die schrifliche Kontraktion auf den griechischen Inschriften", *Eranos*, 9 (1909) 101-141.

[41] Paap, *Nomina Sacra*, 3; 119-127. Avi-Yonah, „Abbreviations", 27.

[42] McNamee, *Abbreviations*, xi. Vorchristliche Kontraktionen existieren häufiger als Traube, der die Inschriften nicht berücksichtigte, angenommen hat. Avi-Yonah, „Abbreviations", 26 beschreibt typische Kontraktionen in nicht-christlichen Quellen als Kombination aus Kontraktion und Fortfall des Wortendes und führt die Praxis auf die römische Gewohnheit zurück, bei Komposita die Anfangsbuchstaben der Wortteile aufzuführen, z.B. BF für *bene-ficiarius* (BΦ = βενε-φικιάριος).

[43] Z.Bsp. χρ für χριστου ($\mathfrak{P}^{45}$), ιη für ιησοῦς ($\mathfrak{P}^{45}$, P.Oxy 1079 = $\mathfrak{P}^{18}$; P.Oxy 1224 = Ap12 nach Aland, *Repertorium*, 12; Kenyon, *Chester Beatty II*, ix). Interessant ist

- Wenn Auslassungen gekennzeichnet sind, so geschieht dies entweder durch besondere Notierung des letzten oder der letzten Buchstaben, meist durch Hoch- oder Tiefstellung, oder durch Ergänzung eines Sonderzeichens am Ende, z.b. Punkt, waagrechter Strich, senkrechter Strich, Schrägstrich, Kreuz, S-Zeichen (auch waagrecht und spiegelverkehrt) etc.[44] Ein durchgezogener, waagerechter Strich über der Abkürzung ist sehr selten, kommt aber gelegentlich vor.[45]
- Obwohl die Anzahl der *nomina sacra* nicht genau festgelegt ist, handelt es sich doch im Vergleich zu der Vielzahl von Wörtern, die in den Inschriften und Ostraka abgekürzt werden, um eine sehr überschaubare Zahl.
- In nichtliterarischen Texten werden Wörter meist abgekürzt, um Platz zu sparen. Platzersparnis aber ist keine befriedigende Erklärung für die *nomina sacra*, da es dann sinnvoller gewesen wäre, besonders lange

---

Kodex D 05, in dem diese Notationen vielleicht bewußt zu χρς und ιης kombiniert wurden: Rudberg, *Nomina Sacra*, 49-50. — Die Abkürzung, nicht aber unbedingt das *nomen sacrum*, ιη ist auch *Barn* 9,7-9 vorausgesetzt. Dort wird die Zahl der Nachfolger Abrahams (318 entspricht TIH) wie folgt interpretiert: T (=300) entspricht dem Kreuz, IH (=18) entspricht Jesus; vgl. C.H. Roberts; T.C. Skeat, *The Birth of the Codex* (London; New York: Oxford University Press, 1983) 57; derselbe, *Manuscript*, 35-36. Zwar entspricht IH nicht der später geläufigen Schreibweise des nomen sacrum (ις), doch lassen sich immerhin sieben christliche Papyri nachweisen, die diese Schreibweise insgesamt 48 Mal enthalten; dagegen stehen 159 Belege für ιης und 823 Belege für ις; Paap, *Nomina Sacra*, 102. Vgl. auch Aland, „Christogramm", 177. Daß sich in *Barn* 9,7 ein nomen sacrum verbirgt, ist deshalb unsicher, weil einerseits Aussagen über den Oberstrich nicht möglich sind, andererseits die Abkürzung durch die Anfangsbuchstaben eines Wortes den antiken Gepflogenheiten entspricht, und manchmal Zahlen im Unterschied zu Buchstaben durch einen Oberstrich markiert werden (vgl. Stichenangaben im Codex Alexandrinus, Abbildung 5; S.66).

[44] Avi-Yonah, „Abbreviations", 29-39.

[45] Sehr häufig wird der waagrechte Strich zur Kennzeichnung einer Abkürzung über dem letzten Buchstaben des Wortes angebracht (ΑΓΙΩ[Ν]), ähnlich der Notierung eines 'ν' am Zeilenende in literarischen Texten. Dieser Strich steht gelegentlich auch über dem vorletzten (ΕΚΛΗ = ἐκ[κ]λη[σια]; *CIG* 8951) oder dem ersten Buchstaben der Abkürzung (ΑΒΙ[διος]; *DAI* 1, 2 n.Chr.; 179, 224 n.Chr.), kann sich aber auch über mehrere Buchstaben (ΚΑΙΣ[αρ]; *Baillet* 1206, 16 v.Chr.) und gelegentlich auch über das ganze Wort ziehen (ΓΑ [ιος]; *IGR* IV, 1101, vor 103 n.Chr.). Alle diese Angaben nach Avi-Yonah, „Abbreviations".

oder besonders häufig verwendete Wörter zu wählen. Es ist offensichtlich, daß die Begriffe nicht wegen ihrer Häufigkeit ausgewählt wurden, sondern in inhaltlicher Verbindung zueinander stehen.
- Auch Zeitersparnis beim Schreiben erklärt das Phänomen nicht. Die Zeit, die benötigt wird, um den Oberstrich anzubringen, ist bei den Wörtern θεος und κυριος nur unbedeutend kürzer als das Wort auszuschreiben.
- Obwohl *nomina sacra* in den Handschriften nicht immer einheitlich notiert werden, führt doch die Übereinstimmung im Grundsätzlichen, die Anfangs- und Endbuchstaben mit Oberstrich zu notieren, zu einer Standardisierung.[46] Im Vergleich dazu sind die Abkürzungen in Ostraka und Inschriften wesentlich variantenreicher.

Darüber hinaus möchte ich noch auf einen weiteren, bedeutsamen Unterschied hinweisen. Die *nomina sacra* als Bestandteil der Kanonischen Ausgabe sind Elemente eines *literarischen Textes*, der in Auflagen produziert und vertrieben wurde, während Inschriften und Ostraka jeweils in einem konkreten Einzelexemplar ihren Zweck erfüllten. Zahlreiche Bibelhandschriften weisen am Seitenrand Notizen auf, die die Benutzer der Handschrift zu ihrem persönlichen Gebrauch anfügten. Ihr nichtliterarischer Charakter ist evident. Während der Bibeltext nur *nomina sacra* aufweist, können die Randglossen sowohl *nomina sacra* als auch Abkürzungen enthalten, die oft unsystematisch erfolgten und von späteren Lesern meist nicht so leicht aufzulösen sind. Die Abkürzungen erfolgen nach den oben beschriebenen Verfahren ohne Oberstrich und unterscheiden sich daher deutlich von den *nomina sacra*.

---

[46] Avi-Yonah, *Abbreviations*, 26-27: In Inschriften wird manchmal der Oberstrich der *nomina sacra* nicht angebracht.

Abbildung 2
Nomina sacra und Abkürzungen auf einer Seite[47]

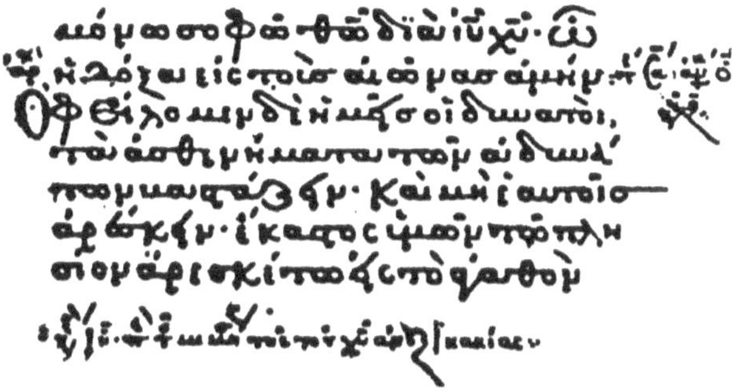

[Greek manuscript excerpt]

Röm 16,26 + 15,1-2. Die oberste Zeile enthält *nomina sacra* ($\overline{\theta\omega}$, $\overline{\iota\upsilon}$, $\overline{\chi\upsilon}$), Abkürzungen am linken [αρ^x(η)], rechten und unteren Rand (περι της μιμησεως της του $\overline{\chi\upsilon}$ ανεξικακιας).

Mit dem Aufkommen der Minuskelschrift, die sich ab dem siebten Jahrhundert bei der Produktion von literarischen Texten im Buchwesen durchsetzt, entwickelt sich unter dem Gesichtspunkt der Zeit- und der Platzersparnis ein System von Ligaturen und Kürzel. Die Auswahl der verkürzten Begriffe ist an Länge und Häufigkeit orientiert, nicht besonders gekennzeichnet und nicht auf christliche Texte beschränkt. Es fehlte aber auch in früherer Zeit nicht an bewährten Systemen für Kurzschrift.[48] Beim Diktat, das sowohl zur Bewältigung der Korrespondenz als auch für literarisch anspruchsvollere Arbeiten gerne eingesetzt wurde, bediente man sich der Schnellschreiber.[49] Es bestanden also schon zur Entstehungszeit der neutestamentlichen Schriften erprobte Kurzschrifttechniken, um Texte zügig und zuverlässig zu erfassen. Doch damit haben die *nomina sacra* nichts gemein.

---

[47] Minuskel 223; Ann Arbor Univ. Michigan Ms. 35, Auschnitt aus f.144r. Quelle: B.M. Metzger, *Manuscripts of the Greek Bible: An Introduction to Greek Palaeography* (New York, Oxford: Oxford University Press: 1981) 134, plate 43.

[48] Vgl. H.J.M. Milne, *Greek Shorthand Manuals: Syllabary and Commentary* (London, 1936).

[49] Anschauliche Ausführungen bei G. Kloeters, *Buch und Schrift bei Hieronymus* (Münster: Diss. phil., 1957) 44-87.

Da in literarischen Handschriften der Text ohne Wortzwischenräume geschrieben wurde, bestand eine Funktion des Oberstriches in Bibelhandschriften darin, die Auflösung der *scriptio continua* beim Lesen zu erleichtern.[50] Beispielsweise grenzen Zaubertexte die Zauberworte, die Lesern und Hörern gleichermaßen unverständlich waren, durch Punkte voneinander ab,[51] und zu den regelmäßigen Übungen beim Schreib- und Leseunterricht gehörte es, daß die Schüler die Wortgrenzen mit kurzen Strichen kennzeichneten.[52] Paap weist darauf hin, daß an Stelle von Strichen und Punkten zwischen den Worten gelegentlich auch ein waagrechter Oberstrich über den zusammengehörigen Buchstaben angebracht wurde.[53] Man kann sich die Erleichterung dieser Lesehilfe deutlich machen, wenn man versucht, bestimmte neutestamentliche Passagen ohne den Oberstrich über die *nomina sacra* zügig zu lesen, z.B. Jud 25a:[54]
ΜΟΝΩΘΩΣΗΡΙΗΜΩΝΔΙΑΙΥΧΥΤΟΥΚΥΗΜΩΝ.

So deutlich die Hilfe des Oberstrichs beim Lesen empfunden wird, so deutlich ist auch, daß damit noch keine Erklärung für die Einführung dieses Notationssystems gefunden ist. Die verantwortlichen Redaktoren lösen hier ein Problem, das es ohne sie gar nicht gegeben hätte.

Element der Endredaktion
Zwei Dinge sind es, die als interpretationsbedürftig angesehen werden, für die aber bis heute noch keine gültige Ableitung aus der Umwelt gefunden wurde: Die Auswahl der Worte, die als *nomina sacra* notiert werden, und die auffällige Technik, Anfangs- und Endbuchstaben zusammenzuziehen

---

[50] Auf die Funktion als Lesehilfe weist hin: M. Hengel, *Die Evangelienüberschriften*, SHAW.PH 1984,3 (Heidelberg: Winter, 1984) 41-42.
[51] W. Schubart, *Das Buch bei den Griechen und Römern*, 2. umgearbeitete Auflage (Berlin, Leipzig: de Gruyter, 1921) 80-81. Das laute Vorlesen erfordert, bedingt durch die *scriptio continua*, besondere Fähigkeiten und eine spezielle Ausbildung; R.J. Starr „Reading Aloud: Lectores and Roman Reading", *The Classical Journal*, 86 (1991) 337-343.
[52] Schubart, *Buch*, 3; Abb. 4.
[53] Paap, *Nomina Sacra*, 2.
[54] Durch den Oberstrich ergeben sich mit einer Ausnahme alle Wortgrenzen: ΜΟΝΩ ΘΩ ΣΗΡΙ ΗΜΩΝ ΔΙΑ ΙΥ ΧΥ ΤΟΥ ΚΥ ΗΜΩΝ.

und die Kontraktion mit einem Oberstrich zu kennzeichnen.[55] Gerade die fehlende Ableitung macht die *nomina sacra* für die vorliegende Untersuchung so wertvoll. Sie sind nicht auf allgemeine Gewohnheit zurückzuführen, sondern drücken — das ist meine These — redaktionelle Entscheidungen eines bestimmten Herausgeberkreises aus.[56]

Bestätigt wird diese Annahme durch die Beobachtung, daß sich das Notationssystem über alle Schriften der Kanonischen Ausgabe erstreckt, also auch über die vorchristlichen Schriften der jüdischen Bibel. Daher kann es zum einen nicht von den Autoren der Einzelschriften stammen. Zum anderen hebt sich das System von der uneinheitlichen Art, mit der das Tetragramm in jüdischen Ausgaben der griechischen Bibel gekennzeichnet ist, so deutlich ab, daß mindestens in diesem einen Punkt ein redaktionelles Merkmal einer konkurrierenden Ausgabe vorliegt.

Die Verwendung der Kodexform

Neben der eigenständigen Verzeichnung der *nomina sacra* gibt es noch eine weitere, auffällige Beobachtung: Es handelt sich bei neutestamentlichen Handschriften von der äußeren Form her von Anfang an um Bücher, nicht um Rollen.

Verbreitung
Wie selten die Kodexform für nicht-christliche literarische Texte um die Zeitenwende eingesetzt wurde und wie stetig der Kodex in der ausgehenden Antike die Rolle verdrängt, mögen folgende, statistisch erhobene Durchschnittszahlen belegen: im ersten und zweiten Jahrhundert kom-

---

[55] Vgl. Roberts u. Skeat, *The Birth of the Codex*, 57: „This ... is strictly a Christian usage unknown to Jewish or pagan manuscripts".
[56] U.Wilcken hat aus den fehlenden antiken Parallelen sogar geschlossen, daß das Notierungssystem der *nomina sacra* auf die Idee einer Einzelperson zurückzuführen sei: „*Die Nomina sacra sind also nicht aus irgendwelchen gebräuchlichen profanen Schreibmoden organisch entwickelt, sondern sie sind die freie Erfindung eines Mannes, der gerade absichtlich das Gebräuchliche mied, um den Eindruck der Singularität dieser Worte zu sichern.*" L. Mitteis; Ulrich Wilcken (Hgg), *Grundzüge und Chrestomathie der Papyruskunde*, Erster Band: Historischer Teil (Hildesheim: Olms, 1963; Nachdruck der 1.Aufl., Leipzig 1912) XLV.

men auf 100 Rollen zwei Kodizes, im dritten Jahrhundert ist erst jede achte Handschrift ein Kodex, im vierten Jahrhundert sind es schon mehr als die Hälfte und am Ende des fünften Jahrhunderts ist von zehn Handschriften nur noch eine in Rollenform.

Tabelle 2
Verteilung Rolle und Kodex bei nicht-christlichen Texten[57]

Jh.	Rolle	Kodex		% Rolle	% Kodex
1	252	1	253	99,60%	0,40%
1-2	203	4	207	98,07%	1,93%
2	857	14	871	98,39%	1,61%
Summe	1312	19	1331	98,57%	1,43%
2-3	349	17	366	95,36%	4,64%
3	406	93	499	81,36%	18,64%
Summe	755	110	865	87,28%	12,72%
3-4	54	50	104	51,92%	48,08%
4	36	99	135	26,67%	73,33%
Summe	90	149	239	37,66%	62,34%
4-5	7	68	75	9,33%	90,67%
5	11	88	99	11,11%	88,89%
Summe	18	156	174	10,34%	89,66%

Selbstverständlich sind viele Fragmente nicht mit Sicherheit datierbar und jedes Jahr kommen neue Funde oder Editionen alter Funde hinzu. Ferner sind nicht alle Belege gleichmäßig über den Zeitraum verteilt oder stammen aus wenigen großen Funden, sodaß die Prozentzahlen nicht in jedem Jahrhundert die gleiche Aussagekraft haben oder für diesen Zeitraum nicht als repräsentativ anzusehen sind. Doch sind schon die älteren Untersuchungen mit weniger Material und anderen Datierungen zu dem gleichen Ergebnis gekommen: erst ab dem vierten Jahrhundert verdrängt im Buchwesen der Kodex die Rolle.[58] Glücklicherweise ist die eindeutige

---

[57] Roberts u. Skeat, *Birth*, 37. Die Statistik bei T. Kleberg, *Buchhandel und Verlagswesen in der Antike* (Darmstadt: Wissenschaftliche Buchgesellschaft, 1967) 83-84 ist überholt. Ältere Materialsammlung: R.A. Pack, *Greek and Latin Literary Texts from from Greco-Roman Egypt* (Ann Arbor: University of Michigan Press, 1952; 2.Auflage 1965).

[58] C.H. Roberts, „The Codex", *Proceedings of the British Academy*, 40 (1954) 169-204.

Nachweis einer Endredaktion 33

Zuordnung auch kleiner Fetzen zu einer Rolle oder zu einem Kodex selten problematisch und belastet die Statistik nicht. Stammt ein Fragment aus einem Buch, so ist auch die Rückseite beschrieben, bei der Rolle nicht.[59] Im Gegensatz zu 'profanen' literarischen Texten ist das Neue Testament — und die ältesten erhaltenen Fragmente reichen bis in das 2. Jahrhundert zurück — fast ausschließlich in Kodexform auf uns gekommen.[60] Die repräsentative Zählung von C.H. Roberts und T.C. Skeat, bei der 172 griechische Bibelhandschriften und Fragmente aus den ersten vier Jahrhunderten ausgewertet wurden, hat ergeben, daß 158 Texte aus Kodizes und nur 14 aus Rollen stammen.[61] Von den 14 Rollenfragmenten stellen

---

[59] Es gibt vereinzelt auch Ausnahmen: der Homer-Kodex P.Lond 126 (British Museum) ist nur einseitig beschrieben. Methodisch zur Behandlung von Kodexfragmenten, K. Aland, „Über die Möglichkeiten der Identifikation kleiner Fragmente neutestamentlicher Handschriften mit Hilfe des Computers", J.K. Elliott (Hg), *Studies in New Testament Language and Text*, in honour of George D. Kilpatrick, *NT.S* 44 (1976) 14-38.

[60] B. u. K. Aland, *Der Text des Neuen Testaments: Einführung in die wissenschaftlichen Ausgaben sowie in Theorie und Praxis der modernen Textkritik*, 2., ergänzte und erweiterte Auflage (Stuttgart: Deutsche Bibelgesellschaft, 1989) 85-86; 111-112, nennt vier Rollenfragmente: $\mathfrak{P}^{12}$ (drei Zeilen aus dem Hebräerbrief, am Rand eines Privatbriefes eingetragen, früher P.Amherst 3 b, heute New York, Pierpont Morgan Library, Pap G 3); $\mathfrak{P}^{13}$ (Opistograph, das Recto enthält lateinische Livius-Epitome, Verso Fragmente des Hebräerbriefes; P.Oxy 657), $\mathfrak{P}^{18}$ (Opistograph, das Recto enthält Exodus, Verso Offb 1,4-7; P.Oxy 1079) und $\mathfrak{P}^{22}$ (Opistograph, das Verso enthält zwei Fragmente aus Joh 15 und 16, Recto ist unbeschrieben, P.Oxy 1228). Die genannten Rollenfragmente sind also Privatanfertigungen. Auch bei dem zunächst unidentifizierten Kairener Papyrus, dessen Text D. Hagedorn (Hg), „P.IFAO II 31: Johannesapokalypse 1,13-20", *ZPE* 92 (1992) 243-247, als Text aus der Offenbarung des Johannes bestimmt hat, handelt es sich um ein beidseitig beschriebenes Rollenfragment, dessen Rückseite für den Bibeltext verwendet wurde, aus dem Anfang des 3.Jahrhunderts und dessen wenige „*Reste, die auf dem Rekto noch lesbar sind, ... eher auf eine Urkunde schließen lassen*" (243). Bei kleinen Fragmenten, deren Versoseite unbeschrieben ist, läßt sich die Zugehörigkeit zur Rolle oder zum Kodex nicht entscheiden (z.B. $\mathfrak{P}^{31}$ P.Rylands 4, $\mathfrak{P}^{43}$).

[61] Roberts, *Birth*, 38-44; Grundlage bieten die Zusammenstellungen bei Aland, *Repertorium*, J. van Haelst (Hg), *Catalogue des papyrus littéraires juifs et chrétiens* (Paris: Publications de la Sorbonne, 1976) und Kurt Treu, „Christliche Papyri VI", *APF* 26 (1978) 149-159; „Christliche Papyri VII", *APF* 27 (1980) 251-258. 98 Zeugen bieten Text aus dem Alten Testament und 74 aus dem Neuen Testament.

fünf Opistographen dar, d.h. aus Gründen der Sparsamkeit wurde eine bereits beschriebene Rolle, die nicht mehr benötigt wurde, auf der Rückseite mit Bibeltext gefüllt; es handelt sich also nicht um Buchexemplare, die gehandelt wurden. Von den verbleibenden neun sind drei fast mit Sicherheit jüdischen Ursprungs und bei zwei weiteren ist es ziemlich wahrscheinlich. Die restlichen vier Handschriften weisen kuriose Elemente auf und entsprechen daher nicht der typischen Rolle oder sind zu fragmentarisch, als daß sie viel für den Vergleich mit der Kodexform beitragen können.[62]

Trotzdem bezeugen viele Belege, vor allem römischer Provenienz, daß sich die Kodexform auch in vorchristlicher Zeit großer Beliebtheit erfreute. Aber sie wurde typischerweise nicht für literarische Texte eingesetzt, sondern begegnete im Alltag etwa als Notiz- und Tagebuch oder als Schulheft.[63]

Element der Endredaktion
Wie die *nomina sacra* betrifft die Kodexform beide Teile der christlichen Bibel. Und da der Kodex in den ersten beiden Jahrhunderten für literarische Texte üblicherweise nicht eingesetzt wurde, ist es sehr unwahr-

---

[62] Zu den vier Belegen: (1) P.Oxy 1228 ($\mathfrak{P}^{22}$), zwei Fragmente von Joh 15 und 16 auf dem Verso einer Rolle, das Rekto ist unbeschrieben, sehr ungewöhnlich. (2) P.Oxy 1079 ($\mathfrak{P}^{18}$) enthält Exodus auf dem Rekto und die Offenbarung auf dem Verso. (3) Zu dem Wiener Papyrus mit Ps 9,12-22, den Roberts u. Skeat, „Birth", 39-40 aufführen, hat Treu weitere Fragmente ergänzt, die bis dahin getrennt verzeichnet und unterschiedlich datiert worden waren (P.Vindob. G 29525 + 30465 + 30893 + 39786 + 40405; Rahlfs 2053, 2086; Aland´, *Repertorium*, AT 49, Var. 6; van Haelst, *Catalogue*, 104, 105). Dadurch hat sich herausgestellt, daß das Fragment von einem einzelnen Blatt und nicht von einer Rolle stammt. Der Text endet mitten im Vers Ps 9,25, wird aber vom Schreiber durch Schlußstriche deutlich als abgeschlossen gekennzeichnet. Vgl. K. Treu, „24. LXX, Psalms 9,12-15 auf Einzelblatt", Papyrus Erzherzog Rainer (P.Rainer Cent.); *Festschrift zum 100-jährigen Bestehen der Papyrussammlung der österreichischen Nationalbibliothek* (Wien: Hollinek, 1983) 268; Tafel 47. (4) Damit bildet P.Alex.Inv.203 (van Haelst, Nr. 300), der auch ein *nomen sacrum* enthält, mit Text aus Jesaja (Jes 48, 6-8.11-14.17-18; 3.-4.Jh.) das einzige Rollenfragment des von Roberts u. Skeat ausgewerteten Materials, das dem Kodexmonopol widerspricht. Es stammt aber aus einer Zeit, in der die Benutzung des Kodex für die Kanonische Ausgabe nicht mehr angezweifelt werden kann.

[63] Ausführlicher unten S. 106ff.

scheinlich, daß sowohl die benutzten griechischen Vorlagen der jüdischen Bibel als auch alle im Neuen Testament vertretenen Autoren ihre Werke ursprünglich in Kodexform publizierten. Die Einführung des Kodex für die neutestamentlichen Texte durch mehrere unabhängig voneinander arbeitende Herausgeber ist daher wenig wahrscheinlich. Damit wären zwei Kriterien zur Bestimmung der Kodexform als Element der Endredaktion erfüllt: die Einheitlichkeit in allen Teilen der Sammlung und die von den Verfassern unabhängige Einführung.[64]

Reihenfolge und Umfang in den Handschriften

Methodische Überlegungen
Von allen Beobachtungen, die für die Kanonsgeschichte ausgewertet werden sollten, scheint mir die wichtigste die Anordnung und die Anzahl neutestamentlicher Schriften in den ältesten Handschriften der christlichen Bibel zu sein. Es ist Barbara und Kurt Aland methodologisch uneingeschränkt zuzustimmen: „*Wenn die Evangelien wie die Paulusbriefe in den Handschriften wie in der sonstigen Überlieferung ... in bunter, gelegentlich willkürlich wechselnder Reihenfolge stehen, so spiegelt sich darin die Kanonsgeschichte: die Evangelien sind ursprünglich einzeln umgelaufen und deshalb verschieden zum Tetraevangelium zusammengeführt worden, das Corpus Paulinum ist aus verschiedenen Einzelsammlungen zusammengestellt worden...*".[65] Dieser Satz ist aber auch umzukehren: Wenn die gleiche Anzahl von Evangelien, Paulusbriefen, katholischen Briefen etc. in den Handschriften in der gleichen Reihenfolge geboten werden, gehen diese Handschriften nicht auf Einzelüberlieferungen sondern auf geschlossene Sammlungen zurück.

Ein Beispiel für eine Sammlung, die auf einzeln überlieferte Schriften zurückgeht, ist die als *Apostolische Väter* bezeichnete Sammlung. Die zu

---

[64] Dadurch ist nicht ausgeschlossen, daß eine der Schriften von Anfang an in Kodexform geschrieben wurde.
[65] Aland, *Text des NT*, 91-92. Hengel, „Evangelienüberschriften", 13: „*Die wechselnde Reihenfolge erklärt sich gerade für die frühe Zeit daraus, daß zunächst in der Regel nur eine Evangelienschrift in einem Codex enthalten war und man die Evangelien entsprechend beliebig zueinander ordnen konnte.*"

diesem Corpus gehörenden Schriften weisen keine gemeinsame handschriftliche Tradition auf, sondern wurden erst Jahrhunderte nach ihrer Entstehung zu Überlieferungseinheiten zusammengefaßt. Der Titel begegnet beim monophysitischen Bischof Severus von Antiochien im sechsten Jahrhundert, seine moderne Sammlungsgeschichte setzt aber erst 1672 mit dem französischen Patristiker J.B. Cotelier ein, der ein zweibändiges Werk SS. *Patrum qui temporibus apostolicis floruerunt Barnabae, Clementis Rom., Hermae, Ignatii, Polycarpi opera ... vera et suppositicia* herausgab.[66] Zu dieser Ausgabe gehörten der Barnabas- und 1.Clemensbrief, der Hirte des Hermas, die Ignatiusbriefe, und der Polykarpbrief, aber auch die Märtyrerakten über Klemens, Ignatius und Polykarp. Ohne den Titel der Sammlung zu ändern, wurde doch ständig der Umfang variiert. So erweiterte 1765 A. Gallandi die Sammlung um den Diognetbrief, die Fragmente des Papias und des Quadratus. Nach der Entdeckung der Didache 1873 wurde auch diese Schrift regelmäßig in den 'Kanon' der apostolischen Väter aufgenommen.[67] E.J. Goodspeed schloß 1950 in seiner Ausgabe die nur lateinisch überlieferte Schrift *De doctrina apostolorum* mit ein,[68] R.M. Grant (1964) dagegen ließ den Diognetbrief und das Quadratusfragment weg, aber nahm das Martyrium Polykarps auf,[69] M.W. Holmes (1992) verzichtet auf eine separate Behandlung des Quadratus.[70] Auf deutscher Seite grenzte J.A. Fischer (1956) die Samm-

---

[66] Vgl. J.B Lightfoot; J.R. Harmer (Hgg), *The Apostolic Fathers*, Edited and revised by M.W. Holmes, 2.Auflage, 5.Nachdruck (Grand Rapids, Michigan: Baker Book House, 1992; 1.Auflage: London, 1891), 3; J.A. Fischer(Hg), *Die Apostolischen Väter: Griechisch und deutsch*, Eingeleitet, herausgegeben, übertragen und erläutert (Darmstadt: Wissenschaftliche Buchgesellschaft, 1956) IX.

[67] Vgl. die Ausgabe von W. Bauer u.a. (Hgg), *Die Apostolischen Väter*, HNT.EB (Tübingen: Mohr, 1923); Reihenfolge: Didache, 1Clem 2Clem Ign PolPhil Barn Hermas. Die Märtyrerakten sind weggelassen, die Didache ist aufgenommen.

[68] E.J. Goodspeed, *The Apostolic Fathers: An American Translation* (New York: Harper, 1950). Diese Schrift ist literarisch mit *Did* 1-6 und *Barn* 18-20 eng verwandt, vgl. Edgar J. Goodspeed, *A History of Early Christian Literature*, Revised and enlarged by Robert M. Grant (Chicago: University of Chicago Press, 1966) 11-13.

[69] R.M. Grant (Hg), *The Apostolic Fathers: A New Translation and Commentary* (New York, Toronto: Nelson, 1964-1968).

[70] Lightfoot u. Harmer, *The Apostolic Fathers*, edited and revised by M.W. Holmes.

lung auf den 1.Clemensbrief, die Ignatiusbriefe, den Polykarpbrief, und das Quadratusfragment ein.[71] Auch was die Anordnung der Schriften angeht, weichen die Ausgaben voneinander ab.

Tabelle 3
Anzahl und Anordnung der Schriften in Ausgaben der Apostolischen Väter

Bihl-meyer[72]	Did	Barn	1Clm	2Clm	Ign.	PolPhil	PolMart	Pap	Quad Diogn
Bauer	Did		1Clm	2Clm	Ign.	PolPhil	Barn		Herm
Fischer			1Clm		Ign.	PolPhil			Quad
Wengst	Did	Barn		2Clm					Diogn
Grant	1Clm	2Clm	Did	Barn	Ign.	PolPhil	PolMart	Pap	Herm

Schließlich aber unterscheidet das literarische Konzept der Herausgeber die Sammlungen voneinander: Während z.B. Cotelier noch eine Gesamtausgabe zu erreichen suchte und dabei in Kauf nahm, auch unechte Schriften („*opera vera et suppositicia*") aufzunehmen, möchte Fischer nur solche Schriftsteller aufnehmen, „*die wirklich oder wahrscheinlich noch mit Männern der apostolischen Zeit in Verbindung standen oder die auch ohne diese persönliche Bekanntschaft in den von ihnen verkündeten Lehren sprachlich und inhaltlich dem Geist des NT am nächsten stehen*".[73] Dieses Interesse verfolgte Fischer so weit, daß er noch hinter die handschriftliche Überlieferung zurückging und aus literarkritischen Überlegungen heraus den Text des Polykarpbriefes auf zwei 'ursprüngliche' Briefe verteilte und als zwei Briefe herausgab.[74]

---

[71] Fischer, *Die Apostolischen Väter* (1956). Der zweite Teil erschien erst 1984: K. Wengst (Hg), *Schriften des Urchristentums: Zweiter Teil: Didache (Apostellehre), Barnabasbrief, Zweiter Klemensbrief, Schrift an Diognet*, Eingeleitet, herausgegeben, übertragen und erläutert (Darmstadt: Wissenschaftliche Buchgesellschaft, 1984).

[72] K. Bihlmeyer (Hg), *Die Apostolischen Väter*, Neubearbeitung der Funkschen Ausgabe, 2.Auflage mit einem Nachtrag von W.Schneemelcher, 1.Teil. (Tübingen: Mohr, 1956).

[73] So jedenfalls versteht B. Altaner, A. Stuiber, *Patrologie: Leben, Schriften und Lehre der Kirchenväter*, 9.Auflage (Freiburg, Basel, Wien: Herder, 1980) 44, die Auswahl.

[74] Die Analyse geht zurück auf: P.N. Harrison, *Polycarp's Two Epistles to the Philippians* (Cambridge: University Press, 1936).

Methodisch möchte ich daher folgendes voraussetzen: Wenn Anzahl und Reihenfolge der Einzelschriften in den Abschriften einheitlich sind, so ist die Überlieferung der Sammlung auf einen gemeinsamen Archetyp zurückzuführen. Variiert dagegen der Umfang der Sammlung und die Anordnung stark und lassen sich verschiedene redaktionelle Konzepte abgrenzen, so ist das Corpus das Ergebnis eines allmählichen Wachstumsprozesses, der an unterschiedlichen historischen Orten zu unterschiedlichen Ergebnissen geführt hat. Dieser methodische Grundsatz wird meines Wissens nicht bestritten.

Im folgenden möchte ich in knappen Zügen demonstrieren, daß die ältesten erhaltenen Gesamtausgaben des Neuen Testamentes aus dem vierten und fünften Jahrhundert so sehr in Aufbau und Umfang übereinstimmen, daß ein gemeinsamer Archetyp der Überlieferung angenommen werden muß. In einem zweiten Schritt versuche ich zu zeigen, daß auch die erhaltenen Vorgänger dieser Gesamtausgaben keinen zwingenden Anlaß dafür liefern, andere Sammlungen anzunehmen als die, die in den erhaltenen Gesamtausgaben dokumentiert sind.

Gesamtausgaben
Die vier ältesten erhaltenen Handschriften, die zum Zeitpunkt ihrer Herstellung mit Sicherheit eine Gesamtausgabe des Neuen Testaments darstellten, stammen aus dem vierten und fünften Jahrhundert.

Die älteste vollständige Ausgabe ist der *Codex Sinaiticus* (א 01).[75] Die Pergamenthandschrift enthält in ihrem neutestamentlichen Teil alle 27 Schriften und wurde wahrscheinlich im vierten Jahrhundert hergestellt. Die Reihenfolge der neutestamentlichen Schriften ist folgende: Evangelien (Matthäus-, Markus-, Lukas-, Johannesevangelium), Paulusbriefsammlung (Römerbrief, Korintherbriefe, Galater-, Epheser-, Philipper-, Kolosserbrief, die Thessalonicherbriefe, Hebräerbrief, die Timotheusbriefe, Titus-, Philemonbrief), Praxapostolos (Apostelgeschichte, Jakobusbrief, die zwei Petrusbriefe, die drei Johannesbriefe, Judasbrief) und Offenbarung, gefolgt von zwei frühchristlichen Schriften, dem Barnabasbrief und dem Hirten des Hermas.

---

[75] H. u. K. Lake (Hgg), *Codex Sinaiticus Petropolitanus: The New Testament, the Epistle of Barnabas and the Shepherd of Hermas* (Oxford: Clarendon Press, 1911).

Ebenfalls aus dem vierten Jahrhundert stammt der *Codex Vaticanus* (B 03).[76] Die Reihenfolge der Schriften unterscheidet sich vom Codex Sinaiticus darin, daß auf die vier Evangelien der Praxapostolos folgt und dann erst die Paulusbriefsammlung. Die Handschrift bricht mitten im Hebräerbrief (Hb 9,14) ab, der auch hier nach den Thessalonicherbriefen geboten wird. Es fehlen also die Pastoralbriefe, der Philemonbrief und die Offenbarung, wahrscheinlich durch mechanischen Verlust am Ende der Handschrift.

Zwei weitere Pergamenthandschriften, der *Codex Alexandrinus* (A 02)[77] und der *Codex Ephraemi Rescriptus* (C 04)[78] werden in das fünfte Jahrhundert datiert und enthielten ursprünglich ebenfalls alle 27 Schriften. Die Folge der Schriften im Codex Alexandrinus entspricht der Reihe im Codex Vaticanus. Der fragmentarische Charakter des Codex Ephraemi, dessen Blätter herausgetrennt, abgewaschen, mit Schriften des syrischen Kirchenvaters Ephraem neu beschrieben und wieder gebunden wurden, gestattet leider nicht, den ursprünglichen Aufbau in allen Einzelheiten nachzuvollziehen.[79]

Es gilt als gesichert, daß keine dieser vier Handschriften als Abschreibvorlage der anderen diente, sondern jede der Handschriften unab-

---

[76] C.M. Martini (Hg), *Novum Testamentum e Codice Vaticano Graeco 1209 (Codex B)*, 3.Auflage (Vatikanstadt, 1968).

[77] F.G. Kenyon (Hg), *British Museum: The Codex Alexandrinus: (Royal Ms 1 D V-VIII)* (London, Oxford: University Press u.a., 1915). Eine detaillierte Untersuchung dieser Handschrift und des Codex Sinaiticus bieten H.J.M. Milne, T.C.Skeat, *Scribes and Correctors of the Codex Sinaiticus* (Oxford: University Press, 1938). A 02 enthält als Anhang zum Neuen Testament den 1. und 2.Clemensbrief.

[78] C. Tischendorf (Hg), *Codex Ephraemi Syri Rescriptus: sive fragmenta utiusque testamenti e codice graeco parisiensi celeberrimo quinti ut videtur post christum saeculi* (2 Bd.) (Leipzig: Taubnitz, 1843).

[79] 145 der ursprünglich 248 Seiten des Codex Ephraemi Rescriptus sind noch erhalten und bezeugen jede Schrift des Neuen Testamentes mit Ausnahme des 2.Thessalonicher- und des 2.Johannesbriefes, keine Schrift aber vollständig. Da der Text der Apostelgeschichte, des Römerbriefes, des Jakobusbriefes und der Offenbarung jeweils mit einem neuen Blatt beginnt, kann nicht mehr festgestellt werden, welche Schrift unmittelbar vorausging. Dadurch muß die Reihenfolge der vier neutestamentlichen Sammlungseinheiten offen bleiben. Sicher ist allerdings, daß der Hebräerbrief auf die Thessalonicherbriefe folgte. Vgl. Tischendorf, *Codex Ephraemi*, 14-15.

hängig voneinander entstanden ist.[80] Ferner haben diese vier Manuskripte gemeinsam, daß sie Gesamtausgaben der christlichen Bibel bilden. Sie enthalten in ihrem ersten Teil die Schriften des Alten Testamentes und in ihrem zweiten Teil die Schriften des Neuen Testamentes.

Stellung des Hebräerbriefes und der Apostelgeschichte
Vergleicht man die Anordnung der Schriften, so werden zwei Unterschiede zu den meisten modernen Ausgaben deutlich: die Apostelgeschichte ist mit den Katholischen Briefen verbunden, und der Hebräerbrief steht als letzter der Gemeindebriefe zwischen 2.Thessalonicherbrief und 1.Timotheusbrief mitten in der Paulusbriefsammlung. Die meisten deutschen und englischen Übersetzungen, aber auch die beiden Standardausgaben des griechischen Textes,[81] stellen den Hebräerbrief an das Ende der Paulusbriefsammlung und die Apostelgeschichte zwischen Evangelien und Paulusbriefsammlung. Dies ist die Anordnung vieler byzantinischer Handschriften.[82] Von dort gelangte sie über die Ausgabe des Erasmus von Rotterdam in die modernen Druckausgaben. Auch wenn sich die heutigen Herausgeber des griechischen Textes der alexandrinischen Handschriftentradition verpflichtet wissen, so spiegeln ihre Ausgaben die Reihenfolge der byzantinischen Rezensionen wieder.

Vier Sammlungseinheiten
An der Anordnung der vier ältesten erhaltenen Ausgaben des Neuen Testamentes werden die vier Einheiten der handschriftlichen Überlieferung des Neuen Testamentes erkennbar: Die *Evangeliensammlung*, der *Praxapostolos*, die *Paulusbriefsammlung* und die *Offenbarung*. Die Reihenfolge

---

[80] In diesem Zusammenhang interessant ist die Vermutung Tischendorfs, daß der Schreiber, der im Codex Vaticanus (B 03) das Neue Testament kopierte (Hand B), mit dem Schreiber D des Codex Sinaiticus identisch ist; dagegen sprechen zwar die Untersuchungen von Milne und Skeat, „... *but the identity of the scribal tradition stands beyond dispute*" (Milne u. Skeat, *Scribes*, 89-90).
[81] B. Aland u.a. (Hgg), *The Greek New Testament*, 4. revidierte Auflage (Stuttgart: Deutsche Bibelgesellschaft, 1993). Dieselben (Hgg), *Novum Testamentum Graece*, 27. neu bearbeitete Auflage (Stuttgart: Deutsche Bibelgesellschaft, 1993); im folgenden als *NTG*[27] abgekürzt.
[82] W.H.P. Hatch, „The Position of Hebrews in the Canon of the New Testament", *HThR* 29 (1936) 143, zählt für die Reihe Röm-Phlm Hb 329 Minuskeln ohne die Zeugen aufzuführen.

dieser Einheiten kann wechseln,[83] wie der Vergleich zwischen Codex Sinaiticus (Evangelien, Paulusbriefsammlung, Praxapostolos, Offenbarung) und den Codices Vaticanus und Alexandrinus (Evangelien, Praxapostolos, Paulusbriefsammlung, Offenbarung) verdeutlicht.[84]

Tabelle 4: Verteilung der Sammlungseinheiten auf die Handschriften[85]

P	Maj.	Min.	Anzahl	Inhalt
43	184	1896	2123	e
	8	265	273	ap
26	58	138	222	p
5	7	118	130	r
18	29	40	87	a
	1	75	76	apr
	3	56	59	eapr
		11	11	er
2	1	8	11	ea
		6	6	pr
		5	5	ep
		3	3	ar
		2	2	ear

e = 2361; a = 662; p = 792; r = 287

Die Aufteilung des Neuen Testamentes in vier Sammlungseinheiten deckt sich auch mit dem Befund in den restlichen Handschriften. Denn nur 59

---

[83] Ein Beispiel: Auch die Mischna, deren Überlieferung mit Sicherheit von Anfang an kontrolliert erfolgte und die auf einen Archetyp zurückgeht, zerfällt in solche Sammlungseinheiten, die in unterschiedlichen Reihenfolgen abgeschrieben wurden, „was dann in der handschriftlichen Tradition zu einer gewissen Beweglichkeit in der Anordnung des Gesamtwerkes geführt hat", G. Stemberger, *Der Talmud: Einführung · Texte · Erläuterungen*, 2.Auflage (München: Beck, 1987) 38.

[84] Codex Sinaiticus enthält zusätzlich noch den Barnabasbrief, Codex Alexandrinus noch 1.Clemensbrief und 2.Clemensbrief. Die unterschiedlichen Anhänge beweisen zum einen, daß „den hier wiedergegebenen Schriften die gleiche Würde zugesprochen wird wie dem biblischen Schrifttum" (Aland, „Noch einmal", 123), zum anderen aber, daß die vorausgehenden Schriften eine abgeschlossene, sammlungsgeschichtliche Einheit bilden, in die diese Schriften nicht mehr aufgenommen werden konnten. Sie bilden Anhänge. Vgl. zur Bestimmung von Anhängen: D. Trobisch, *Die Entstehung der Paulusbriefsammlung: Studien zu den Anfängen christlicher Publizistik*, NTOA, 10 (Freiburg, Schweiz: Universitätsverlag, Göttingen: Vandenhoeck, 1989) 49.

[85] Aland, *Text des NT*, 91.

der etwa 5300 erhaltenen Handschriften umfassen alle vier Sammlungseinheiten des Neuen Testamentes, die überwältigende Mehrheit (98,87%) der Handschriften stellen Teilausgaben dar. Diese Teilausgaben setzen sich fast ausnahmslos aus einer Untermenge der vier beschriebenen Sammlungseinheiten zusammen. Eine Ausgabe, die etwa nur ein Evangelium, einen Paulusbrief und zwei Katholische Briefe enthielte, wäre eine Kuriosität.

Aus diesem Grunde ist es den Herausgebern des *Novum Testamentum Graece* möglich, im Anhang den Umfang der meisten Handschriften mit nur vier Buchstaben zu beschreiben: *e* = Evangelien, *a* = Praxapostolos, *p* = Paulusbriefsammlung, *r* = Offenbarung des Johannes (*revelatio*).[86] Einen deutlichen Hinweis darauf, daß Apostelgeschichte und Katholische Briefsammlung zusammengehören, mögen die Benutzer dieser Ausgabe daraus entnehmen, daß dafür nur eine Notierung, *a*, vergeben werden konnte. Gäbe es eine Fülle von Handschriften, die die Apostelgeschichte ohne die Katholischen Briefe oder die Katholischen Briefe ohne die Apostelgeschichte enthalten, hätte sich diese Notierung nicht bewähren können.

Der Grund für die Aufteilung des Neuen Testamentes in Sammlungseinheiten ist wohl rein technischer Art. Denn die meisten erhaltenen Teilausgaben wurden nach dem fünften Jahrhundert angefertigt und stammen also aus einer Zeit, in der die Anzahl von 27 kanonischen Schriften unumstößlich feststand. Schmälere Bücher sind leichter zu binden, zu transportieren und zu benutzen. Bei Verlust oder Zerstörung muß nicht die ganze Sammlung ersetzt werden, sondern nur der betroffene Teilband. Und schließlich bestand nicht an allen Sammlungseinheiten des Neuen Testamentes ein gleich großes Leseinteresse: die Evangelien sind in 2328 Exemplaren handschriftlich erhalten, während die Paulusbriefsammlung nur in 779, der Praxapostolos in 655 und die Offenbarung in 287 Abschriften vorliegen.[87]

Die literarische Einheit einer Schriftensammlung ist selbst dann nicht in Frage gestellt, wenn Schriften einzeln gebunden werden. Dies kann

---

[86] *NTG²⁷*, 40*.
[87] Aland, *Text des NT*, 91.

man sich am Beispiel des Bodmer-Papyrus $\mathfrak{P}^{66}$ deutlich machen. Er enthält nur das Johannesevangelium. Die mit Joh 1 beginnende Seitenzählung beweist, daß keine anderen Evangelien vorangingen. Der erhaltene Titel aber, εὐαγγέλιον κατὰ Ἰωάννην, weist das Evangelium als Bestandteil der Kanonischen Ausgabe aus. Jeder Leser, dem die Vier-Evangelien-Sammlung bekannt ist, kann das Evangelium als Teil daraus erkennen.[88] Zur Beschreibung der Sammlungseinheiten können einzeln gebundene Schriften, die allerdings auch nur sehr selten nachweisbar sind, nicht herangezogen werden.

Um die Geschichte dieser vier Sammlungseinheiten vor der Aufnahme in die vier erwähnten Handschriften aufzuhellen, habe ich mich bemüht, alle im *Novum Testamentum Graece* angeführten handschriftlichen Belege bis einschließlich des siebten Jahrhunderts auszuwerten. Durch diese zeitliche Grenze sollte einerseits vermieden werden, daß byzantinische Ausgaben das Bild verschieben, es sollten aber auch spätere Abschriften von Ausgaben, die älter als das vierte Jahrhundert sind, nicht übergangen werden.[89] Auch habe ich darauf geachtet, nur Handschriften zu berücksichtigen, die im Rahmen des antiken Buchwesens auch für den Vertrieb bestimmt waren, und Kuriositäten oder private Anfertigungen auszuscheiden. Darunter fallen beispielsweise Talismane mit Bibeltext, die als Glücksbringer zusammengerollt am Körper getragen wurden (z.B. $\mathfrak{P}^{50}$, $\mathfrak{P}^{78}$), persönliche Exzerpte (z.B. $\mathfrak{P}^{43}$, $\mathfrak{P}^{62}$) und Schreibübungen aus dem Schulunterricht.[90]

---

[88] Auch M. Hengel, *Die johanneische Frage: Ein Lösungsversuch*, mit einem Beitrag zur Apokalypse von Jörg Frey, WUNT 67 (Tübingen: Mohr, 1993) 206 = *The Johannine Question* (London: SCM; Philadelphia: Trinity, 1989) 75, der eine weitgehend unabhängige Vorgeschichte der einzelnen Evangelien annimmt, betont die Abhängigkeit des Titels des Johannesevangeliums von den Synoptikern.

[89] Zur Vorgangsweise bei der Datenerfassung: Es wurde zunächst eine Liste der Handschriften zusammengestellt, die im *NTG*[27] im Anhang aufgezählt sind. Diese Liste wurde dann mit Aland, *Text des NT*, verglichen. Einen weiteren Anspruch auf Vollständigkeit erhebe ich nicht. Auch habe ich die oft schwierigen Datierungen nicht problematisiert.

[90] Z.B.: P.Vindob G 29274 (Aland, *Repertorium*, 332: Var 8; Rahlfs: 2090). P. Sanz, *Christliche Papyri aus der Papyrussammlung der Nationalbibliothek zu Wien* (Wien: Phil. Diss., 1936) 198-209. Bei $\mathfrak{P}^{10}$ ist nicht sicher zu klären, ob es sich um eine

44   Nachweis einer Endredaktion

Nicht auswertbare Handschriften
Sofort ausgeschieden wurden Handschriften, die nur noch Text aus einer Schrift des Neuen Testamentes bezeugen. Zusätzlich zu den meisten neutestamentlichen Papyri, die bis zur Nummer 99 berücksichtigt sind und hier nicht aufgezählt werden, sind das folgende Handschriften (Datierung nach *Novum Testamentum Graece*, 27.Auflage):

Jh.	Handschrift (Inhalt)
2-3	0189 (Apg)
3	0220 (Röm)
3-4	0162 (Joh)
4	058 (Mt); 0169 (Offb); 0185 (1Kor); 0188 (Mk); 0206 (1Petr); 0207 (Offb); 0221 (Röm); 0228 (Hb); 0230 (Eph); 0231 (Mt); 0242 (Mt)
4-5	057 (Apg); 059 (Mk); 0160 (Mt); 0176 (Gal); 0181 (Lk); 0214 (Mk); 0219 (Röm); 0270 (1Kor)
5	061 (1Tim); 062 (Gal); 068 (Joh); 069 (Mk); 077 (Apg); 0163 (Offb); 0165 (Apg); 0172 (Röm); 0173 (Jak); 0174 (Gal); 0175 (Apg); 0182 (Lk); 0201 (1Kor); 0216 (Joh); 0217 (Joh); 0218 (Joh); 0226 (1Thess); 0227 (Hb); 0236 (Apg); 0240 (Tit); 0244 (Apg); 0252 (Hb); 0254 (Gal); 0261 (Gal); 0264 (Joh); 0267 (Lk); 0274 (Mk)
5-6	071 (Mt); 072 (Mk); 076 (Apg); 0158 (Gal); 0170 (Mt); 0186 (2Kor); 0213 (Mk); 0232 (2Joh)
6	E 08 (Apg) O 023 (Mt); R 027 (Lk); Z 035 (Mt); Ξ 040 (Lk); 060 (Joh); 065 (Joh); 066 (Apg); 073 (Mt); 079 (Lk); 080 (Mk); 081 (2Kor); 082 (Eph); 085 (Mt); 086 (Joh); 089 (Mt); 091 (Joh); 094 (Mt); 0143 (Mk); 0147 (Lk); 0159 (Eph); 0184 (Mk); 0187[91] (Mk); 0198 (Kol); 0222 (1Kor); 0223 (2Kor); 0225 (2Kor); 0237 (Mt); 0241 (1Tim); 0245 (1Joh); 0246 (Jak); 0253 (Lk); 0260 (Joh); 0263 (Mk); 0265 (Lk); 0266 (Lk); 0282 (Phil)
6-7	0164 (Mt); 0199 (1Kor)

Schreibübung, ein Amulett oder eine fehlerhafte, ausgeschiedene Seite handelt; E.M. Schofield (Hg), *The Papyrus Fragments of the Greek New Testament* (Clinton, New Jersey, 1936) 137-139.
[91] A. Deissmann, *Die Septuaginta-Papyri und andere altchristliche Texte der Heidelberger Papyrus-Sammlung*, Veröffentlichungen aus der Heidelberger Papyrus-Sammlung, 1 (Heidelberg: Winter, 1905) 80-84. Im Original eingesehen.

Nachweis einer Endredaktion 45

7	096 (Apg); 097 (Apg); 098 (2Kor); 099 (Mk); 0100 (Joh); 0103 (Mk); 0106 (Mt); 0108 (Lk); 0109 (Joh); 0111 (2Thess); 0145 (Joh); 0167 (Mk); 0183 (1Thess); 0200 (Mt); 0204 (Mt); 0210 (Joh); 0239 (Lk); 0259 (1Tim); 0262 (1Tim); 0268 (Joh); 0275 (Mt)

Folgende Handschriften enthalten Text aus mehr als einer neutestamentlichen Schrift, die Reihenfolge der Schriften läßt sich aber aufgrund des fragmentarischen Charakters nicht mehr feststellen: $\mathfrak{P}^4$ (Mt Lk, 3)[92]; $\mathfrak{P}^{34}$ (1Kor 2Kor, 7)[93]; $\mathfrak{P}^{53}$ (Mt Apg, 3)[94]; $\mathfrak{P}^{92}$ (Eph 2Thess, um 300)[95]; Q 026 (Lk Joh, 5)[96]; T 029 (Lk Joh, 5)[97]; 067 (Mt Mk, 6)[98]; 070 (Lk Joh, 6)[99]; 078 (Mt Lk Joh, 6)[100]; 083 (Mk Joh, 6-7)[101]; 087 (Mt Mk Joh, 6); 088

---

[92] Ein Fragment des Pariser Papyrus enthält noch den Titel des Matthäusevangeliums in der Form ευαγγελιον κατα μαθθαιον; K. Aland, „Neue neutestamentliche Papyri II", *NTS* 12 (1966) 193-194.

[93] C. Wessely, „Literarischer theologischer Text Nr.26", *Studien zur Paläographie und Papyruskunde*, 12 (Leipzig, 1912) 246.

[94] Die drei Fragmente, P.Mich 5562, stammen von derselben Hand, es ist aber nicht sicher, ob sie ursprünglich demselben Kodex angehörten; Aland, *Repertorium*, 283.

[95] Zwei getrennte Fragmente; ältester Beleg für diese Verse des 2.Thessalonicherbriefes; C. Gallazzi, „Frammenti di un codice con le Epistole di Paolo", *ZPE* 46 (1982) 117-122 (P.Narmuthis Inv.69.39a und 69.229a).

[96] K. Aland, *Kurzgefaßte Liste der griechischen Handschriften des Neuen Testaments*, ANTF 1 (Berlin: De Gruyter, 1963) 39 Anm. 3: Übergang vom Lukasevangelium zum Johannesevangelium ist nicht erhalten.

[97] Griechisch-koptische Bilingue. Aland, *Liste*, 39 Anm. 5: Übergang vom Lukasevangelium zum Johannesevangelium ist nicht erhalten.

[98] Aland, *Liste*, 42 Anm. 11. Übergänge zwischen den Evangelien sind nicht erhalten. Palimpsest. Obere Schrift ist Georgisch. Ders., „Die griechischen Handschriften des Neuen Testaments: Ergänzungen zur 'Kurzgefaßten Liste' (Fortsetzungsliste VII)", *Materialien zur neutestamentlichen Handschriftenkunde*, ANTF 3 (1969) 7 Anm. 2: 067 und 078 können vielleicht mit anderen Handschriften in Verbindung gebracht werden, die zur Zeit noch mit einer eigenen Nummer verwaltet werden.

[99] Zu dieser griechisch-koptischen Bilingue gehören 0110, 0124, 0178, 0179, 0180, 0190, 0191, 0193, 0202; Aland, *Text des NT*, 126.

[100] Siehe Anm. 98.

(1Kor Tit, 5-6); 093 (Praxapostolos, 6); 0102 (Mt Lk, 7)[102]; 0104 (Mt Mk, 7)[103]; 0107 (Mt Mk, 7); 0171 (Mt Lk, um 300)[104]; 0208 (Kol 1Thess, 6)[105]; 0209 (1Kor 2Kor 2Petr, 7)[106].

Anordnung der Kanonischen Ausgabe
Folgende Handschriften enthalten den Text in der Reihenfolge der Kanonischen Ausgabe: $\mathfrak{P}^{30}$ (1Thess 2Thess, 3)[107]; $\mathfrak{P}^{61}$ (Röm 1Kor, Phil Kol 1Thess, Tit Phlm, 7-8)[108]; $\mathfrak{P}^{74}$ (Praxapostolos, 7)[109]; $\mathfrak{P}^{75}$ (Lk Joh, 3)[110]; H

---

[101] Die Reihenfolge läßt sich nicht mehr feststellen, da die Fragmente aus dem Johannesevangelium und Markusevangelium nicht zur gleichen Lage gehören. Auf f.3 *subscriptio* erhalten: Ευαγγε]λιον / κατα Μα]ρκον.

[102] Da der Übergang zwischen Matthäus- und Lukasevangelium nicht erhalten ist, sind nur Rückschlüsse auf die Reihenfolge möglich. Eines der erhaltenen Fragmente (Athos, Protatu 56; Mt 21,24-24,15) besteht aus einer vollständigen Lage und hat am Ende die Lagenzahl ζ (7) erhalten. Der vorhergehende Text des Matthäusevangeliums läßt sich genau auf sechs Lagen verteilen, ebenso bieten sechs Lagen genau den Platz, der für den Rest des Matthäusevangeliums und das Markusevangelium bis zum nächsten erhaltenen Fragment (Athos, Vatopediu 1219; Lk 3,23-4,2) benötigt wird. Es gibt also keinen Grund, eine ungewöhnliche Reihe anzunehmen. R. Peppermüller, „Ein Unzialfragment auf dem Athos (Vatopediu und Protatu) und in Paris (0102 + [0138])", K. Aland (Hg), *Materialien zur neutestamentlichen Handschriftenkunde*, ANTF 3 (1969) 144-176.

[103] Palimpsest, acht Blätter: „*When 0104 was disassembled, its leaves were cut at the binding and folded into pages half the original size, so that the erased text is at right angles to the upper text.*" J. H. Greenlee, *Nine Uncial Palimpsests of the Greek New Testament*, Studies and Documents, 39 (Salt Lake City: University of Utah Press, 1968) 22. Der Übergang vom Matthäus- zum Markusevangelium ist nicht erhalten.

[104] Fragmente von zwei Blättern. Aland, *Text des NT*, 114 mit Abbildung ebd. 73.

[105] 0208: zwei Blätter, Kol 2,1-10.13-14; 2Thess 2,4-7.12-17 (K. Wachtel, K. Witte (Hgg), *Das Neue Testament auf Papyrus: II. Die Paulinischen Briefe, Teil 2: Gal, Eph, Phil, Kol, 1 u. 2 Thess, 1 u. 2 Tim, Tit, Phlm, Hebr*, ANTF 22 (1994) XVII; anders Aland, *Text des NT*, 133), München, Bayerische Staatsbibliothek Clm 29418.

[106] Palimpsest. Greenlee, *Nine Uncial Palimpsests*, 91-115.

[107] P.Oxy 13.1598; vgl. Trobisch, *Entstehung*, 25; Wachtel, *Paul. Briefe*, XLIV-XLV.

[108] Feststellen läßt sich noch die Reihe Röm 1Kor; Phil Kol 1Thess; Tit Phlm. Die Stellung des Hebräerbriefes kann leider nicht ermittelt werden. Aland, *Repertorium*, 290; Trobisch, *Entstehung*, 28; Wachtel, *Paul. Briefe*, LVIII-LIX.

[109] R. Kasser; V. Martin (Hgg), *Papyrus Bodmer XVII, Actes des Apôtres, Epîtres de Jaques, Pierre, Jean et Jude* (Cologny/Genf: Bibliothèque Bodmer, 1961) 8.

Nachweis einer Endredaktion

015 (Paulusbriefsammlung, 6) und I 016 (Paulusbriefsammlung, 5);[111] N 022 (Evangelien, 6); Σ 042 (Mt Mk, 6); Φ 043 (Mt Mk, 6); 048 (Praxapostolos Paulus, 5)[112]; 064 (Mt Mk, 6)[113]; 0166 (Apg Jak, 5)[114]; 0247 (1Petr 2Petr, 5-6)[115]; 0251 (3Joh Jud, 6)[116]; 0285 (Hb 1Tim, 6)[117].

Abweichende Reihenfolgen

Handschriften mit Anordnungen und Anzahl von Schriften, die nicht mit der Kanonischen Ausgabe übereinstimmen, werden im folgenden einzeln diskutiert.

---

[110] Einlagiger Kodex, der nur Lukasevangelium und Johannesevangelium enthielt. Die Reihe steht deshalb fest. Ähnlich wie beim 𝔓[46] hatte der Schreiber zu wenig Platz einkalkuliert und mußte die zweite Hälfte dichter beschreiben. R. Kasser; V. Martin (Hgg), *Papyrus Bodmer XIV, Evangile de Luc, Chap.3-24* (Cologny/Genf: Bibliothèque Bodmer, 1961) 9-13; dieselben, *Papyrus Bodmer XV, Evangile de Jean, Chap. 1-15* (Cologny/Genf: Bibliothèque Bodmer, 1961).

[111] H 015 und I 016 sind sehr fragmentarisch, die Reihe Phlm Hb 1Tim ist gesichert. Vgl. Trobisch, *Entstehung*, 18.20; Wachtel, *Paul. Briefe*, XIV-XV.

[112] Palimpsest. Erhalten sind die Übergänge: 293v Kol 1Thess; 230r Eph Phil; 295r 1Tim 2Tim; 294r Tit Phlm; 222v Jak 1Petr; 307r 2Joh; 307v 3Joh. Der Platz des Hebräerbriefes bleibt unklar. Benutzte Edition: D.E. Heath, *The Text of Manuscript Gregory 048 (Vatican Greek 2061)* (Upland, Indiana: Taylor University, 1965).

[113] Ende des Matthäusevangelium auf fol. 5r und Anfang des Markusevangeliums auf fol. 6r gehören zur gleichen Lage. J.R. Harris (Hg), *Biblical Fragments from Mount Sinai* (London, 1890) xii.

[114] Siehe Abbildung 3.

[115] 0247: Aland, *Text des NT*, 136: 1Petr 5,13-14; 2Petr 1,5-8.14-16. Palimpsest. Manchester, J. Rylands Libr. P. Copt. 20.

[116] 0251: Aland, *Text des NT*, 136: 3Joh 12-15; Jud 3-5. Ein Blatt, daher ist der Übergang gesichert.

[117] Wachtel, *Paul. Briefe*, XIX. Die Handschrift enthält auch Fragmente des Epheserbriefes.

Abbildung 3
P.Heid G 1357; 5.Jahrhundert

Am Beispiel des Heidelberger Fragmentes (Gregory 0166) wird deutlich, daß auch schon sehr kleine Fragmente den typischen Aufbau der Sammlungeinheiten bestätigen können. Es enthält auf dem Verso das Ende der Apostelgeschichte (Apg 28,30-31) und in der zweiten Spalte auf dem Rekto Text aus dem Jakobusbrief (Jak 1,11).[118]

Der *Chester-Beatty Kodex* $\mathfrak{P}^{46}$ (um 200) bietet die Paulusbriefe in der singulären Reihenfolge: Römer– Hebräer– 1.Korinther– 2.Korinther– Epheser– Galater– Philipper– Kolosser– 1.Thessalonicherbrief; der Rest fehlt durch Verlust der äußeren Doppelblätter des einlagigen Kodex.[119] Die merkwürdige Reihe ist wahrscheinlich auf eine Ordnung nach der Länge der Brieftexte zurückzuführen und hat sich in der Handschriftentradition nicht niedergeschlagen.[120]

---

[118] Deissmann, *Septuaginta-Papyri*, 85. Photographische Vorlage: Papyrologisches Institut, Heidelberg.

[119] Editionen: H.A. Sanders (Hg), *A Third-Century Papyrus Codex of the Epistles of Paul*, University of Michigan Studies, Humanistic Series, 38 (Ann Arbor: University of Michigan Press, 1935); F.G. Kenyon (Hg), *The Chester Beatty Biblical Papyri: Descriptions and Texts of Twelve Manuscripts on Papyrus of the Greek Bible*, Fasciculus III supplement: Pauline Epistles (London: Walker, 1936/37). Zur Datierung: U. Wilcken, „The Chester Beatty Biblical Papyri", *APF* 11 (1935) 112-114. Kim, „Paleographical Dating of $\mathfrak{P}^{46}$" setzt sich für eine Datierung in das erste Jahrhundert ein.

[120] Für eine umfassende Diskussion der Reihenfolge der Paulusbriefe in den Handschriften siehe Trobisch, *Entstehung*, 14-61; speziell zu $\mathfrak{P}^{46}$ 26-28; 60. Es ist nicht auszuschließen, daß sich in der Anordnung noch eine ältere Teilsammlung von Paulusbriefen mit allgemeiner Adresse (Röm Hb 1Kor Eph) niedergeschlagen hat (ebd. 60). In diesem

Der *Bodmer-Papyrus* $\mathfrak{P}^{72}$ (3.-4.Jh.) ist der gegenwärtig älteste bekannte Zeuge für die Petrusbriefe und den Judasbrief.[121] Doch die Auswahl der in ihm gebotenen Schriften und die Anordnung geben Rätsel auf: der Geburtsgeschichte der Maria folgen der 3.Korintherbrief, die 11.Ode Salomos, der Judasbrief, die Passahhomilie des Melito von Sardes, ein Hymnenfragment, die Apologie des Phileas, die kanonischen Psalmen 33 und 34 und am Ende die beiden Petrusbriefe. Die neutestamentlichen Schriften sind von der gleichen Hand angefertigt (Schreiber B). Glücklicherweise haben diese Seiten auch eine ältere Numerierung bewahrt:

Tabelle 5
Anordnung der Schriften im $\mathfrak{P}^{72}$

Schrift	Seitenzahl
Geburtsgeschichte der Maria	von anderer Hand angefertigt, andere Paginierung
3.Korintherbrief	50-57
11.Ode Salomos	57-62
Judasbrief	62-68
Passahhomilie, Hymnenfragment, Apologie des Phileas, Ps 33, Ps 34	von anderer Hand angefertigt, andere Paginierung
1Petr, 2Petr	1-36

Die Numerierung macht deutlich, daß der Bodmer-Kodex aus mindestens zwei älteren Kodizes zusammengesetzt und neu gebunden wurde. Weder die Vorlage noch der jetzige Band hat Ähnlichkeiten mit der Schriftenauswahl der Kanonischen Ausgabe. Auch folgte der Judasbrief beide Male nicht auf den 2.Petrusbrief. Es handelt sich hier wohl um eine einmalige Sammlung, bei deren Entstehung — ganz deutlich ist das an den beiden Psalmen zu erkennen — Schriften aus ihrem ursprünglichen Sammlungszusammenhang herausgerissen wurden.

Falle wäre auch der $\mathfrak{P}^{46}$ ein Beleg für die Reihe der Kanonischen Ausgabe, die dort mit einer älteren Teilsammlung konflationiert wäre.
[121] M. Testuz (Hg), *Papyrus Bodmer VII-IX. VII : L'Epître de Jude; VIII: Les deux Epîtres de Pierre; IX: Les Psaumes 33 et 34* (Cologny/Genf: Bibliothèque Bodmer, 1959).

Der *Codex Washingtonianus* W 032 (5.Jh.)[122] bietet die Evangelien in der Reihenfolge Matthäus-, Johannes-, Lukas- und Markusevangelium.[123] Jedes Evangelium beginnt mit einer neuen Lage. Daher ist die Reihenfolge ausschließlich auf die durchgehende Numerierung der Lagen zurückzuführen, die von der Hand des ersten Schreibers stammt und an der sich der Buchbinder orientierte.[124] Wahrscheinlich drückt sich die redaktionelle Absicht aus, die Evangelien der Apostel vor die Evangelien der Apostelschüler zu ordnen.

Diese Reihenfolge stellte wohl schon früh eine Kuriosität dar, denn die erste Seite eines jeden Evangeliums enthält sonderbare Flecken, 20 bei Matthäus, 16 bei Johannes, fünf bei Lukas und vier bei Markus. Die Verschmutzungen auf der ersten Seite des Johannesevangeliums sind bei weitem die größten.[125] Henry A. Sanders hat diese Flecken näher untersucht und festgestellt, daß es sich dabei nicht um Tinte handelt, sondern um Material, das von einer Kerze oder Lampe stammen könnte. Offensichtlich wurde die Handschrift mehrmals bei schlechten Lichtverhältnissen hervorgeholt und nur die entsprechenden Seiten aufgeschlagen, wohl um die kuriose Reihenfolge Besuchern vorzuführen.[126] Als die Handschrift später nochmals gebunden werden mußte, wurden die Evangelisten auch

---

[122] Washington, DC; Smithsonian Institute, Freer Gallery of Art, 06.274. H.A. Sanders (Hg), *Facsimile of the Washington Manuscript of the Four Gospels in the Freer Collection*, Studies Humanistic Series 9,1 (Ann Arbor, Michigan: University of Michigan, 1912).

[123] Weitere Belege für diese sogenannte westliche Reihenfolge sind: D 05 (s. unten), X 033 (10. Jh., München, Universitäts Bibliothek, fol. 30); die Kommentarhandschrift 055 (Paris, bibl. nat Gr. 202); nach C. Tischendorf (Hg), *Novum Testamentum Graece ad antiquissimos testes denuo recensuit, apparatum criticum apposuit*, Editio octava critica (Leipzig: Hinrichs, 1894) Bd. 3, 516 die unter Nr. 256 aufgeführte Handschrift Mosqu. syn 138, 9.Jh.; nach Sanders, *Facsimile*, 27 die Minuskel 594; von den Übersetzungen die lateinischen Handschriften a, b, e, f, ff$_2$, q und die gotische Übersetzung. Ungewöhnliche Reihenfolgen der Evangelien außerhalb von griechischen Handschriften bei Zahn, *Kanon*, 2, 364-375; Metzger, *Kanon*, 278-279.

[124] Sanders, *Facsimile*, 6; 40.

[125] Sanders, *Facsimile*, 134. Die Handschrift enthält sonst nur noch auf Seite 326 drei kleine Flecken.

[126] Sanders, *Facsimile*, 135.

auf dem hölzernen Buchdeckel in der Reihenfolge der Handschrift dargestellt: Matthäus, Johannes, Lukas und Markus.[127] Auch der berühmte, griechisch-lateinische *Codex Bezae Cantabrigiensis D 05* (5.Jh.) bietet die Evangelien in der Reihenfolge Matthäus-, Johannes-, Lukas- und Markusevangelium. Das nächste erhaltene Blatt umfaßt das Ende des 3.Johannesbriefes lateinisch und auf der Rückseite den Anfang der Apostelgeschichte griechisch, die ursprünglich dazwischen befindlichen 66 Seiten sind herausgerissen worden und verschollen.[128] Die merkwürdige Reihenfolge der Evangelien findet in dieser Handschrift also eine Fortsetzung in der singulären Anordnung der Schriften des Praxapostolos. J. Chapman hat errechnet, daß die Lücke groß genug sei für die Offenbarung des Johannes und die drei Johannesbriefe.[129] Außerdem hat der Schreiber für das Matthäusevangelium, Markusevangelium und in den ersten Kapiteln des Johannesevangeliums eine alternative Stichometrie durch Punkte eingetragen, nicht aber für das Lukasevangelium, den 3.Johannesbrief und die Apostelgeschichte. Diese Stichometrie wurde wahrscheinlich aus der Vorlage übernommen. Chapman vermutet nun, daß der Archetyp dieser Stichometrie die Reihenfolge Mt Mk Joh Lk ... 3Joh Apg bot, der Schreiber der Vorlage es aber während der Arbeit am Johannesevangeliums vorzog, die alternative Stichometrie nicht mehr zu notieren. In diesem Falle ist die Anordnung der Schriften dieses zweisprachigen Kodex in Anlehnung an lateinische Handschriften zu verstehen und erst bei der Herstellung von D 05 erfolgt. Was immer auch im einzelnen geschehen ist, die singuläre Reihe der im Anschluß an die Evangelien gebotenen Schriften, läßt es sehr geraten erscheinen, auch die Reihenfolge der Evangelien nicht auf Tradition, sondern auf Motive der Redaktion zurückzuführen. Die kanonische Anordnung ist als *lectio difficilior* vorzuziehen.

---

[127] Ch.R. Morey in: Sanders, *Facsimile*, IX.
[128] Beschreibung des Kodex: D.C. Parker, *Codex Bezae: An Early Christian Manuscript and its Text* (Cambridge, New York: Cambridge University Press, 1992).
[129] J. Chapman, „The Order of the Gospels in the parent of Codex Bezae", ZNW 6 (1905) 339-346; 341. Nach den Berechnungen von H.-W. Bartsch, *Codex Bezae versus Codex Sinaiticus im Lukasevangelium* (Hildesheim, Zürich, New York: Georg Olms, 1984) 2, reicht der Platz dafür nicht aus.

52   Nachweis einer Endredaktion

Abbildung 4
Subscriptio zum Praxapostolos im Codex Alexandrinus

Oberste Zeile: Abschluß des Judasbriefes.

In der *subscriptio* werden Apostelgeschichte und Katholische Briefe als Sammlungseinheit gefaßt:
πραξεις των αγιων
αποστολων
και καθολικαι.

Quelle:
Milne / Skeat, *Scribes*, plate 37.

Der *Chester-Beatty Kodex* $\mathfrak{P}^{45}$ (3.Jh.) enthält Reste aller vier Evangelien und der Apostelgeschichte.[130] Da jedes Blatt einzeln gefaltet wurde, wie zwei aufeinander folgende Blätter beweisen, deren Mitte noch erhalten ist, ist die Reihenfolge der Schriften nicht gesichert.[131] Die Handschrift endet mit Apg 17,17 und hat glücklicherweise noch die Seitenzahl 199 bewahrt.[132]

Sir Frederic Kenyon, der erste Herausgeber, errechnet das Ende der Apostelgeschichte auf Seite 218, und da ein Doppelblatt nach der Faltung vier Seiten ergibt und die Gesamtseitenzahl durch vier teilbar sein muß,

---

[130] 30 Blätter befinden sich in der Chester Beatty Sammlung. Ein Blatt ist in der Papyrussammlung in Wien: Österreichische Nationalbibliothek, Pap. G. 31974. F.G. Kenyon (Hg), *The Chester Beatty Biblical Papyri, Descriptions and Texts of Twelve Manuscripts on Papyrus of the Greek Bible, Fasciculus II: The Gospels and Acts (Plates)* (London: Emery Walker Lim., 1934).

[131] Fol. 11-12 und 13-14. T.C. Skeat, „Irenaeus and the Four-Gospel Canon", NT 34 (1992) 198, vertritt, daß $\mathfrak{P}^{45}$ die westliche Reihe Mt Joh Lk Mk bot.

[132] Kenyon, *Gospels and Acts*, vi. Nur ein weiteres Mal ist die Seitenzählung erhalten, Nummer 193 (sehr unsicher zu lesen) auf der Seite mit Resten von Apg 14,15-23.

nimmt er am Ende noch zwei leere Seiten an.[133] Diese Angabe zum Umfang des Kodex ist in die einschlägigen Handbücher eingegangen.[134] Doch ist dies keineswegs sicher. Die Katholische Briefsammlung hätte nach dem Schriftspiegel der Handschrift (ca. 2500 Buchstaben pro Seite) auf genau 20 Seiten, oder 5 Doppelblättern Platz. Daraus ergibt sich ein Gesamtumfang von 240 Seiten oder 60 Doppelblättern, eine technisch realisierbare Größe, denn der Chester-Beatty Papyrus $\mathfrak{P}^{46}$ bestand ursprünglich aus 52 Doppelblättern, der Chester Beatty Papyrus IX-X aus der Mitte des dritten Jahrhunderts aus 59 Doppelblättern, der Bodmer Papyrus $\mathfrak{P}^{74}$ aus dem 7.Jahrhundert sogar aus 66 Doppelblättern.[135] Für die Fragestellung der Untersuchung darf festgehalten werden, daß $\mathfrak{P}^{45}$ nicht als sicherer Beleg dafür gelten kann, daß die Apostelgeschichte mit den Evangelien und ohne die Katholischen Briefe verbreitet wurde.

Der griechisch-lateinische *Codex Claromontanus D 06* (5.-6.Jh.) bietet die Paulusbriefe in der Reihe der Kanonischen Ausgabe, lediglich Kolosser- und Philipperbrief sind vertauscht. Auf den Philemonbrief folgte nach drei ursprünglich leer gelassenen Seiten der Hebräerbrief. Wahrscheinlich sollte der Laodizenerbrief die Lücke füllen. Da aber kein griechischer Text zu finden war, wurde dort später der Catalogus Claromontanus nachgetragen. Die Reihenfolge der Briefe könnte in dieser Bilingue auf die lateinische Vorlage zurückzuführen sein.[136]

Ergebnis
Bis auf fünf Zeugen lassen sich alle ausgewerteten Handschriften der ersten sieben Jahrhunderte als Abschrift der gleichen Ausgabe interpretieren. Als redaktionelle Umordnung desselben Bestandes lassen sich $\mathfrak{P}^{46}$

---

[133] Kenyon, *Gospels and Acts*, vii-viii.
[134] Vgl. B.M. Metzger, *Der Text des Neuen Testaments: Eine Einführung in die neutestamentliche Textkritik*, (Stuttgart, Berlin, Köln, Mainz: Kohlhammer, 1966) 37: „*Ursprünglich bestand der Kodex aus etwa 220 Blättern und enthielt alle vier Evangelien und die Apostelgeschichte.*"
[135] Vgl. die Tabellen bei E.G. Turner, *The Typology of the Early Codex* (University of Pennsylvania Press, 1977) 58-64. Ob die Bindung in „*Uniones*" eine Aussage über den maximalen Umfang zuläßt, ist wegen der wenigen Belege nicht zu klären (Belege bei Turner, *Typology*, 61).
[136] Trobisch, *Entstehung*, 22-23.

und D 06 (Paulusbriefsammlung), W 032 (Evangelien) und D 05 (Evangelien, Praxapostolos) auslegen, als kurioser Sonderfall ohne überlieferungsgeschichtlich nachweisbare Auswirkung läßt sich die Auswahl und Anordnung des $\mathfrak{P}^{72}$ verstehen.

Alle übrigen betrachteten Handschriften, an denen es sich noch feststellen läßt, bieten (a) innerhalb der *Paulusbriefsammlung* die Reihenfolge 2.Thessalonicherbrief Hebräerbrief 1.Timotheusbrief, verbinden (b) die Apostelgeschichte mit der Katholischen Briefsammlung zum *Praxapostolos*[137] und haben (c) die *Evangelien* in der Reihenfolge Matthäus-, Markus-, Lukas- und Johannesevangelium.

Die *Offenbarung des Johannes* bildet eine selbständige Überlieferungseinheit. Diese Schrift kann alleine, aber auch in beliebiger Kombination mit einer der anderen drei Sammlungseinheiten, abgeschrieben werden.[138]

Reflexion
Dieses Ergebnis widerspricht der oft geäußerten Ansicht, daß der Umfang des Kanons und die Reihenfolge der Schriften bis in das vierte Jahrhundert hinein fast willkürlich wechseln.[139] Wie kommt es zu dieser stark abweichenden Einschätzung?

In der vorliegenden Untersuchung habe ich versucht, die Kanonische Ausgabe unter literaturgeschichtlichen Aspekten zu betrachten, während der Kanon traditionellerweise im Rahmen der Dogmengeschichte untersucht wird. Daraus ergab sich eine ganz andere Auswahl der auszuwertenden Quellen — nämlich eine Bevorzugung der Handschriften — und diese Quellen zeichnen ein einheitliches Bild.

Betrachtet man die Kanonsgeschichte als Entwicklung eines Dogmas, so fällt ein merkwürdiges Paradox auf: Zum einen ist der Kanon der

---

[137] Leider haben Farmer u. Farkasfalvy, *Formation*, 87, diese Überlieferungseinheit nicht erkannt. Sie verstehen die Unterschiede der Reihen lediglich als wechselnden Ort der Apostelgeschichte. Die Zusammengehörigkeit der Apostelgeschichte mit den Katholischen Briefen wäre für ihre Interpretation wahrscheinlich von wesentlicher Bedeutung geworden. Auch Childs, *NT as Canon*, 495 ist in diesem Punkt leider durch die bei Zahn aufgeführten unterschiedlichen Reihenfolgen der Katholischen Briefe in den Kanonslisten irregeführt worden.
[138] Aland, *Text des NT*, 91-92.
[139] Vgl. Aland, oben S.35 Anm. 65.

christlichen Bibel eine Grundfeste jeder christlichen Gemeinschaft. Zum anderen besteht, was das Alte Testament betrifft, faktisch keine Einigkeit über den genauen Umfang des Kanons. Denn christliche Bibelausgaben weichen heute in ihrem Bestand des Alten Testamentes erheblich voneinander ab, weil sie entweder Umfang und Anordnung der griechischen Bibel folgen oder aber die hebräische Bibel wiedergeben und die sogenannten Apokryphen ausschließen. Und zu diesem offensichtlichen Widerspruch zwischen dogmatischem Anspruch und kirchlicher Realität kommt unter dogmengeschichtlichem Aspekt noch, „*daß sich keines der großen Konzile der Alten Kirche je mit dem Kanon befaßt hat.*"[140]

Der Irrtum der klassischen Darstellungen liegt meines Erachtens darin, daß die kirchlichen Diskussionen der zweiten Hälfte des zweiten Jahrhunderts und später über die Zugehörigkeit einzelner Schriften zum Kanon nicht als historisch-kritische Reflexionen über eine bereits bestehende Publikation verstanden wurden, eine Diskussion, die bis auf den heutigen Tag eine wesentliche Tätigkeit der christlichen Exegese darstellt.

Ich möchte diese These am Beispiel von Theodor Zahn erläutern. Nach einem Blick auf den anonymen Antimontanisten, der am Ausgang des zweiten Jahrhunderts feststellt, daß es sittlich nicht möglich sei, der Schrift noch etwas hinzuzufügen oder wegzunehmen,[141] wendet sich Zahn Tertullian zu, der wenige Jahre später als Montanist seinem theologischen Streitpartner denselben Satz entgegenhält.[142] Man kann „*doch kaum zweifeln, daß der Antimontanist wie der Montanist das drohende Schlußwort der Apokalypse im Sinn haben und dieses als den Grenzstein der biblischen Literatur betrachten*",[143] fährt Zahn fort und schließt daraus, ähnlich wie die vorliegende Untersuchung: „*Man meint in der Hand dieser Männer ein vom Evangelium des Matthäus bis zur Apokalypse des Johannes sich erstreckendes Exemplar des NT's zu sehen, wie solche heute in Leipzig und Cambridge gedruckt werden; nur die letzte Ziffer der Jahreszahl des jüng-*

---

[140] Ritter, „Entstehung", 94.
[141] Zitat siehe S.69.
[142] Euseb, h.e. 5,16,3; Tertullian, *ContraHermog* 22.
[143] Offb 22,18-19: „*Wer etwas hinzufügt, dem wird Gott die Plagen zufügen, von denen in diesem Buch geschrieben steht. Und wer etwas wegnimmt von den prophetischen Worten dieses Buches, dem wird Gott seinen Anteil am Baum des Lebens und an der heiligen Stadt wegnehmen, von denen in diesem Buch geschrieben steht.*"

sten Drucks müßte gestrichen werden." Doch schon im nächsten Satz klärt Theodor Zahn seine Leser unzweideutig darüber auf, was von solchen Analysen zu halten ist: *„Man verzeihe diese Zuspitzung des Irrthums, welcher hier zu beseitigen ist"*, und legt damit einen Grundstein, auf den so gut wie alle einschlägigen Untersuchungen zum neutestamentlichen Kanon in unserem Jahrhundert aufgebaut haben.[144]

Auf welchem Wege möchte Zahn diesen „Irrthum" beseitigen? Er nennt zunächst den Kanon Muratori.[145] Dann führt er die Zeugnisse zum Hebräerbrief auf, der nicht überall als Paulusbrief gelesen wurde, behauptet ähnliche Unsicherheiten in bezug auf den Jakobusbrief und stellt diese Diskussion auf dieselbe Ebene wie die Diskussion um den Hirten des Hermas.

Dieser Argumentationsgang ist wenig überzeugend: Origenes diskutiert die Frage, ob Paulus der Verfasser des Hebräerbriefes sei und kommt zu einem negativen Ergebnis.[146] Luther bezeichnet in seinem Editorial zum Neuen Testament den Jakobusbrief als *„eine rechte stroherne Epistel"* und ordnet ihn demonstrativ – zusammen mit Hebräerbrief und Judasbrief – an das Ende seiner Ausgabe. Vielhauer behandelt in seiner *Geschichte der urchristlichen Literatur* neben den siebenundzwanzig kanonischen Schriften u.a. auch den Hirten des Hermas. Es steht aber unzweifelbar fest, daß dem Origenes der Hebräerbrief als Paulusbrief überliefert war[147] und daß Luther und Vielhauer das Neue Testament in Umfang und Anordnung der Kanonischen Ausgabe kannten. Nach Zahns Argumentationsgang müßte man aber annehmen, daß Origenes und Luther weniger Schriften, Vielhauer dagegen mehr Schriften in ihrer Bibelausgabe vorfanden.

Der älteste Beleg eines autoritativen Textes, der den Kanon wenigstens für das Neue Testament in gewohntem Umfang festlegt und der in der Beweisführung Zahns eine wichtige Rolle spielt, ist der 39. Osterfestbrief des Athanasius aus dem Jahre 367.[148] Aber auch dieses Dokument regelte

---

[144] Alle Zitate aus Zahn, *Kanon* 1, 113.
[145] Zahn, *Kanon* 1, 113.
[146] Euseb, *h.e.* 6,25,11-14.
[147] *„Denn es hatte seinen Grund, wenn die Alten ihn als paulinisch überliefert haben"* Euseb, *h.e.* 6,25,13.
[148] Text und Kommentar bei Zahn, *Kanon* 2, 203-212.

die Frage nur für den Bereich, für den Athanasius, Bischof von Alexandrien, zuständig war. Aus der zweiten Hälfte des vierten Jahrhunderts haben wir außerdem im Codex Vaticanus (B 03) und Codex Sinaiticus (א 01) bereits vollständige Ausgaben der christlichen Bibel erhalten, warum sollte man da noch anhand des Osterfestbriefes des Athanasius über die Gestalt der christlichen Bibel spekulieren? Warum sollte man den Kanon Muratori auswerten, der in seinem Selbstverständnis nicht den Umfang der christlichen Bibel beschreiben will, sondern eher „*eine Art Einleitung ins Neue Testament*"[149] darstellt, die Ausgabe also nicht festlegt, sondern voraussetzt, dessen traditionelle Datierung in das zweite Jahrhundert nicht bewiesen werden kann,[150] dessen barbarisches Latein an vielen Stellen mehr Fragen aufwirft als löst? Warum sollte man ein solches Dokument zur Rekonstruktion des Neuen Testamentes heranziehen, wenn für den gleichen Zeitraum bereits jede Sammlungseinheit des Neuen Testamentes handschriftlich belegt ist? Warum sollte man über die Zugehörigkeit des Hebräerbriefes zur Paulusbriefsammlung im zweiten Jahrhundert spekulieren, wenn aus derselben Zeit mit $\mathfrak{P}^{46}$ bereits ein Exemplar der Paulusbriefsammlung greifbar ist, das den Hebräerbrief enthält? Ist man nicht vielmehr gezwungen, die altkirchlichen Diskussionen um die Echtheit einzelner Schriften als Reaktion auf ein fertiges Buch zu verstehen? So betrachtet, lassen sich auch die anderen Zeugnisse, die regelmäßig für ein allmähliches Anwachsen des Neuen Testamentes herangezogen werden, als Beleg für die Kanonische Ausgabe auswerten.[151]

Man darf Theodor Zahn sicherlich keinen Vorwurf machen, daß er die Handschriften argumentativ nicht stärker berücksichtigt hat, denn zu seiner Zeit war der Codex Sinaiticus gerade erst entdeckt und der Codex Vaticanus der Öffentlichkeit noch nicht voll zugänglich gewesen,[152] der

---

[149] H. Lietzmann, *Wie wurden die Bücher des Neuen Testaments heilige Schrift? Fünf Vorträge* (Tübingen: Mohr, 1907) 53.
[150] Hahneman, *The Muratorian Fragment* (1992).
[151] Belege, die in dieser Untersuchung ausgewertet wurden, können dem Register entnommen werden.
[152] Die erste Ausgabe des Codex Sinaiticus (א 01) veröffentlichte Tischendorf im Jahre 1862, die erste photographische Reproduktion des Codex Vaticanus (B 03), die die wenigen aber sehr fehlerhaften Vorläufer ablöste, wurde 1889/90 veröffentlicht, also ein

Textwert dieser beiden Zeugen war noch nicht bestimmt, die reichen Papyrusfunde, die uns heute zur Verfügung stehen, waren noch gänzlich unbekannt. Theodor Zahn kann man keinen Vorwurf machen, doch heute muß sich die neutestamentliche Wissenschaft dem Zeugnis der Handschriften stellen.

Das unterschiedliche Ergebnis der vorliegenden Untersuchung kommt also dadurch zustande, daß nicht versucht wurde, die Geschichte eines Dogmas nachzuzeichnen, sondern die Geschichte eines Buches. Es ging nicht um den Kanon, sondern um die Kanonische Ausgabe.

Daraus ergab sich, daß die Geschichte der Kanonischen Ausgabe von ihren ältesten sicheren Belegen bis zu ihrem ersten Erscheinen zurückverfolgt werden sollte. Es mußten also vor allem die griechischen Handschriften untersucht werden. Die alten Kanonslisten, Zitatreihen, Echtheitsdiskussionen, Bibelübersetzungen usw., die für die dogmengeschichtliche Bewertung des Kanons wesentlich sind, brauchten nicht berücksichtigt zu werden.

Versucht man nun mit Hilfe der Textkritik die Geschichte der Kanonischen Ausgabe zu betrachten, so erhebt sich die Frage: Wie geht man mit Lücken in der Überlieferung um? Hier galt für die vorliegende Untersuchung der Gundsatz: Die spätere Form soll als Deutungsmuster dienen. Fragmentarische Zeugen, die sich in das Bild der vier ältesten erhaltenen Gesamtausgaben einfügen lassen, wurden daher als Abschriften des selben Archetyps gewertet, der auch den vier Gesamtausgaben zugrundeliegt. Unter dieser Voraussetzung wurde das oben zusammengefaßte Ergebnis erzielt.

Die Titel der Schriften

Wenden wir uns nun den Titeln der neutestamentlichen Schriften zu. Auch die Titel werden in den Handschriften einheitlich überliefert und

---

Jahr nach Erscheinen des ersten Bandes von Zahns *Geschichte des neutestamentlichen Kanons*.

strukturieren die Kanonische Ausgabe in Paulusbriefsammlung, Evangelien, Praxapostolos und Offenbarung des Johannes.[153]

Evangelien
Der vollständige Titel der Evangelien lautet in den Handschriften εὐαγγέλιον κατὰ Μαθθαῖον, εὐαγγέλιον κατὰ Μάρκον, εὐαγγέλιον κατὰ Λουκᾶν, εὐαγγέλιον κατὰ Ἰωάννην[154] und besteht aus drei Gliedern. Das erste Glied, εὐαγγέλιον, bezeichnet die literarische Gattung, das dritte Glied den Gewährsmann, und κατὰ verbindet die beiden Angaben. Jedes der drei Elemente ist ungewöhnlich.

Der Begriff Evangelium zur Bezeichnung der literarischen Gattung entspricht nicht dem Sprachgebrauch der neutestamentlichen Texte. Dort wird sowohl der Inhalt als auch die Tätigkeit der christlichen Verkündigung, nicht aber eine literarische Form als Evangelium bezeichnet. Auch in der vorchristlichen Literatur ist das Wort als Gattungsbezeichnung bisher nicht belegbar.[155]

---

[153] Den folgenden Beobachtungen liegt die Auswertung des kritischen Apparates des NTG[27] zugrunde. Deshalb wurden orthographische Unterschiede, Randglossen und andere Beigaben in den Handschriften nicht berücksichtigt. Beobachtungen am Mikrofilm sind ausdrücklich notiert.

[154] Die *inscriptiones* in B 03 und ℵ 01 sind von zweiter Hand (*NTG*[27], 719ff). B 03 bietet die kurze Form κατὰ Μαθθαῖον, κατὰ Μάρκον etc. in *inscriptio* und *subscriptio*, während alle anderen maßgeblichen Zeugen εὐαγγέλιον ergänzen. ℵ 01 hat in den *inscriptiones* zwar die kurze, in den *subscriptiones* aber die lange Form. Die *subscriptio* des Matthäusevangeliums fehlt. Drei ältere Papyri haben noch Reste der Titel erhalten, jeweils in der langen Form, 𝔓[66], der um 200 datiert wird, für das Johannesevangelium, 𝔓[75] aus dem dritten Jahrhundert für Lukas- und Johannesevangelium, und 𝔓[64], der mit 𝔓[67] zusammengehört und um 200 angesetzt wird, für das Matthäusevangelium. Somit sollte die kurze Form wohl als Eigentümlichkeit des Codex Vaticanus gedeutet werden, nicht aber als ursprüngliche Form. So auch Hengel, „Evangelienüberschriften", 10-12. Weitere alte Zeugen für die Langform: D 05 (5. Jh.), W 032 (5. Jh.), 083 (6.-7. Jh.).

[155] G. Strecker, „εὐαγγέλιον, ου, τό; euaggelion; Evangelium", *EWNT* 2 (1992) 176-186; derselbe, *Literaturgeschichte des Neuen Testaments* (Göttingen: Vandenhoeck, 1992) 122-148. Zur formgeschichtlichen Einordnung des Gattungsbegriffes K. Berger, *Formgeschichte des Neuen Testaments* (Heidelberg: Quelle & Meyer, 1984) 367-371; D. Dormeyer, *Euangelium als literarische und theologische Gattung*, Erträge der Forschung, 263 (Darmstadt: Wissenschaftliche Buchgesellschaft, 1989); H. Frankemölle, *Evangelium — Begriff und Gattung: Ein Forschungsbericht*, Stuttgarter Biblische Beiträge, 15 (Stuttgart:

Die Angabe des Gewährsmannes mit κατά und Akkusativ ist in Buchtiteln äußerst selten.[156] Die deutlichste Parallele besteht in der Formel, mit der christliche Autoren die verschiedenen griechischen Übersetzungen des Alten Testamentes zitieren: κατὰ τοὺς Ἑβδομήκοντα, κατὰ Ἀκύλαν, κατὰ Σύμμαχον, κατὰ Θεωδοτίωνα.[157] Auch das dritte Element der Evangelientitel, der Name des Gewährsmannes, ist aus den Texten heraus nicht offensichtlich. Die behauptete Autorenangabe wird im Text des Matthäus-, Markus-, Lukas- und Johannesevangeliums nicht wiederholt.

Es darf wohl ausgeschlossen werden, daß die einheitliche Formulierung der Titel von den Autoren selbst stammt. Und als ebenso ausgeschlossen erscheint es, daß zwei voneinander unabhängige Herausgeber dieselbe Gattungsbezeichnung, dieselbe Verfasserangabe und κατά als syntaktische Verbindung gewählt hätten.[158]

Katholisches Bibelwerk, 1988). Die Frage, woher die Gattungsbezeichnung kommt und wer sie zum ersten Mal benutzt hat, hat gegenwärtig wieder zu zahlreichen gelehrten Konstruktionen geführt. H. Koester, *Ancient Christian Gospels: Their History and Development* (London: SCM; Philadelphia, PA: Trinity Press International, 1990) 1-48, und Strecker, *Literaturgeschichte,* 128, bringen Markion damit in Verbindung während Hengel, „Evangelienüberschriften", 49, an Markus denkt und G.N. Stanton, *A Gospel for a New People: Studies in Matthew* (Edinburgh: Clark, 1992) 14-16, gegen Köster und Hengel den Evangelisten Matthäus vorschlägt. Siehe auch Anm. 158.

[156] Einige späte Belege bei Hengel, „Evangelienüberschriften", 9. Verfasser werden normalerweise im Genetiv genannt, so z.b. in den Titeln der Katholischen Briefe und der Offenbarung des Johannes im Neuen Testament selbst.

[157] F. Blaß, A. Debrunner, *Grammatik des neutestamentlichen Griechisch,* 17. Auflage. Bearbeitet von Friedrich Rehkopf, (Göttingen: Vandenhoeck, 1990) §224,2 Anm.4; Wettstein, *Novum Testamentum Graecum,* 223; vgl. Jos contra Apionem 1,3,18 τὴν καθ' αὐτὸν ἱστορίαν: 'sein Geschichtswerk'. Κατά ist nach Hengel, „Evangelienüberschriften", 10, keine einfache Umschreibung des *genetivus auctoris;* gegen W. Bauer, K. und B. Aland, *Griechisch-deutsches Wörterbuch zu den Schriften des Neuen Testaments und der übrigen urchristlichen Literatur,* 6., völlig neu bearbeitete Auflage (Berlin, New York: de Gruyter, 1988) 828.7c.

[158] Möglich wäre, meine ich, daß die Herausgeber die Evangelientitel aus den verschiedenen Traditionen der einzelnen Schriften zusammengesetzt haben. Den Begriff Evangelium könnten sie Mk 1,1 entnommen haben: „*Anfang des Evangeliums von Jesus Christus*", wobei das Wort „ἀρχή" in Bezug auf die folgende Schrift verstanden wäre, ein Sprachgebrauch der z.B. Hosea 1,2 (Ἀρχὴ λόγου κυρίου πρὸς Ὠσηε) in der christ-

Praxapostolos
Der Titel der Apostelgeschichte lautet in der Kanonischen Ausgabe πράξεις ἀποστόλων[159] und besteht aus zwei Gliedern. Πράξεις bezeichnet die Gattung, ἀποστόλων thematisiert nicht wie bei den Evangelien die Autoren[160] sondern die Personen, die den Mittelpunkt der Erzählungen bilden. Beide Elemente sind problematisch. Die Apostelgeschichte entspricht formkritisch den Gattungsmerkmalen der antiken Literaturform πράξεις nicht besonders gut.[161] Und der Begriff Apostel wird in der

---

lichen Bibel begegnet oder in den Handschriften als Fachausdruck zur Kennzeichnung von Neueinsätzen dient (lateinisch: *incipit*), siehe z.b. die Kennzeichnungen der Schriftlesungen, Abbildung 2, S.29. Vgl. B.D. Ehrman, „The Text of Mark in the Hands of the Orthodox", *Lutheran Quarterly*, 5 (Milwaukee, Wis.: 1991) 149-152; M.E. Boring, „Mark 1:1-15 and the Beginning of the Gospel", *Semeia*, 52 (1991) 43-81, mit umfangreicher Bibliographie; D.E. Smith, „Narrative Beginnings in Ancient Literature and Theory", *Semeia*, 52 (1991) 4 (auch für Mt 1,1); zu den *inscriptiones* der prophetischen Bücher des Alten Testamentes, die eine deutliche formale Parallele bilden, G.M. Tucker, „Prophetic Superscriptions and the Growth of a Canon", *Canon and Authority: Essays in Old Testament Religion and Theology* (Philadelphia: Fortress, 1977) 56-70; zur Textkritik P.M. Head, „A Text-Critical Study of Mark 1.1: 'The Beginning of the Gospel of Jesus Christ'", *NTS* 37 (1991) 621-629. Dadurch erhielt das Wort „Evangelium" in Mk 1,1 eine literarische Bedeutung und wäre aus diesem Grunde als Bestandteil des Titels der kanonischen Evangelien aufgenommen worden. Die Papiasnotiz zum Matthäusevangelium behauptet, daß dieses Evangelium eine Übersetzung aus dem Hebräischen sei (Euseb, *h.e.* 3,39,16). Vielleicht hat Papias dies aus einem κατὰ Μαθθαῖον erschlossen, das er im traditionellen Titel vorfand, womit er dann den Titel der Septuagintaübersetzung assoziierte und ebenfalls eine Übersetzung aus dem Hebräischen annahm. In diesem Falle hätten die Herausgeber der Kanonischen Ausgabe die traditionellen Verfassernamen der ersten beiden Evangelien aufgenommen, deren Elemente kombiniert und auf das Lukas- und Johannesevangelium übertragen. Dies ist natürlich eine Vermutung.

[159] Codex Sinaiticus (א 01) bietet in der *inscriptio* von zweiter Hand (*NTG*[27], 735) nur πράξεις, sonst wird immer mindestens noch (τῶν) ἀποστόλων angefügt, G. Schneider, *Die Apostelgeschichte*, HThK 5 (1980-82) 74.

[160] Der Autor der Apostelgeschichte gibt sich als Autor des Lukasevangeliums aus: „*Im ersten Buch, lieber Theophilus, habe ich über alles berichtet, was Jesus getan und gelehrt hat ...*" (Apg 1,1).

[161] U. v. Wilamowitz-Moellendorf, *Die griechische Literatur und Sprache*, 3. Auflage (Leipzig: Teubner, 1912) 262, sieht die „Taten der Apostel" in Analogie zu den „Taten des Augustus" oder den „Taten des Herakles" als Belege für die göttliche Mission ihrer Helden. W. v. Christ, *Geschichte der Griechischen Litteratur*, Bearbeitet von Wilhelm

Apostelgeschichte 27 Mal für die zwölf Jünger Jesu gebraucht, aber nur in einem einzigen Zusammenhang — absichtlich oder aus Versehen[162] — für Paulus und Barnabas (Apg 14,4.14). Ohne Zweifel aber ist der Missionar Paulus der literarische Held der zweiten Hälfte des Buches. Zwei Herausgeber werden schwerlich unabhängig voneinander auf einen solchen Titel gekommen sein, einen Titel, der nur die erste Hälfte des Werkes treffend zu beschreiben scheint.

Auch die Überschriften der Katholischen Briefe bestehen aus zwei Teilen. Der erste Teil bezeichnet die Schriften als ἐπιστολαί, zahlreiche Handschriften ergänzen καθολικαί,[163] und gibt dieser Sammlungseinheit damit einen Namen. Das zweite Glied der Überschrift nennt die vier Autoren, Ἰακώβου, Πέτρου, Ἰωάννου, Ἰούδα, worauf bei den Petrus- und Johannesbriefen noch die Zählung folgt: α', β', γ'.[164]

Schmid, 7. Auflage, HAW 7 (1913) Bd. 2, 967, vergleicht die Apostelgeschichte mit πράξεις Ἀλεξάνδρου des Kallisthenes, mit περὶ Ἀννίβου πράξεων des Sosylos und dem Bericht des Philostratos über das Leben des Apollonius. Ph. Vielhauer, *Geschichte der urchristlichen Literatur: Einleitung in das Neue Testament, die Apokryphen und die Apostolischen Väter*, 2. durchgesehener Druck (Berlin, New York: de Gruyter, 1978) 399, weist darauf hin, daß typischerweise die Taten eines Helden und nicht mehrerer Helden erzählt werden. Vgl. E. Haenchen, *Die Apostelgeschichte*, 7. Auflage, KEK 3 (1977) 143; Schneider, *Apostelgeschichte*, 73-76. Neuere Vorschläge zur Gattungsbestimmung vgl. L.M. Wills, „The Depiction of the Jews in Acts", *JBL* 110 (1991) 648-650; Strecker, *Literaturgeschichte*, 236-243.

[162] Schneider, *Apostelgeschichte*, 152.

[163] Die literarische Bezeichnung für diese Briefe ist außerhalb der Handschriften bei dem Kirchenschriftsteller (ἐκκλησιαστικὸς συγγραφεύς) Apollonius um 197/198 belegt (Altaner, *Patrologie*, 108). Apollonius unterstellt einem gewissen Themison, der sich, statt für den Glauben zu sterben, mit einer großen Geldsumme aus dem Kerker freikaufte: „*Während er doch deswegen hätte Buße tun sollen, wagte er es, sich als Märtyrer zu rühmen, in Nachahmung des Apostels einen katholischen Brief zu verfassen (μιμούμενος τὸν ἀπόστολον, καθολικήν τινα συνταξάμενος)...*" (zitiert bei Euseb, h.e. 5,18,1.5). — Vgl. auch das Inhaltsverzeichnis des Codex Alexandrinus (Abbildung 5, S.66), das im 7. oder 8. Jahrhundert ergänzt wurde; K.P. Donfried, *The Setting of Second Clement in Early Christianity*, NT.S 38 (1974) 20. Zahn, *Kanon* 2, 289.

[164] Ein Bsp.: Die Überschrift zum Jakobusbrief in P 025 lautet: Ιακοβου αποστολου επιστολη καθολικη, die Subskription: Ιακωβου απο(στολου) επιστολη καθολικη (Mikrofilm).

Es bedarf keiner näheren Begründung, daß Titel und Zählung redaktionell sind und nicht von den Briefautoren stammen. Aber auch die Bezeichnung des 1.Johannesbriefes als Brief, der weder ein Präskript mit Absender- und Adressatangabe noch einen Schlußgruß aufweist, ist keineswegs evident.[165] Und was die Verfassernamen angeht, so wird die von den Titeln behauptete Autorschaft des Johannes in den Texten der drei Johannesbriefe nicht wiederholt.

Paulusbriefsammlung
Die vierzehn Einzelschriften der Paulusbriefsammlung sind nach der Briefadresse benannt: πρὸς Ῥωμαίους, πρὸς Κορινθίους etc. Zum vollständigen Titel dieser Schriften muß jeweils noch Παύλου ἐπιστολή ergänzt werden, sodaß der volle Titel des Römerbriefes lautet: Παύλου ἐπιστολὴ πρὸς Ῥωμαίους,[166] Brief des Paulus an Römer. Die Titel sind zweigliedrig, die Gattungsbezeichnung „Paulusbrief" bildet den ersten Teil des Titels und liefert den Namen der Sammlungseinheit, der zweite Teil des Titels dient zur Unterscheidung der Schriften innerhalb der Sammlung.

Die einheitliche Bezeugung der Adressen in den Handschriften ist für den Epheser-[167] und Hebräerbrief[168] nicht selbstverständlich, da die

---

[165] Vgl. Rudolf Schnackenburg, *Die Johannesbriefe*, 2. Auflage, HThK 13 (1963) 1-3.
[166] Bsp.: Die Überschrift zum Römerbrief in P 025 lautet: επιστολη του παναγιου Παυλου του αποστολ(ου) προς Ρωμαιους (Mikrofilm).
[167] Die Adresse steht in der Überschrift, fehlte aber im Text der ersten Hand in den Kodizes ℵ 01 und B 03 und wurde dort später nachgetragen. Vgl. Trobisch, *Entstehung*, 80-81; E. Best, „Ephesians i,1", *Text and Interpretation: Studies in the New Testament presented to Matthew Black*, E. Best and R.McL.Wilson (Hgg) (Cambridge u.a.: Cambridge University Press, 1979) 29-41; D.A. Black, „The Peculiarities of Ephesians and the Ephesian Address", *Grace Theological Journal*, 2 (1981) 59-73. Der Epheserbrief ist, so weit ich sehe, die einzige Schrift des Neuen Testamentes, die auch unter einem anderen Titel belegt ist. In der Ausgabe des Markion trug der Brief den Titel *An die Laodizener* (Tertullian, *AdvMarc*, 5,11.17). Die Überlieferung, daß der 1.Johannesbrief „an die Parther" gerichtet war, betrifft nicht den Titel, sondern ist den wechselnden, historisierenden Angaben der *subscriptiones* zuzuordnen, die bei fast jedem neutestamentlichen Brief begegnen; Belege der Parther-Adresse bei H.-J. Klauck, *Die Johannesbriefe*, Erträge der Forschung, 276 (Darmstadt: Wissenschaftliche Buchgesellschaft, 1991) 37-40.

Adressaten dieser Briefe im Text nicht genannt werden. Und noch zwei weitere Paulusbriefe fallen auf: Der 2.Korintherbrief ist außer an Korinth noch an die Heiligen in ganz Achaia adressiert (2Kor 1,1), und der Philemonbrief richtet sich außer an Philemon noch an Aphia, Archippus und die Gemeinde in dessen Haus (Phlm 2). Es wäre also durchaus denkbar, daß unterschiedliche Herausgeber diesen beiden Schriften auch andere Titel geben könnten als sie in der Kanonischen Ausgabe erhalten haben.[169]

Ferner ist die Zählung der Briefe an gleiche Adressaten (an die Korinther, Thessalonicher, an Timotheus) ein Element der Endredaktion, das erst bei der Herausgabe der Sammlung ergänzt werden mußte.[170] Inhaltlich bieten die beiden Thessalonicherbriefe auf der literarischen Ebene nicht genug Hinweise, um mit Sicherheit feststellen zu können, welcher der beiden Briefe zuerst geschrieben wurde.[171]

Die Gattungsbezeichnung Paulusbrief ist für den Hebräerbrief nicht evident: Der Name Paulus wird im Text nicht wiederholt, Gattungsmerkmale wie der typische Briefeingang anderer Paulusbriefe mit Absender-, Adressatangabe, Gnadenwunsch und Danksagung an Gott, fehlen. Die Adresse ist denkbar unpräzis, eine geographische Einordnung fehlt.

---

[168] Der Hebräerbrief gibt sich durch die Adressatenangabe in der Überschrift als Teil der Paulusbriefsammlung zu erkennen. Hengel, „Evangelienüberschrift", 26: Einheitlichkeit des Titels weist *auf eine ganz frühe Hinzufügung*".

[169] Metzger, Kanon, 285, führt noch den Kolosserbrief auf: „wo die ältesten Zeugen (p46, A, B*, K, al) den Namen im Titel als Kolassaeis angeben, wogegen es in Kol 1,2 bei fast allen Zeugen Kolossais heißt. ... ergibt sich daraus, daß der Brieftitel von anderer Hand als der des Verfassers zugefügt worden ist und auch anderen Orts und zu einer anderen Zeit." Im gefälschten Briefwechsel zwischen Paulus und Seneca wird der 2.Korintherbrief für die Leser identifiziert als „Der Brief an die Achaier".

[170] Zur Verdeutlichung: *1Clem* ist in den Handschriften, in denen er ohne *2Clem* erhalten ist, nicht numeriert. Der *2Clem* dagegen findet sich nur in Handschriften, die auch den *1Clem* enthalten, und nur in diesen erhält der *1Clem* in seinem Titel eine Zahlenangabe. Vgl. R. Warns, *Untersuchungen zum 2.Clemens-Brief* (Marburg: Diss., 1985).

[171] Vgl. R. Gregson, „A Solution of the Problems of the Thessalonian Epistles", *Evangelical Quarterly* 38 (1966) 76-80.

Das Wort Ἑβραῖοι ist im Neuen Testament nur an drei Stellen belegt.[172] Zwei unabhängige Herausgeber hätten schwerlich denselben Titel für diese Schrift vorgeschlagen: Παύλου ἐπιστολὴ πρὸς Ἑβραίους. Jedes der vier Worte ist in höchstem Maße problematisch.

Offenbarung des Johannes
Ganz anders die letzte Schrift des Neuen Testamentes, die Offenbarung des Johannes, die in den Handschriften als ἀποκάλυψις Ἰωάννου[173] bezeichnet wird und mit den Worten *Offenbarung Jesu Christi, ... die er seinem Knecht Johannes gezeigt hat* (Offb 1,1) beginnt. Sowohl die Bezeichnung ἀποκάλυψις, als auch der Verfassername Johannes wiederholt sich gleich im ersten Satz. Es ist leicht nachvollziehbar, daß zwei Herausgeber unabhängig voneinander denselben Titel hätten formulieren können.

Die Gruppierung der Schriften
Die Titel verbinden einzelne Schriften zu Sammlungseinheiten. Evident ist die übergreifende Funktion bei den Briefen, die durchnumeriert sind (Korinther-, Thessalonicher-, Timotheus-, Petrus- und Johannesbriefe).

Ferner zeichnen sich drei Gruppen deutlich ab: die durch εὐαγγέλιον κατά zusammengehaltenen vier Evangelien, die durch den gemeinsamen Obertitel ἐπιστολαί (καθολικαι), der beim Lesen zu jedem Titel der einzelnen Schrift ergänzt werden muß, verknüpften sieben Katholischen Briefe, und schließlich die Paulusbriefsammlung. Hier muß zu den Adressaten der Überschriften jeweils der Autor Paulus dazugedacht werden.

Mit den beiden verbleibenden Schriften, der Apostelgeschichte und der Offenbarung des Johannes, haben diese drei Gruppenüberschriften gemeinsam, daß ihr erstes Element die literarische Gattung[174] bezeichnet,

---

[172] Bei Paulus als Selbstbezeichnung 2Kor 11,22: Ἑβραῖοί εἰσιν; κἀγώ; Phil 3,5: περιτομῇ ὀκταήμερος, ἐκ γένους Ἰσραήλ, φυλῆς Βενιαμίν, Ἑβραῖος ἐξ Ἑβραίων, κατὰ νόμον Φαρισαῖος. Als Bezeichnung einer Gruppe innerhalb der Jerusalemer Gemeinde, Apg 6,1.

[173] In ℵ* 01 und A 02: ΙΩΑΝΟΥ. Spätere Erweiterungen sind του θεολογου [Mehrheitstext] (+ και ευαγγελιστου [046 pc]).

[174] Die Aufnahme der Gattungsbezeichnung entspricht in gewisser Weise dem inhaltlichen Element, das meist in Titeln zu finden ist, vgl. Schubart, *Buch*, 98: „Eine ganze Reihe der Rollen aus Herkulanum bietet kurze Fassungen wie: Epikur über die Natur 11, wobei der Name des Verfassers im Genitiv steht, weil der Begriff 'Buch' hinzuzudenken ist."

εὐαγγέλιον, ἐπιστολαί (Παύλου / καθολικαι), πράξεις und ἀποκάλυψις.

Abbildung 5
Inhaltsverzeichnis des Codex Alexandrinus, neutestamentlicher Teil[175]

η καινη διαθηκη·
ευαγγελια [δ´]
κατα ματθα[ιον]
κατα μαρκ[ον]
κατα λουκαν
κατα ιωαννην.
πραξεις αποστολων
καθολικαι ζ´
επιστολαι παυλου ιδ´
αποκαλυψις [Ιωα]ννου
κ[λη]μεντος ε[πιστο]λη α´
κλημ]εντος ε[πιστολ]η β´

ομ]ου βιβλια [

Ψ[αλ]μ[ο]ι σολομωντος

ιη[

Ergebnis
Die einheitlich strukturierten und in ihrer Funktion über die Einzelbeiträge hinausweisenden Titel wurden nicht von den Verfassern der einzelnen Schriften formuliert. Sie sind redaktionell. Auch können die Gattungsbezeichnungen, Verfasserangaben und die Struktur der Überschrif-

---

Alles Wesentliche ist damit gegeben, Name des Schriftstellers, Bezeichnung des Werkes nach seinem Inhalt und Nummer des betreffenden Buches."
[175] Entnommen aus: F.G. Kenyon (Hg), *Codex Alexandrinus*.

ten in den meisten Fällen dem Text nicht eindeutig entnommen werden. Es ist deshalb davon auszugehen, daß die Endredaktion der Titel nicht unabhängig voneinander stattgefunden hat, sondern auf eine Hand zurückgeht.

Reflexion
"Daß die Einheitlichkeit der Evangelientitel gegen Ende des 2.Jh.s wenige Jahrzehnte zuvor irgendwo durch eine zentrale Evangelienredaktion, d.h. durch ein innerkirchliches Machtwort, zustande kam, ist sehr unwahrscheinlich", schreibt Martin Hengel („Evangelienüberschriften", 48), und so mancher Patristiker wird ihm aus ganzem Herzen zustimmen. Denn die christliche Kirche hatte im zweiten Jahrhundert noch nicht die Strukturen entwickelt, die sie später zur Durchsetzung bestimmter Glaubensinhalte eingesetzt hat. Es gab niemanden, der ein solches „Machtwort" hätte sprechen können. Und selbst wenn auch nur der Versuch gemacht worden wäre, eine bestimmte Auswahl von Schriften für alle für verbindlich zu erklären, bliebe es angesichts des durchschlagenden Erfolges verwunderlich, daß sich keine Nachricht darüber erhalten hat, und sei es nur in Form einer Legende.

Hengels Studie zu den „Evangelienüberschriften" hat in der gewohnten gründlichen und materialreichen Art des Verfassers viel dazu beigetragen, auf das Problem der neutestamentlichen Titel erneut aufmerksam zu machen. Wie aber ist zu erklären, daß er am Ende zu einem Ergebnis kommt, das meiner Untersuchung völlig widerspricht? Dies hat mindestens drei Gründe.

Erstens: Es ist sicherlich richtig, daß Dogmen durch innerkirchliche Vereinbarungen durchgesetzt werden, doch gilt dies nicht für christliche Literatur. Auch bei den anderen von Christen gelesenen Veröffentlichungen des zweiten Jahrhunderts, wie etwa die Ignatiusbriefsammlung, die Bibel Markions, die Übersetzungen des Theodotion, Aquila und Symmachus, die Didache, der Barnabasbrief, der Hirte des Hermas, die Paulusakten, das Thomasevangelium usw., sind wir auf textimmanente Aussagen angewiesen, um Entstehungszeit und Entstehungsort der Endredaktion zu ermitteln. Sie wurden produziert, vertrieben, gekauft und gelesen, ohne daß ein offizieller Beschluß der Kirchenleitung dazu nötig gewesen wäre. Die Voraussetzung Hengels, daß eine einheitliche Endredaktion nur durch ein „innerkirchliches Machtwort" durchgesetzt werden kann, läßt sich also leicht anhand der anderen christlichen Literatur dieser Epoche widerlegen. Auch die Kanonische Ausgabe ist im zweiten Jahrhundert zunächst nur ein christliches, literarisches Werk unter vielen. Sie hat mächtige Konkurrenten.

Zweitens: Hengel untersucht die Evangelien in ihrem „vorkanonischen" Stadium, während sich diese Untersuchung auf die Endgestalt beschränkt. Er geht davon aus, daß die einheitlichen Titel auf Tradition zurückzuführen sind,[176] ich führe sie auf Redaktion zurück und schlage vor, die Endredaktion als Versuch zu deuten, aus umlaufenden Schriften nach den noch darzulegenden Kriterien (Paulus-Petrus Harmonisierung, Anerkennung des Alten Testamentes) einige auszuwählen, diese editionstechnisch zu vereinheitlichen und vernünftig anzuordnen. Dazu diente den Herausgebern vor allem die systematische Titelgebung.

Drittens: Hengel behandelt die Evangelienüberschriften getrennt von den anderen neutestamentlichen Titeln. Die Querverbindungen der Titel des Lukas- und Markusevangeliums zur Paulusbriefsammlung und zum Praxapostolos lassen sich nicht von der Hand weisen. Diese isolierte Betrachtung der Evangelientitel ist, meine ich, der Hauptgrund für das unterschiedliche Ergebnis.

Der Titel der Kanonischen Ausgabe

In den Handschriften ist, soweit ich sehen kann, der Titel der Sammlung einheitlich überliefert und lautet ἡ καινὴ διαθήκη, 'das Neue Testament'.[177] Auch in diesem Fall ist die Einheitlichkeit der Überlieferung

---

[176] „Die Form des Titels ... ergab sich aus der Imitation der inscriptiones bzw. subscriptiones der älteren, um 100 bereits verbreiteten Evangelien nach Markus, Lukas und Matthäus, die das vierte Evangelium durchweg schon voraussetzt" (Hengel, Joh. Frage, 206).

[177] Zum Begriff Neues Testament: Zahn, Kanon 1, 103-105; kritisch dazu: Harnack, Jahr 200, 42-43. W.C. van Unnik, „Ἡ καινὴ διαθήκη - A Problem in the Early History of the Canon", Studia Patristica, 4 = TU 79 (Berlin, 1961) 212-227, 216: „It is a matter of course that various other designations like 'the Scriptures', 'the Word' etc. remained in use, as is the case up till the present time, but as a title ἡ καινὴ διαθήκη was and is dominant." Zur Bedeutung im Neuen Testament selbst siehe: J. Behm, Der Begriff ΔΙΑΘΗΚΗ im Neuen Testament (Leipzig: Deichert, 1912); E. Lohmeyer, Diatheke: Ein Beitrag zur Er-

wohl so zu interpretieren, daß der Titel aus dem Archetyp der handschriftlichen Überlieferung stammt. Dieser Titel läßt sich ohne Schwierigkeiten mit den ältesten Erwähnungen in Einklang bringen. Melito von Sardes stellt Ende des zweiten Jahrhunderts auf die Bitte eines Freundes hin Auszüge aus den alttestamentlichen Schriften zusammen, „*soweit sie unseren Erlöser und unseren ganzen Glauben betreffen*" und informiert ihn in der Einleitung zu diesem sechsbändigen Werk über die genaue „*Zahl und Reihenfolge der Bücher des Alten Testamentes*"[178]. Auch wenn der Ausdruck „Neues Testament" nicht fällt, so spricht Melito doch so unbefangen vom „Alten Testament", daß man diese Bezeichnung erschließen kann.

Auch in dem Auszug aus einer etwa gleichzeitigen Schrift, die sich gegen die montanistische Bewegung richtet und deren Verfasser von Euseb nicht genannt wird, dem sogenannten anonymen Antimontanisten, wird die Bezeichnung wie selbstverständlich gebraucht. Der anonyme Autor möchte auf keinen Fall „*den Schein erwecken, als wollte ich dem Worte der neutestamentlichen Frohbotschaft (τῷ τῆς τοῦ εὐαγγελίου καινῆς διαθήκης λόγῳ) etwas ergänzend beifügen, da doch keiner, der entschlossen ist, nach diesem Evangelium zu leben, etwas beifügen noch abstreichen darf*".[179] Eindeutig ist der Bezug auf das geschriebene Wort.

Clemens von Alexandrien, Irenaeus, und im frühen dritten Jahrhundert Tertullian und Origenes benutzen mit Sicherheit die Bezeichnung Neues Testament im Sinne der Kanonischen Ausgabe.

---

klärung des neutestamentlichen Begriffs (Leipzig: Hinrichs, 1913); E. Kutsch, *Neues Testament – Neuer Bund? Eine Fehlübersetzung wird korrigiert* (Neukirchen-Vluyn: Neukirchner Verlag, 1978). Zusammenstellung der ältesten Belege bei W. Kinzig, „Ἡ καινὴ διαθήκη: The Title of the New Testament in the Second and Third Centuries", *JThS* 45 (1994) 519-544, der den Titel auf Markion zurückführt.

[178] Wörtlich: τὴν τῶν παλαιῶν βιβλίων ... ἀκρίβειαν πόσα τὸν ἀριθμὸν καὶ ὁποῖα τὴν τάξιν εἶεν τὰ τῆς παλαιᾶς διαθήκης βιβλία. Die *Eklogai* Melitos sind nur noch in dem Referat des Euseb von Cäsarea erhalten, der aus der Einleitung zitiert, Euseb, *h.e.* 4,26,13-14. Vgl. van Unnik, „A Problem in the Early History", 215; 218-219.

[179] Euseb, *h.e.* 5,16,3. Zur Vorstellung der Abgeschlossenheit ausführlich: W.C. van Unnik, „De la regle Μήτε προσθεῖναι μήτε ἀφελεῖν dans l'histoire du canon", *VigChr* 3 (1949) 1-36; = *Sparsa Collecta*, 2 (Leiden 1980) 157-171.

So verweist bspw. Clemens Alexandrinus, stromata 2,29,2-3 (GCS 15,128), auf die christliche Bibel mit den Worten: „*dagegen ihrer Wirkung nach (δυνάμει) eines, das eine das Alte, das andere das Neue Testament*", beide „*werden von dem einen Gott durch den Sohn geschenkt. So sagt auch der Apostel Paulus im Brief an die Römer: 'Denn Gerechtigkeit Gottes wird in ihm offenbart von Glauben zu Glauben* (Röm 1,17), *womit er auf die einzigartige Erlösung hinweist, die von der Weissagung an bis zu dem Evangelium durch ein und denselben Herrn vollendet worden ist*" (Übersetzung nach J. Fischer, „Die Einheit der beiden Testamente bei Laktanz, Viktorin von Pettau und deren Quellen", *Münchener Theologische Zeitschrift*, 1 (1950) 100). Vgl. van Unnik, „A Problem in the Early History", 215.

Irenaeus verwendet den Begriff Neues Testament häufig, bezeichnet damit aber nicht nur das Buch, vgl. van Unnik, „A Problem in the Early History", 219-220; Harnack, *Jahr 200*, 42; H.J. Vogt, „Die Geltung des Alten Testaments bei Irenäus von Lyon", *Theologische Quartalschrift*, 160 (München: Erich Wewel,1980) 17-28; grundlegend: Hoh, *Irenäus*.

Beispiele bei Tertullian sind *DePud* 1; *ContraPrax* 15, und bei Origenes, *InJoannem* 5,8: „... συμφωνίας δογμάτων κοινῶν τῇ καλουμένῃ παλαιᾷ πρὸς τὴν ὀνομαζομένην καινὴν διαθήκην".

Zusammenfassung

Die Notierung der *nomina sacra*, die Kodexform, die in den Handschriften einheitlich überlieferte Reihenfolge und Anzahl von Schriften, die Formulierung der Titel und die Hinweise darauf, daß die Sammlung von Anfang an einen einheitlichen Namen hatte, all das sind Elemente, die auf eine sorgfältige Endredaktion zurückzuführen sind. Diese redaktionellen Eingriffe stammen nicht von den Autoren der Einzelschriften, und ihre Funktion ist es, die einzelnen Schriften zu einer Sammlung zusammenzubinden. Sie signalisieren den Lesern die literarische Einheit der Sammlung. Ferner sind die Elemente so spezifisch, daß sie nicht auf verschiedene, voneinander unabhängig arbeitende Redaktoren zurückgeführt werden können.

DAS LITERARISCHE KONZEPT

Die Endredaktion eines Sammelwerkes ist immer Ausdruck eines literarischen Konzeptes. Die Signale, die die Redaktoren setzen, bieten den Lesern ein Muster an, mit dem sie das traditionelle Material deuten können, ein Muster, das dem traditionellen Material nicht bekannt gewesen sein und ihm auch nicht unbedingt entsprechen muß.[1]

Drei Perspektiven: Leser, Herausgeber, Vorlage

Im folgenden versuche ich, das literarische Konzept der Herausgeber zu beschreiben, indem ich die Kanonische Ausgabe aus drei verschiedenen Perspektiven heraus betrachte: Zum einen versuche ich, mich in die Position der Leser hineinzuversetzen. Ich werde den Leseanweisungen der redaktionellen Beigaben folgen und die daraus resultierende Deutung nachvollziehen. Dieses Leseerlebnis interpretiere ich dann als von den Herausgebern beabsichtigt und damit Teil des literarischen Konzeptes. Zweitens versuche ich, in der Makrostruktur der Ausgabe – also in der Benutzeroberfläche der Sammlung – ein System zu erkennen. Dieses System interpretiere ich als reflektierten Versuch der Herausgeber, dem Inhalt der Sammlung eine angemessene Form zu verleihen, und möchte daher auch aus diesen formalen Elementen inhaltliche Rückschlüsse auf Interessen und Konzept der Herausgeber ziehen. Und drittens versuche ich, die Ausgabe aus der Perspektive der schriftlichen Vorlagen zu betrachten, und bemühe mich, anhand offensichtlicher Umdeutungen durch die Redaktion noch weiteren Aufschluß über Tendenzen der Herausgeber zu gewinnen.

---

[1] Der dargelegte literaturgeschichtliche Ansatz zur Beschreibung der Endredaktion von Sammelwerken erhebt die reformatorische Überzeugung *scriptura sui ipsius interpres* zum methodischen Prinzip. Beide Male wird vom unmittelbaren Kontext jeder einzelnen Textstelle weggeblickt, um die zentralen Aussagen des Ganzen zu erkennen. Von diesen Aussagen her rücken dann Textpassagen, die damit in Einklang stehen, unabhängig von ihrem Kontext, in den Mittelpunkt des Interesses der Ausleger. Vgl. G.T. Sheppard, „Canonization: Hearing the Voice of the Same God Through Historically Dissimilar Traditions", *Interpretation: A Journal of Bible and Theology*, 36 (1982) 21-33; D.A. Oss, „Canon as Context: the Function of Sensus Plenior in Evangelical Hermeneutics", *Grace Theological Journal*, 9 (1988) 105-127.

Um ein Beispiel für diese drei Schritte, Leser, Herausgeber, schriftliche Vorlage, zu nennen: Es wird sich zeigen, daß die Autorenangaben des Markusevangeliums und des Lukasevangeliums die *Leser* auf Textpassagen der Apostelgeschichte, des 1.Petrusbriefes und einiger Paulusbriefe verweisen. Diese Textpassagen zeichnen den geneigten Lesern ein harmonisches Bild der Zusammenarbeit zwischen den Jerusalemer Aposteln und Paulus. Aus der Perspektive der *Benutzeroberfläche* ist derselbe Wunsch nach Harmonie daran zu erkennen, daß die Schreiben der Jerusalemer Gemeindeführer Jakobus, Petrus und Johannes völlig gleichwertig neben die Briefe des Apostels Paulus gesetzt wurden. Aus der Perspektive des *traditionellen Materials* aber widerspricht der Text des Galaterbriefes diesem harmonischen Bild auf das Schärfste. Die Redaktion vermittelt die Einsicht, daß sich die streitenden Parteien später wieder versöhnt hätten, und liefert damit eine Deutung, die dem Galaterbrief nicht entnommen werden kann. Alle drei Perspektiven öffnen also den Blick auf das deutliche Interesse der Endredaktion, ein einmütiges und harmonisches Bild der frühchristlichen Missionare zu vermitteln.

Ein anderes Beispiel sind die Verfasserzuschreibungen. Aus Leserperspektive steuern sie das personale Garantieelement für die Zuverlässigkeit der Kanonischen Ausgabe bei. Von der Makrostruktur aus betrachtet, sind die autoritativen Verfassernamen Bestandteil eines sorgfältig geknüpften Netzes, das die unterschiedlichen Teile des Neuen Testamentes zusammenhält. Aus Perspektive der Tradition aber wird am Johannesevangelium zum Beispiel deutlich, daß die gesuchte Anonymität der schriftlichen Vorlage nicht gewahrt, sondern bewußt aufgelöst wird. Alle drei Perspektiven drücken also ein gesteigertes Interesse der Endredaktion an der persönlichen Garantiefunktion der Verfasser für den Inhalt ihrer Schriften aus und liefern damit ein weiteres, deutliches Element des literarischen Konzeptes der Ausgabe.

Um das redaktionelle Konzept einer Sammlung zu beschreiben, bildet die Benutzeroberfläche der Ausgabe einen vielversprechenden Ausgangspunkt. Es gilt also, auf die redaktionellen Elemente zu achten, mit denen die Herausgeber ihre Leser von Schrift zu Schrift führen.

Das literarische Konzept

Implizierte Verfasserangaben

Jede neutestamentliche Schrift trägt einen Titel. Jeder Titel enthält ausdrücklich oder implizit eine Verfasserangabe. Die Verfasserangaben aber können nicht mit der Eindeutigkeit aufgelöst werden, die die knappen Formulierungen der Titel suggerieren, solange jede Schrift isoliert und für sich gelesen wird. Hat man dagegen die Sammlung im Blick, so werden die Namensnennungen in den Titeln zu Textverweisen. Sie wecken die Neugierde der Leser und lenken das Interesse auf Textpassagen anderer Schriften, die in der Kanonischen Ausgabe zu finden sind.

Literatur suggeriert durch ihren Öffentlichkeitsanspruch Glaubwürdigkeit. Wenn ein tendenziöser Text durch so viele verantwortungsvolle Hände gegangen ist — Autor, Redaktoren, Herausgeber, Verleger, Buchhändler — dürfen die Leser davon ausgehen, daß der redaktionelle Rahmen, insbesondere die Verfasserangabe, stimmt. Für die leserzentrierte Auslegung heißt das: Aus der Perspektive der Leser ist es nicht nötig, daß die Verfasserangabe im Text ausführlich erläutert wird, es reicht, wenn der Text der scheinbaren Verfasserangabe nicht ausdrücklich widerspricht.

Im folgenden stelle ich zunächst die Textverweise der Titel aus der Perspektive der Leser dar, die die Verfasserangaben der Titel ernst nehmen und im Text nach einer näheren Erläuterung suchen.[2] Es handelt sich um ein Rätsel, dessen Lösung die Leser von Anfang an kennen. Um deutlich zu machen, daß für die Lösung dieser Denksportaufgabe keine philologischen Spitzfindigkeiten vorausgesetzt werden, habe ich die zitierten Bibeltexte nach der deutschen Einheitsübersetzung ausgeschrieben.

Matthäusevangelium
Die Verfasserangabe der Überschrift des Matthäusevangeliums verweist die Leser zunächst auf die Geschichte, in der Jesus einen Zöllner in seine Nachfolge beruft. Dieser Zöllner heißt Matthäus (Mt 9,9).

---

[2] Es geht in der folgenden Darstellung nicht darum, nachzuvollziehen, ob Herausgeber die Autorenangaben ermitteln konnten — daß dies möglich wäre, zeigt für die Evangelien R. Pesch, „Die Zuschreibung der Evangelien an apostolische Verfasser", *ZKTh* 97 (1975) 56-71 — oder nicht, sondern um eine Auslegung aus der Sicht der Leser.

Mt 9,9

Als Jesus weiterging, sah er einen Mann namens Matthäus am Zoll sitzen und sagte zu ihm: Folge mir nach! Da stand Matthäus auf und folgte ihm.

Die Leser dürfen sich sicher sein, daß es sich bei diesem Zöllner um den Matthäus aus dem Kreise der zwölf Jünger handelt, denn in der Namensliste der Zwölf im Matthäusevangelium, und nur im Matthäusevangelium, wird der Name Matthäus mit dem Zusatz „*der Zöllner*" (Mt 10,3) versehen. Und damit ist ein Verfasser gefunden, der aus Leserperspektive für den Inhalt dieses Evangeliums garantieren kann.[3]

Diese Zuschreibung darf also bereits vorausgesetzt werden, wenn sich die Leser die Frage stellen, warum in den beiden Parallelerzählungen im Markus- und Lukasevangelium (Mk 2,14; Lk 5,27) der Zöllner Levi heißt. Als sehr befriedigend und in Einklang mit dem Konzept der Kanonischen Ausgabe wurde in der christlichen Auslegungsgeschichte die Antwort empfunden, daß es sich bei dem Namen des Zöllners im Matthäusevangelium um einen autobiographischen Hinweis des Evangelisten handelt, der an dieser Stelle die Tradition präzisiert, weil er es besser weiß.[4] So gesehen, setzt die autobiographische Deutung der Leser auch einen Querverweis auf Markus- und Lukasevangelium voraus.

---

[3] R. Pesch, „Levi-Matthäus (Mc 2,14 / Mt 9,9 10,3): Ein Beitrag zur Lösung eines alten Problems", *ZNW* 59 (1968) 40-56, versucht die Namensänderung von Levi nach Matthäus mit Hilfe der Überlegung zu deuten, daß im Matthäusevangelium nur einer der zwölf Jünger als Subjekt einer Berufungsgeschichte in Frage kommt. Die vier Erstberufenen scheiden aus, ebenso die Jünger mit Beinamen (Judas Iskariot, Jakobus und Simon). Danach bleiben neben Matthäus noch Bartholomäus, Philippus, Thaddäus und Thomas (ebd. 55). Warum die Wahl aber ausgerechnet auf Matthäus fällt, kann Pesch nicht sagen. Er vermutet alte Tradition, die auch Anlaß zum Titel gegeben hat (56).

[4] Z.B. H.A. Kent, „The Gospel According to Matthew", Everett F. Harrison (Hg), *The Wycliffe Bible Commentary: The New Testament*, 4.Auflage (New York: Iversen-Norman Associates, 1973) 1: „*As a former taxgatherer Matthew was well qualified to produce such a Gospel. His business knowledge of shorthand enabled him to record fully the discourses of Jesus. His acquaintance with figures is reflected in his frequent mention of money, his interest in large sums (Mt 18:24; 25:15), and his general interest in statistics (e.g., 1:17).*" Ebd., 32 zu Mt 10,3: „*Matthew the publican. A self-effacing epithet employed only in the author's Gospel.*"

Das literarische Konzept

Markusevangelium
Die Leser der Kanonischen Ausgabe müssen in anderen Schriften als dem Markusevangelium nachlesen, wenn sie über den Garanten dieses Evangeliums Näheres erfahren wollen.[5] Der Name Markus kommt in den kanonischen Evangelien kein einziges Mal vor, er fällt zum ersten Mal in der Apostelgeschichte und wird dort zunächst im Zusammenhang mit Petrus (Apg 12,12) und kurz darauf neben Paulus genannt (Apg 12,25). Damit ist schon in der ersten Erwähnung eine wichtige Funktion des Namens Markus angedeutet: Wie kein anderer Autor verbindet er Petrus und Paulus.

⇨ Apg 12,12.25
Als er [Petrus] sich darüber klar geworden war, ging er zum Haus der Maria, der Mutter des Johannes mit dem Beinamen Markus, wo nicht wenige versammelt waren und beteten. ... Nachdem Barnabas und Saulus in Jerusalem ihre Aufgabe erfüllt hatten, kehrten sie zurück; Johannes mit dem Beinamen Markus nahmen sie mit.

Die nächste Erwähnung (Apg 15,37-39) erzählt vom Streit zwischen Barnabas und Paulus, dessen Anlaß das Verhalten des Markus bildete und der schließlich zur Trennung der beiden urchristlichen Missionare führte.

⇨ Apg 15,37-41
Barnabas wollte auch den Johannes, genannt Markus mitnehmen; doch Paulus bestand darauf, ihn nicht mitzunehmen, weil er sie in Pamphylien im Stich gelassen hatte, nicht mit ihnen gezogen war und an ihrer Arbeit nicht mehr teilgenommen hatte. Es kam zu einer heftigen Auseinandersetzung, so daß sie sich voneinander trennten; Barnabas nahm Markus mit und segelte nach Zypern. Paulus aber wählte sich Silas und reiste ab, nachdem die Brüder ihn der Gnade des Herrn empfohlen hatten. Er zog durch Syrien und Zilizien und stärkte die Gemeinden.

Neben dieser unerfreulichen Mitteilung erfahren die Leser aber auch positiv, daß Markus zu den ersten christlichen Missionaren gehörte und zu den Paulusbegleitern der ersten Stunde zählte. Was immer der genaue Anlaß des Streites gewesen sein mag,[6] für Barnabas reichte er nicht aus,

---

[5] Ausführliche Diskussion der Stellen bei U.H.J. Körtner, „Markus der Mitarbeiter des Petrus", *ZNW* 71 (1980) 160-173.
[6] Die Abreise des Johannes Markus aus Pamphylien ist Apg 13,13 ohne nähere Erläuterung erzählt.

um Markus als Mitarbeiter abzulehnen. Und wie die Leser der Kanonischen Ausgabe aus dem Kolosserbrief erfahren, waren Barnabas und Markus miteinander verwandt (Kol 4,10).

Doch die Leser der Kanonischen Ausgabe finden im Anschluß an die Apostelgeschichte nicht die Paulusbriefsammlung, sondern die Katholischen Briefe vor. Dort wird im 1.Petrusbrief die Verbindung zu Petrus näher ausgeführt: der Apostel bezeichnet Markus als seinen Sohn.

⇨ 1Petr 5,13
Es grüßen euch die Mitauserwählten in Babylon und mein Sohn Markus!

In den Paulusbriefen wird Markus drei Mal erwähnt. Da er im Kolosserbrief mit Barnabas in Verbindung gebracht wurde, liegt aus Leserperspektive der Schluß nahe, daß es sich bei dem Johannes Markus der Apostelgeschichte und dem Markus der Paulusbriefe um dieselbe Person handelt. Und die Leser erfahren außerdem, daß der Streit um Markus beigelegt ist, denn Paulus empfiehlt der Gemeinde „*Wenn er* [Markus] *zu euch kommt, nehmt ihn auf*" (Kol 4,10).[7]

⇨ Kol 4,10
Es grüßt euch Aristarch, der mit mir im Gefängnis ist, und Markus, der Vetter des Barnabas. Seinetwegen habt ihr schon Anweisungen erhalten. Wenn er zu euch kommt, nehmt ihn auf![8]

Dies wird durch die nächste Erwähnung in den Paulusbriefen bestätigt: „*Nur Lukas ist noch bei mir. Bring Markus mit, denn er wird mir ein guter Helfer sein*" (2Tim 4,11).[9] Der Streit ist beigelegt. Im Philemonbrief schließlich grüßt Markus im gleichen Satz, in dem auch Lukas durch Pau-

---

[7] Musterhaft wird die Funktion der Querverweise dokumentiert in der *Stuttgarter Jubiläumsbibel mit erklärenden Anmerkungen* (Stuttgart: Privileg. Württembergische Bibelanstalt, 1912), die anläßlich des 100. Gründungstages der Württembergischen Bibelanstalt herausgegeben wurde, und die zu Apg 15,35-41 folgende Bemerkungen enthält: „*... Barnabas als Verwandter war nicht ganz unparteiisch. So kam's zu einem peinlichen Auftritt, bei dem wohl beide etwas zu weit gingen. ... Ebenso ist dem Markus die erfahrene Demütigung gewiß gesund gewesen; hernach ist doch etwas Tüchtiges aus ihm geworden und Paulus hat weder ihm noch seinem Oheim die Sache nachgetragen (1.Kor.9,6 und Kol. 4,10; Philem.24; 2.Tim.4,11).*"

[8] Ἀσπάζεται ὑμᾶς ... καὶ Μᾶρκος ὁ ἀνεψιὸς Βαρναβᾶ, περὶ οὗ ἐλάβετε ἐντολάς, ἐὰν ἔλθῃ πρὸς ὑμᾶς δέξασθε αὐτόν.

[9] Εὔχρηστος εἰς διακονίαν.

Das literarische Konzept

lus Grüße ausrichten läßt, und wird von Paulus als Mitarbeiter bezeichnet (Phlm 24).
Natürlich ist die Gleichstellung des Markus aus der Apostelgeschichte, aus den Paulusbriefen und aus dem 1.Petrusbrief auch für naive Leser nicht unproblematisch.[10] Bedenkt man aber, daß sich auch die Verfasserangaben der anderen Schriften erst durch schriftübergreifende Textverweise auflösen, so wird man doch feststellen müssen, daß dieses synthetische Leseverhalten Konsequenz aufweist. Und wenn mit dieser Lesetechnik in den anderen Fällen das Rätsel um die Verfasserschaft gelöst werden konnte, dann war dies sicher auch im Falle des Markus erwünscht.[11]

---

[10] Aber vgl. *Jubiläumsbibel* zur Verfasserschaft des Markusevangeliums, 54: „*Wer sich über die persönlichen Verhältnisse des Evangelisten Johannes Markus, insonderheit über seine Beziehungen zu den Aposteln Paulus und Petrus, unterrichten will, der lese Apg. 12,12; 13,13; 15,37-39; Kol. 4,10.11; Philem. 24; 2. Tim. 4,11; 1. Petr. 5,13 (Mark. 14,51.52).*"

[11] Die Identifikation des Evangelisten spielte im Matthäusevangelium mit der Vorstellung, daß sich die Namensnennung Mt 9,9 auf einen autobiographischen Zug zurückführen läßt. Gleichzeitig mußte aber auch angenommen werden, daß sich Matthäus bewußt zurückstellt, vgl. *Jubiläumsbibel* zu Mt 9,9-10: „*Daß Matthäus das Zeug zu einem Apostel hatte, das beweist er damit, daß er ... Leute von schlechtem Ruf zu einem Abschiedsessen einlädt, um sie mit dem Sünderfreund bekannt zu machen. Und demütig verschweigt er in seinem Evangelium, daß solches s e i n e Veranstaltung und daß es s e i n Haus war.*" Die gleiche Lesetechnik, eine unparallelisierte Information als anonyme, autobiographische Notiz des Verfassers zu verstehen, läßt sich auch auf die kurze Nachricht über den jungen Mann anwenden, der bei der Gefangennahme Jesu aufgegriffen wurde, aus seiner Kleidung schlüpfte und nackt entfloh. Die Namenslosigkeit wird zur stummen Bestätigung. Vgl. *Jubiläumsbibel* zu Mk 14,50-51: „*Da nur Markus diesen Zug berichtet, so liegt der Schluß nahe, daß er selbst dieser Jüngling gewesen. Er war ja auch wirklich in Jerusalem zu Hause (Apg. 12,24f.; 15,37f.).*" — Vielleicht bot eine mit dem kanonischen Markusevangelium konkurrierende Ausgabe, das sogenannte *geheime Markusevangelium*, noch weitere Querverweise innerhalb des Evangeliums, die in Analogie zum Lieblingsjünger des Johannesevangeliums die Person des Evangelisten deutlicher beschrieben: danach wäre der Evangelist im reichen Jüngling erkennbar gewesen, den Jesus liebt, der aber nicht auf seinen Reichtum verzichten will, um in die Nachfolge Jesu zu treten (Mk 10,17-22; die Bezeichnung „Jüngling" findet sich in der Kanonischen Ausgabe nur in der Parallele Mt 19,20), er wäre von den Toten erweckt worden und hätte in Jericho gewohnt (zwei Traditionen des geheimen Markusevangeliums), und er sei identisch gewesen mit dem Jüngling im leeren Grab (Mk 16,5); siehe die Auseinandersetzung in *Semeia*, 49 (1990) zwischen J.D. Crossan, „Thoughts on Two Extracanonical Gospels", 161-166, und M.W. Meyer, „The Youth in the Secret Gospel of Mark", 129-154.

Somit verbindet der Titel des Markusevangeliums die drei großen Sammlungseinheiten des Neuen Testaments: Evangelien, Praxapostolos und Paulusbriefsammlung.

Lukasevangelium Apostelgeschichte
Zwei Mal werden in den Paulusbriefen Markus und Lukas in einem Atemzug genannt (Phlm 24; 2Tim 4,11). Für die Leser der Kanonischen Ausgabe, die durch die Überschrift des Markus- oder des Lukasevangeliums auf die Suche nach dem Verfasser geschickt wurden, ist diese Nähe der beiden Namen kein Zufall. Denn die Evangelien der beiden folgen in der Kanonischen Ausgabe aufeinander. Lukas selbst gibt im ersten Satz seines Evangeliums an, daß er Leute kennt, die es sich ebenfalls zur Aufgabe gemacht hätten, ein Evangelium zu verfassen. Und die Beschreibung, daß sich auch diese Kollegen *„an die Überlieferung derer, die von Anfang an Augenzeugen und Diener des Wortes waren"*,[12] hielten, vermittelt den Lesern, daß diese Autoren die Jesusüberlieferung nicht aus eigenem Erleben kennen, sondern auf Gewährsleute angewiesen waren. Wenn man die im 1.Petrusbrief beschriebene, persönliche Vertrautheit zwischen Petrus und Markus akzeptiert, trifft diese Notiz des Lukasevangeliums eigentlich nur das Markusevangelium, da Johannes und Matthäus Augenzeugen waren.[13]

Lk 1,1-2
Schon viele haben es unternommen, einen Bericht über all das abzufassen, was sich unter uns ereignet und erfüllt hat. Dabei hielten sie sich an die Überlieferung derer, die von Anfang an Augenzeugen und Diener des Wortes waren.

---

[12] ... καθὼς παρέδοσαν ἡμῖν οἱ ἀπ' ἀρχῆς αὐτόπται καὶ ὑπηρέται γενόμενοι τοῦ λόγου ...

[13] Interessant ist folgender Querverweis zwischen Lukasprolog und Apostelgeschichte in bezug auf Paulus: *„Ich bin dir erschienen, um dich zum Diener (ὑπηρέτης) und Zeugen dessen zu erwählen, was du gesehen hast und was ich dir noch zeigen werde"* (Apg 16,16). Immerhin wird hier eine Selbstbezeichnung von Paulus aufgenommen: *„Als Diener Christi (ὡς ὑπηρέτας Χριστοῦ) soll man uns betrachten und als Verwalter von Geheimnissen Gottes"* (1Kor 4,1). Die Vorstellung, daß Paulus ein Gewährsmann des Evangeliums ist, das Lukas herausgibt, wird durch diese Querverweise aus Leserperspektive plausibel. Apg 13,5 wird Markus Johannes ebenfalls ausdrücklich als ὑπηρέτης bezeichnet.

Das literarische Konzept 79

Doch aus dem Lukasevangelium alleine kann der Verfasser nicht näher beschrieben werden. Die Apostelgeschichte weist sich im ersten Satz als Fortsetzung des Lukasevangeliums aus. Die Anknüpfung erfolgt durch Textverweise auf den Anfang und das Ende des Lukasevangeliums: der Adressat, Theophilus, und die Himmelfahrt Jesu werden erwähnt.

Apg 1,1-2
Im ersten Buch, lieber ❶ *Theophilus*, habe ich über alles berichtet, was Jesus getan und gelehrt hat, bis zu dem Tag, an dem er (in den Himmel) ❷ *aufgenommen* wurde.

⇨ Lk 1,3
Nun habe auch ich mich entschlossen, allem von Grund auf sorgfältig nachzugehen, um es für dich, hochverehrter ❶ *Theophilus*, der Reihe nach aufzuschreiben.

⇨ Lk 24,51-53 (Das Ende des Lukasevangeliums)
Und während er sie segnete, verließ er sie und wurde zum Himmel ❷ *emporgehoben*; sie aber fielen vor ihm nieder. Dann kehrten sie in großer Freude nach Jerusalem zurück. Und sie waren immer im Tempel und priesen Gott.

Die Leser der Kanonischen Ausgabe kennen den Himmelfahrtsbericht nur aus dem Lukasevangelium. Die Himmelfahrt wird weder im Matthäusevangelium, im kurzen Markusschluß, noch im Johannesevangelium erwähnt. Gleiches gilt für Theophilus. Damit ist die Zuordnung der Apostelgeschichte zum Lukasevangelium eindeutig, und die Verfasserangabe des Evangeliums, Lukas, überträgt sich auf die Apostelgeschichte.

Die sogenannten Wir-Berichte der Apostelgeschichte schließlich beschreiben den Autor als Paulusbegleiter. Denn die in der ersten Person Plural formulierten Passagen suggerieren, daß wenigstens an diesen Stellen der Verfasser aus eigener Anschauung und eigenem Erleben berichtet.[14] So erfahren die Leser, daß der Verfasser der Apostelgeschichte mit Paulus vom kleinasiatischen Troas nach Philippi in Griechenland reist (Apg 16,10-17), ihn von Philippi wieder zurück nach Milet in Kleinasien

---

[14] Eine literaturgeschichtliche Einordnung findet sich bei J. Wehnert, *Die Wir-Passagen der Apostelgeschichten: Ein lukanisches Stilmittel aus jüdischer Tradition*, GTA 40 (1989). Eine interessante Deutung, die die Passagen nicht als Hinweis auf die Verfasserschaft zu verstehen sucht, bei W. Bindemann, „Verkündigter Verkünder: Das Paulusbild der Wir-Stücke in der Apostelgeschichte: Seine Aufnahme und Bearbeitung durch Lukas", *ThLZ* 114 (1989) 706-719.

(Apg 20,5-15) und von dort nach Jerusalem (Apg 21,1-18) begleitet und schließlich auch während der letzten großen Seereise des Paulus von Cäsarea nach Rom (Apg 27,1 - 28,16) bei ihm ist.[15]
Auch wenn die Leser damit ein vages Bild von der Person des Lukas gewonnen haben, so ist doch der Name Lukas weder im Text des Evangeliums noch in der Apostelgeschichte erwähnt. Die Autorenangabe Lukas lenkt die Aufmerksamkeit auf Textpassagen der Paulusbriefe.

⇨Kol 4,14
Auch der Arzt Lukas, unser lieber Freund (Λουκᾶς ὁ ἰατρὸς ὁ ἀγαπητός) und Demas grüßen euch.

⇨2Tim 4,11
Nur Lukas ist noch bei mir. Bring Markus mit, denn er wird mir ein guter Helfer sein.

⇨Phlm 23-24
Es grüßen dich Epaphras, der mit mir um Christi Jesu willen im Gefängnis ist, sowie Markus, Aristarch, Demas und Lukas, meine Mitarbeiter (οἱ συνεργοί μου).

Lukas, der Phlm 24 durch Paulus grüßt und als Mitarbeiter vorgestellt wird, wird Kol 4,14 als *„Lukas, der Arzt, der Geliebte"* bezeichnet. Beide Male steht Lukas an der Seite des Paulus. Damit sind die beiden deutlichsten Angaben, die die Apostelgeschichte über ihren Verfasser macht, nämlich der Name Lukas und daß es sich um einen Paulusbegleiter handelt (Wir-Berichte), miteinander verbunden.[16]

Erhärtet wird die Schlußfolgerung durch eine Bemerkung aus dem 2.Timotheusbrief. Aus der Apostelgeschichte weiß der Leser, daß Lukas Paulus nach Rom begleitete (Apg 27,14-16). Aus dem 2.Timotheusbrief, den Paulus aus Rom schreibt (2Tim 1,17), erfährt er nun, daß ihn alle Begleiter bis auf einen verlassen haben: *„Nur Lukas ist noch bei mir."*

---

[15] Codex Bezae (D 05) bietet Apg 11,28 eine weitere Wir-Passage. Dazu C.-J. Thornton, *Der Zeuge des Zeugen: Lukas als Historiker der Paulusreisen*, WUNT 56 (Tübingen: Mohr, 1991) 268-269.

[16] Mit großem Fleiß hat Thornton, *Zeuge*, Beobachtungen und Argumentationsgänge zusammengetragen, die Lukas als den Verfasser des Evangeliums und der Apostelgeschichte ausweisen sollen.

(2Tim 4,11a). Wer wäre besser als Verfasser der Apostelgeschichte geeignet als der letzte treue Paulusbegleiter, Lukas?[17]
Diese Querverweise sind bedeutsam. Bei der ersten Lektüre der Überschrift des Lukasevangeliums muß die Autorenangabe rätselhaft wirken, sie gewinnt ihren Sinn erst, nachdem die Leser über die Apostelgeschichte auf die Paulusbriefsammlung hingewiesen wurden und alle Angaben zum Namen Lukas auf dieselbe Person beziehen. Haben wir schon beim Namen Markus Textverweise auf die drei großen Einheiten des Neuen Testamentes festgestellt, so wiederholt sich dieses Phänomen für Lukas.[18] Somit verbindet der Titel des Lukasevangeliums die drei großen Sammlungseinheiten des Neuen Testaments: Evangelien, Praxapostolos und die Paulusbriefsammlung.

Johannesevangelium
Bei der Lektüre des Johannesevangeliums überrascht die Leser zunächst ein negativer Befund: Von den 20 Erwähnungen des Namens Johannes im Evangelium bezeichnen 16 Johannes den Täufer und vier Johannes, den Vater des Petrus.[19] Beide kommen nicht in Frage: der Tod Johannes des Täufers ist in Kapitel 10,40-41 vorausgesetzt und den Vater des Petrus mit dem Titel in Verbindung zu bringen, ist absurd.

---

[17] Origenes, *Hom 1 in Lucam* (PG 13,1804) meinte auch 2Kor 8,18 in dem Bruder, der Titus nach Korinth begleiten soll, um die Kollekte vorzubereiten, und dessen Namen nicht genannt wird, Lukas wiederzufinden. Den Anhaltspunkt, hier einen Querverweis zu sehen, bildet die Charakterisierung des Bruders als: τὸν ἀδελφὸν οὗ ὁ ἔπαινος ἐν τῷ εὐαγγελίῳ διὰ πασῶν τῶν ἐκκλησιῶν, wobei das Wort Evangelium literarisch verstanden wird. Vgl. R. Riesner, „Ansätze zur Kanonbildung innerhalb des Neuen Testaments", *Der Kanon der Bibel*, G. Maier (Hg) (Basel: Brunnen; Wuppertal: Brockhaus, 1990) 155; J. Wenham, „The Identification of Luke", *The Evangelical Quarterly*, 63 (London: Paternoster Press, 1991) 4.
[18] Parallelen, die vielleicht mit der Konstruktion Markus und Lukas in Verbindung zu bringen sind, finden sich bei Clemens von Alexandrien, *stromata* 7,106,4. Dort wird berichtet, daß sich Basilides als Gewährsmann für seine Tradition auf einen gewissen Glaukias beruft, seinerseits Dolmetscher des Petrus, und daß Valentinus als Gewährsmann einen gewissen Theodas anführt, einen Schüler des Paulus.
[19] Johannes der Täufer: Joh 1,6; 1,15; 1,19; 1,26; 1,28; 1,32; 1,35; 1,40; 3,23; 3,27; 4,1; 5,33; 5,36; 10,40; 10,41; Petrus, Sohn des Johannes: Joh 1,42; 21,15; 21,16; 21,17.

Im letzten Kapitel schließlich, wird die Verfasserfrage ausdrücklich thematisiert. Doch auch hier fällt kein Name. Der „*Jünger, der all das bezeugt und der es aufgeschrieben hat*" (Joh 21,24) wird gleichgesetzt mit dem Jünger, „*den Jesus liebt*" und „*der sich bei jenem Mahl an die Brust Jesu gelehnt und ihn gefragt hatte: Herr, wer ist es, der dich verraten wird?*" (Joh 21,20).

Zum einen erfahren die Leser nun aus dem Munde eines Dritten, daß das Evangelium vom Lieblingsjünger verfaßt wurde und hier, vielleicht zum ersten Mal, der Öffentlichkeit präsentiert wird.[20] Titel und Schluß bilden eine Klammer, denn beide benennen den Autor. Aus der Perspektive der Leser muß auch der Titel nicht unbedingt vom Autor formuliert worden sein, im Gegenteil, die Leser erhalten am Ende des Evangeliums eine harmonische Erklärung für die merkwürdige Formulierung κατὰ Ἰωάννην im Titel: sie bezeichnet den Gewährsmann, dessen schriftliche Aufzeichnungen von anderen veröffentlicht wurden. Herausgebertätigkeit hat aus der Perspektive der Leser nichts Anrüchiges an sich.

Zum anderen werden die Leser aufgefordert, im Evangelium zurückzublättern. Denn der Textverweis auf „*jenes Mahl*" bezieht sich eindeutig auf Joh 13,23-25.

> Joh 13,23-25
> *Einer von den Jüngern* lag an der Seite Jesu; es war der, *den Jesus liebte*. Simon Petrus nickte ihm zu, er solle fragen, von wem Jesus spreche. Da *lehnte sich dieser zurück an die Brust Jesu* und *fragte ihn: Herr, wer ist es?*
>
> ⇨ Joh 21,20
> Petrus wandte sich um und sah, wie *der* Jünger, *den Jesus liebte* (diesem) folgte. Es war der Jünger, der sich bei jenem Mahl *an die Brust Jesu gelehnt* und *ihn gefragt hatte: Herr, wer ist es*, der dich verraten wird?

Joh 13,23-25	Joh 21,20
ἦν ἀνακείμενος ❶ εἷς ἐκ τῶν μαθητῶν αὐτοῦ ἐν τῷ κόλπῳ τοῦ Ἰησοῦ, ❷ ὃν ἠγάπα ὁ Ἰησοῦς· νεύει οὖν τούτῳ Σίμων Πέτρος πυθέσθαι τίς ἂν εἴη περὶ οὗ λέγει. ❸ ἀναπεσὼν οὖν ἐκεῖνος οὕτως ❹ ἐπὶ τὸ στῆθος τοῦ Ἰησοῦ ❺ λέγει αὐτῷ, ❻ Κύριε, τίς ἐστιν;	Ἐπιστραφεὶς ὁ Πέτρος βλέπει ❶ τὸν μαθητὴν ❷ ὃν ἠγάπα ὁ Ἰησοῦς ἀκολουθοῦντα, ὃς καὶ ❸ ἀνέπεσεν ἐν τῷ δείπνῳ ❹ ἐπὶ τὸ στῆθος αὐτοῦ καὶ ❺ εἶπεν, ❻ Κύριε, τίς ἐστιν ὁ παραδιδούς σε;

---

[20] Dazu unten S.147ff ausführlicher.

Das literarische Konzept 83

⇨Joh 21,24
Dieser Jünger ist es, der all das bezeugt und der es aufgeschrieben hat; und wir wissen, daß sein Zeugnis wahr ist.

Doch ist damit der Verfasser noch nicht gefunden. Die Lektüre der anderen drei Evangelien ist unerläßlich, wenn die Leser den Johannes identifizieren wollen, der im Titel genannt ist. Aus den synoptischen Evangelien, die in der Kanonischen Ausgabe dem Johannesevangelium vorangestellt sind, wissen die Leser, daß Jesus drei enge Vertraute hatte, die er den anderen neun Jüngern vorzog: Petrus und die Söhne des Zebedäus, Johannes und Jakobus (Mt 17,1 par.; 26,37 par.; Mk 5,37). Der Leseeindruck, daß der Lieblingsjünger einer der drei Jünger sein müsse, die Jesus bevorzugte, reicht aus, um Johannes eindeutig zu identifizieren. Sowohl im letzten Kapitel des Johannesevangeliums als auch beim letzten Abendmahl, auf das die Leser verwiesen werden, wird Petrus neben dem Lieblingsjünger genannt und scheidet deshalb als möglicher Verfasser aus. Jakobus kommt nicht in Frage, weil Joh 21 eine lange Wirksamkeit des Lieblingsjüngers vorauszusetzen scheint, während die Apostelgeschichte (Apg 12,2) von dem frühen Tod des Zebedaiden Jakobus, noch vor der ersten Missionsreise des Paulus, berichtet.[21] Somit wird auf dem Wege des Ausschlusses der Lieblingsjünger als der Zebedaide Johannes identifiziert.[22]

Die lange Wirksamkeit des Johannes ergibt sich daraus, daß Joh 21 die Meinung einiger Leser korrigiert, daß der Lieblingsjünger aufgrund einer Jesusverheißung die Wiederkunft Jesu noch erleben werde.

---

[21] Daß Jesus auch das Martyrium des Johannes in Mk 10,38 ankündigt, bereitet aus Leserperspektive keine Schwierigkeit. Es ist eine Prophezeiung, die sich erfüllt hat, wie Joh 21 bestätigt. Für Leser besteht kein Grund, deshalb das Markusevangelium zeitlich nach dem Tod des Johannes anzusetzen.
[22] M. Franzmann; M. Klinger, „The Call Stories of John 1 and John 21", *St. Vladimir's Theological Quarterly*, 36 (1992) 7-15, weisen darauf hin, daß sich die erste Berufungsszene (Joh 1,37-39: einer der Jünger bleibt anonym) und die letzte (Joh 21,19b-23) so gut ergänzen, daß wohl bewußte Konstruktion vermutet werden muß (15): „... *the unknown disciple of chapter 1, the beloved disciple, and the author of the Fourth Gospel are one and the same person.*"

Joh 21,23
Da verbreitete sich unter den Brüdern die Meinung: Jener Jünger stirbt nicht. Doch Jesus hatte zu Petrus nicht gesagt: Er stirbt nicht, sondern: Wenn ich will, daß er bis zu meinem Kommen bleibt, was geht das dich an?

Dies bedeutet einerseits, daß der Lieblingsjünger mittlerweile doch gestorben ist, andererseits ergibt eine solche Argumentation einen Sinn, wenn der Lieblingsjünger ein beträchtliches Alter erreicht hat und mit der verstreichenden Zeit die falschen Hoffnungen wachsen konnten.

Die Autorenangabe des Johannesevangeliums erzeugt damit einen Querverweis zwischen Johannesevangelium, den Synoptikern und der Apostelgeschichte.

Noch ein Blick auf die Technik der Herausgeber und das Deutungsmuster, das sie den Lesern für die Endgestalt des kanonischen Johannesevangeliums mitgeben.

Die Leser erhalten Joh 21 Informationen über die Vorgeschichte des Buches, das sie gerade zu Ende gelesen haben. Johannes wird ihnen, die sie durch den Titel ja keinerlei Zweifel über den Namen des Verfassers hegen, als literarische Figur vorgestellt; denn um den Lesern bei der Identifizierung des Verfassers zu helfen, wird auf Joh 13 verwiesen.[23]

Nachdem die Leser durch den beschriebenen Vergleich mit den Synoptikern herausgefunden haben, daß es sich bei diesem Johannes um den Zebedaiden Johannes handelt, ist es ihnen möglich, den Text auf zwei Ebenen zu lesen: Joh 1-20 als Schrift des Lieblingsjüngers, und die Klammer, bestehend aus Titel und Joh 21, als redaktionellen Beitrag der Herausgeber. Dadurch bereichern auch Unterschiede in der Intention dieser beiden Ebenen die Lektüre. Und ein wesentlicher Unterschied besteht darin, daß der Autor von Joh 1-20 sehr daran interessiert ist, anonym zu

---

[23] R.A. Culpepper, *Anatomy of the Fourth Gospel: A Study in Literary Design* (Philadelphia : Fortress, 1983) 215: „*The Beloved Disciple, somewhat surprisingly, is introduced as a character unknown to the reader (13,23; 21,24).*" Bei seiner ersten Erwähnung wird er den Lesern vorgestellt als einer der vielen Jünger Jesu (13,23: εἷς ἐκ τῶν μαθητῶν αὐτοῦ ἐν τῷ κόλπῳ τοῦ Ἰησοῦ, ὃν ἠγάπα ὁ Ἰησοῦς), ohne den bestimmten Artikel wie in 19,26; 20,2; 21,7.20.

bleiben, während der redaktionelle Rahmen den Lesern unbedingt behilflich sein möchte, die Identität des Lieblingsjüngers aufzudecken. Diese Situation hat zwei Auswirkungen. Zum einen fordert sie geradezu auf, nach weiteren Erwähnungen eines namenlosen Jüngers zu suchen. Die Leser werden in Joh 1-20 auch genau dort fündig, wo man eine Verfasserangabe erwarten darf, nämlich am Anfang der Schrift, und zwar bei der Berufung des allerersten Jüngers Jesu. Nach dem Prolog und dem Bericht über das Zeugnis Johannes des Täufers über Jesus (*„Er ist der Sohn Gottes!"* Joh 1,34) wird als erste öffentliche Tat Jesu erzählt, daß er zwei Jünger des Täufers in seine Nachfolge berufen hat (Joh 1,35-40). Aber nur von einem der beiden wird der Name genannt, es ist Andreas, der Bruder des Petrus (Joh 1,40), der andere bleibt anonym. Warum? Weil der Evangelist den Namen dieses Jüngers nicht kannte? Nein, sondern weil es sich um den Zebedaiden Johannes handelt, den Verfasser des Evangeliums, und weil dieser sich auch sonst in seinem Werk nicht nennt.[24]

Zum anderen wirkt sich die von den Herausgebern behauptete Anonymität auf das Deutungsmuster aus, mit dem die Leser die anderen drei kanonischen Evangelien zur Kenntnis nehmen. Denn auch dort befindet sich die Verfasserangabe der Überschrift in Spannung zur fehlenden Verfasserangabe im Text. Anonymität wird so zum Formmerkmal eines „echten" Evangeliums. Und im gewissen Sinne respektieren die Herausgeber des Johannesevangeliums auch diese Anonymität, indem sie es vermeiden, im Text von Joh 21 den Namen zu nennen. Sie geben Hinweise, ähnlich der Textverweise, die in den Titeln der anderen drei Evangelien

---

[24] Auch die korrigierende Funktion, die bei der Nennung des Matthäusnamens eine Hilfestellung für die Identifikation ausübte (Levi wird zu Matthäus korrigiert), ist im Johannesevangelium zu beobachten. Euseb von Cäsarea hat das Evangelium jedenfalls so gelesen: Die Synoptiker waren dem Johannes bekannt, und er hat sie auch gutgeheißen, jedoch hat er in bezug auf die Anfänge von Jesu Wirksamkeit Korrekturen eingebracht. Indem Johannes klarstellt, was Jesus vor der Verhaftung Johannes des Täufers (Joh 3,24) getan hat, berichtigt er die Synoptiker, die diese Ereignisse nach der Verhaftung des Johannes ansetzen (Euseb, *h.e.* 3,24,7-13). Als ehemaliger Jünger des Täufers konnte Johannes also aus eigener Anschauung berichten, so die Leserperspektive.

gegeben werden, aber den Namen selbst nennen sie auch im Johannesevangelium nur in der Überschrift.[25]

Johannesbriefe

Da im Titel des 1.Johannesbriefes Johannes als Autor genannt wird und keine Unterscheidung zum Garanten des Johannesevangeliums erfolgt, dürfen die Leser davon ausgehen, daß es sich um ein und dieselbe Person handelt.[26] Denn beide Schriften lesen sie in derselben Ausgabe, beide Male wird der Autor gleich bezeichnet; bei unterschiedlichen Personen dürfen die Leser annehmen, daß die Herausgeber dies deutlich gekennzeichnet hätten.

Diese Schlußfolgerung wird durch mehrere Beobachtungen erhärtet. Die Betonung der Augenzeugenschaft, die gemeinsamen Schlüsselwörter Anfang, Wort, Leben und die ähnliche Satzkonstruktion fallen beim Lesen der ersten Zeilen des 1.Johannesbriefes sofort auf.[27]

1Joh 1,1
Was von *Anfang* an war, was wir gehört haben, was wir mit unseren Augen *gesehen*, was wir geschaut und was unsere Hände angefaßt haben, das verkünden wir: das *Wort* des *Lebens*.

---

[25] Während Anonymität des Verfassers ein Ziel der ursprünglichen Form gewesen zu sein scheint, legt der Titel nun eine Grundlage zur Identifikation. Etwas Ähnliches ist wohl auch bei der Kanonisierung der Psalmen geschehen. Durch Zuschreibung zu Moses, Salomo, David, Korah oder Asaph entstehen Querverweise zu anderen 'biblischen' Texten der Sammlung und damit können nun vom Bibelleser auch die 'anonymen' Gegner identifiziert werden, z.B. Absalom in Ps 3; Saul in Ps 18 und 57; Abimelech in Ps 34; die Philister in Ps 56, vgl. G.T. Sheppard, „'Enemies' and the Politics of Prayer in the Book of Psalms", D. Jobling, P.L. Day, G.T. Sheppard (Hgg), *The Bible and the Politics of Exegesis* (Cleveland, Ohio: Pilgrim Press, 1991) 78-79.

[26] Das Neue Testament nennt den Namen Johannes außerhalb der Titel des Johannesevangeliums, der Johannesbriefe und der Offenbarung in folgenden Zusammenhängen: 1. Johannes der Zebedaide und einer der zwölf Jünger Jesu. 2. Johannes der Täufer. 3. Johannes der Offenbarung (Offb 1,1). 4. Johannes, der Vater des Petrus (Joh 1,42; 21,15-17). 5. Johannes Markus (Apg 12,12.25; 15,37). 6. Johannes, der Hohepriester (Apg 4,6).

[27] Vgl. Ed. L. Miller, „The Johannine Origins of the Johannine Logos", *JBL* 112 (1993) 453; Schnackenburg, *Johannesbriefe*, 51.

Joh 1,1.4.14
(1,1) Im *Anfang* war das *Wort*, und das Wort war bei Gott, und das Wort war Gott. (1,4) In ihm war das *Leben*, und das Leben war das Licht der Menschen. (1,14) Und das Wort ist Fleisch geworden und hat unter uns gewohnt, und wir haben seine Herrlichkeit *gesehen*, die Herrlichkeit des einzigen Sohnes vom Vater, voll Gnade und Wahrheit.

Sollte ferner der Leser aufgrund von Joh 21 annehmen, daß der Zebedaide Johannes ein hohes Alter erreicht hat, so mag er sich bei der Lektüre des 1.Johannesbriefes bestätigt fühlen. Die wiederholte häufige Anrede der Adressaten mit „*liebe Kinder*" paßt gut zu einer älteren Person.[28]

Diese Identifikation überträgt sich sofort auf die beiden anderen Johannesbriefe. Bei den durchnumerierten Schriften der Kanonischen Ausgabe (Korinther-, Thessalonicher-, Timotheus-, Petrus- und Johannesbriefe) ist den Lesern als selbstverständlich vorgegeben, daß die so zusammengehaltenen Schriften vom gleichen Verfasser stammen. Steht erst einmal die Identifikation des Verfassers für den 1.Johannesbrief fest, so ist damit auch der Autor der beiden anderen Johannesbriefe gefunden.

Offenbarung des Johannes
Und da im Titel und im Text[29] der Offenbarung der Verfasser Johannes ohne einen unterscheidenden Zusatz genannt wird, dürfen die Leser in gutem Glauben davon ausgehen, daß es sich hier um dieselbe Person handelt, die die Johannesbriefe verfaßt hat und die sie im Johannesevangelium als den Lieblingsjünger und Sohn des Zebedäus erkannt haben.

Judasbrief
Der Verfasser des Judasbriefes wird mit den Worten „*Judas, Knecht Jesu Christi, Bruder des Jakobus* ... "(Jud 1) vorgestellt. Sucht man nun in der Kanonischen Ausgabe nach einem Brüderpaar Judas und Jakobus, so wird ein solches Paar im Matthäus- und Markusevangelium erwähnt. Es sind die Geschwister Jesu.

---

[28] Z.B. Hengel, *Joh. Frage*, 272 (=*Joh. Question*, 107) zum 1.Johannesbrief: „*Daß der Brief im Verhältnis zum Evangelium fast noch mehr stilistische Schwierigkeiten und Unklarheiten enthält, könnte damit zusammenhängen, daß er ein Alterswerk ist und relativ rasch und in verständlicher Erregung diktiert wurde...* "

[29] Der Name Johannes wird im Text der Offenbarung mehrfach wiederholt: Offb 1,1; 1,4; 1,9; 22,8.

Mt 13,55

Ist das nicht der Sohn des Zimmermanns? Heißt nicht seine Mutter Maria, und sind nicht Jakobus, Josef, Simon und Judas seine Brüder?[30]

Erhärtet wird die Schlußfolgerung des Lesers durch die Selbstbezeichnung des Judas. Während sich Paulus und Petrus in ihren Briefen als Apostel Jesu Christi bezeichnen, stellen sich Judas und Jakobus vor als *„Judas, Knecht Jesu Christi"* (Jud 1) und als *„Jakobus, Knecht Gottes und Jesu Christi, des Herrn, ... "* (Jak 1,1).

Jakobusbrief
Der Verfasser des Jakobusbriefes kann von den Lesern der Kanonischen Ausgabe auf mehreren, scheinbar voneinander unabhängigen Wegen ermittelt werden. In der Kanonischen Ausgabe werden fünf Personen mit Namen Jakobus genannt: 1. Jakobus, Sohn des Zebedäus[31] und Bruder des Johannes[32] 2. Jakobus, Sohn des Alphäus[33] 3. Jakobus, der Bruder des Herrn[34] und 4. Jakobus, der Kleine[35], der oft mit dem Bruder Jesu gleichgesetzt wird, und 5. Jakobus, der Vater des Jüngers Judas[36].

Der eben dargestellte Querverweis zum Judasbrief macht den Lesern deutlich, daß es sich wohl um Jakobus, den Bruder Jesu, handelt.

Die Identifizierung des Verfassers des Jakobusbriefes kann aber auch dadurch erfolgen, daß man eine zentrale Aussage des Jakobusbriefes, *„Ihr seht, daß der Mensch aufgrund seiner Werke gerecht wird, nicht durch den Glauben allein"* (Jak 2,24), als deutliche Anspielung auf Paulus versteht, der auf den ersten Blick das genaue Gegenteil behauptet: *„wir sind der Überzeugung, daß der Mensch gerecht wird durch Glauben, unabhängig von Werken des Gesetzes"* (Röm 3,28).[37] Sucht man nun jemanden, der Paulus

---

[30] Vgl. Mk 6,3: Ist das nicht der Zimmermann, der Sohn der Maria und der Bruder des Jakobus, Joses, Judas und Simon? Leben nicht seine Schwestern hier unter uns?

[31] Mt 4,21; 10,2; Mk 1,19; 3,17.

[32] Mt 4,21; 10,2-4; 17,1; 20,20-23; 26,37; Mk 1,19-20; 3,16-19; 5,37; 9,2; 10,35-40; 14,33; Lk 5,10-11; 6,14-16; 8,51; 9,28; Apg 1,13; 12,2.

[33] Mt 10,3; Mk 3,18; Lk 6,15; Apg 1,13.

[34] 1Kor 9,5; vgl. Mt 13,55; Mk 6,3; Apg 1,14; Gal 1,19.

[35] Mk 15,40.

[36] Lk 6,16.

[37] Vgl. Ch. Burchard, „Zu Jakobus 2,14-26", ZNW 71 (1980) 27-45; 44: *„Jak 2,14-26 liest sich wohl nicht nur zufällig wie gegen Paulus gerichtet."*

Das literarische Konzept

kennt und gewillt ist, sich kritisch mit ihm auseinanderzusetzen, so stößt man unweigerlich auf den im Galaterbrief genannten Jakobus. Paulus bringt dort in seinem Bericht vom Streit in Antiochien Jakobus mit seinen Gegnern in Verbindung (Gal 2,9: „*Leute aus dem Kreis um Jakobus*"), und bezeichnet diesen näher als „*Jakobus, den Bruder des Herrn*" (Gal 1,19).

Oder: Apg 15 berichtet davon, daß Jakobus, der Bruder Jesu, Mitunterzeichner eines Briefes war, den die Jerusalemer Autoritäten einer Delegation mitgaben, zu der auch Paulus gehörte (Apg 15,22). Damit ist nicht nur die Bekanntschaft des Jakobus mit Paulus wiederholt, sondern es ist dem Leser auch angezeigt, daß Jakobus Erfahrung im Verfassen von Sendschreiben besaß. Ein Sendschreiben mit der Adresse an „*die zwölf Stämme, die in der Zerstreuung leben*" (Jak 1,1) ist diesem Jakobus also durchaus zuzutrauen, schließlich richtet sich das in Apg 15,23-29 zitierte Aposteldekret ebenfalls an Christen außerhalb Palästinas.

Und schließlich signalisiert auch der unmittelbare literarische Zusammenhang, die Katholische Briefsammlung und der Praxapostolos dieselbe Identifikation. Jeder, der den Jakobusbrief las und sich die Frage stellte, um welchen Jakobus es sich wohl handelt, fand in seiner Ausgabe die Apostelgeschichte als Einleitung zur Katholischen Briefsammlung vor. Er war also über die Namen der Jerusalemer Autoritäten unterrichtet. Daß in einer Sammlung, die Briefe des Petrus und des Zebedaiden Johannes enthielt, ein Brief des Herrenbruders Jakobus gut hineinpaßt, ist leicht nachvollziehbar. Zur Gewißheit wird den Lesern die Zuschreibung aber bei der Lektüre des Galaterbriefes. Denn die Katholischen Briefe sind in der Kanonischen Ausgabe von den Herausgebern in der Reihenfolge angeordnet, in der Paulus im Galaterbrief die Säulen der Urgemeinde aufzählt.[38]

---

[38] Auf den Textverweis auf Gal 2,9 macht aufmerksam Lührmann, „Gal 2,9", 71. Eine Ordnung nach der Länge, die bei den Paulusbriefen eine Rolle spielt, kann ausgeschlossen werden. Bei meiner Computer-Zählung der Buchstaben, wobei Leerfelder im Sinne der *scriptio continua* unterdrückt, die *nomina sacra* aber nicht verkürzt wurden, ergeben sich folgende Werte: 1.Johannesbrief 9832, 1.Petrusbrief 9412, Jakobusbrief 9174.

Gal 2,9b
Deshalb gaben *Jakobus, Kephas und Johannes,* die als die 'Säulen' Ansehen genießen, mir und Barnabas die Hand zum Zeichen der Gemeinschaft: Wir sollten zu den Heiden gehen, sie zu den Beschnittenen.

Petrusbriefe
Auch die Selbstbezeichnung des Verfassers der Petrusbriefe als *„Petrus, Apostel Jesu Christi"* (1Petr 1,1) und *„Simon Petrus, Knecht und Apostel Jesu Christi"* (2Petr 2,1) erlangt für die Leser ihre Eindeutigkeit durch die anderen Teile der Kanonischen Ausgabe. Daß es kaum Zweifel darüber geben kann, wer mit Petrus gemeint ist, kommt daher, daß der Apostel in der Kanonischen Ausgabe mehr als 150 mal beim Namen genannt wird, und zwar in den Evangelien ebenso wie in der Apostelgeschichte, dem 1.Korinther- und dem Galaterbrief.

Paulusbriefe
Ähnlich verhält es sich mit den Paulusbriefen. Auch wenn die Briefe einiges Persönliche zum Ausdruck bringen, so sind es doch die Informationen aus der Apostelgeschichte, die Paulus zur Jerusalemer Gemeinde und zur sich ausbreitenden Mission in Beziehung setzen und begründen, warum Paulus als Autor in einer Sammlung apostolischer Schriften mit Recht erscheint. Nur aus der Apostelgeschichte erfährt der Leser, daß Paulus aus Tarsus stammte und das römische Bürgerrecht besaß, sich vor Damaskus zum Christentum bekehrte, von der Gemeinde in Antiochien ausgesandt wurde und daß er als Gefangener nach Rom geführt wurde.[39] Die Apostelgeschichte liefert dem Leser das Deutungsmuster zur historischen Einordnung der Texte der Paulusbriefsammlung.

Literaturgeschichtlich hat es sich wahrscheinlich umgekehrt zugetragen: Die Paulusbriefe bilden die ältesten erhaltenen publizistischen Zeugnisse des Christentums, die Kanonische Ausgabe hat auf diesem Grundstock aufgebaut.[40] Nicht die Autorität der paulinischen Schriften mußte den Lesern begründet werden, die Verfasserschaft der übrigen Schriften war erklärungsbedürftig.

---

[39] Zum Problem um das römische Bürgerrecht des Paulus: W. Stegemann, „War der Apostel Paulus ein römischer Bürger?", *ZNW* 78 (1987) 200-229.

[40] Zu den Anfängen: D. Trobisch, *Die Paulusbriefe und die Anfänge der christlichen Publizistik* (Gütersloh: Kaiser, 1994).

Hebräerbrief
Durch die Struktur des Titels πρὸς Ἑβραίους, d.h. durch die Benennung nach Adressat, wird der Hebräerbrief der Paulusbriefsammlung und nicht der Katholischen Briefsammlung zugeordnet und enthält damit aus Sicht der Leser ebenfalls eine Autorenangabe.[41]

Zusammenfassung
Als Zwischenergebnis möchte ich festhalten: Aus Leserperspektive ist es möglich, den Verfasser jeder einzelnen Schrift des Neuen Testamentes eindeutig zu bestimmen, indem die in den Titeln genannten Autoren mit Personen gleichen Namens identifiziert werden, die in anderen Schriften der Kanonischen Ausgabe Erwähnung finden.

Die Auswahl der Verfasser

Acht Autoren
Die bisherige Auslegung hat gezeigt, daß sich die Kanonische Ausgabe des Neuen Testamentes dem Leser als eine Sammlung von 27 Schriften darstellt, die aus der Feder von acht Autoren stammen: Matthäus, Markus, Lukas, Johannes, Paulus, Jakobus, Petrus und Judas. Da die Titel ohne Zweifel die Benutzeroberfläche der Ausgabe bilden und ihre Verfasserangaben mit ihren implizierten Textverweisen sorgsam ein Netz über die Sammlungseinheiten spannen, sind die Titel in dieser Form auf bewußte Redaktionsarbeit zurückzuführen. Sie verfolgen das Ziel, das jede Redaktion von Sammelwerken verfolgt, nämlich einen Zusammenhang zwischen den einzelnen Beiträgen herzustellen und den Blick der Leser auf das zu lenken, was aus Sicht der Redaktion zentrale Bedeutung hat. Es darf gefragt werden, ob auch die Auswahl der Verfasser einen Textverweis enthält. Ich nehme zunächst wieder die Perspektive der Leser ein.

---

[41] Gerade die Beobachtung, daß der Hebräerbrief nur durch redaktionelle Signale als Paulusbrief ausgewiesen ist, ist für die Vorgeschichte dieser Schrift von großer Bedeutung. Vgl. Anderson, „The Epistle to the Hebrews". Täuschungsabsicht, die für Fälschungen konstitutiv ist, kann meines Erachtens ausgeschlossen werden; D. Trobisch, „Das Rätsel um die Verfasserschaft des Hebräerbriefes und die Entdeckung eines echten Paulustextes", D.Trobisch (Hg), *In Dubio pro Deo* (Heidelberg: Wiss.theol. Seminar, 1993) 320-323.

Zwei Mal erfahren die Leser der Kanonischen Ausgabe von einem Treffen, an dem mehrere der acht neutestamentlichen Autoren teilnahmen, Gal 2,2-10 und Apg 15. Beide Berichte setzen die Zusammenkunft in Jerusalem an und stimmen in der Aufzählung der Teilnehmer weitgehend überein. Im Galaterbrief nennt Paulus neben sich noch Petrus, Johannes und Jakobus (Gal 2,2-10), im Bericht des Lukas fällt der Name Johannes nicht (Apg 15). Die anderen vier neutestamentlichen Autoren lassen sich leicht zuordnen: Matthäus als einer der zwölf Jünger gehört zu Petrus und Johannes, der Herrenbruder Judas zu seinem Bruder Jakobus, Lukas zu Paulus, und Markus schließlich vereint in wunderbarer Weise Petrus und Paulus.

Die Auswahl der Autoren bilden für die Leser einen merkwürdigen Querweis zwischen dem Konflikt in Antiochia (Gal 2,11-21; Apg 15,1) und dem Apostelkonzil in Jerusalem (Apg 15,6-29). Diese Querverbindung wird darüber hinaus noch dadurch deutlich gemacht, daß die Katholischen Briefe des Praxapostolos in der Reihenfolge angeordnet sind, in der die Autoren im Galaterbrief aufgeführt werden (Gal 2,9).[42]

Aufbau der Ausgabe
Die Vermutung, daß sich dahinter ein Interesse der Endredaktion verbirgt, läßt sich plausibel machen. Neben der Sammlung der Briefe des Paulus haben die Herausgeber der Kanonischen Ausgabe völlig gleichwertig eine Sammlung von Briefen des Petrus,[43] Jakobus und Johannes gestellt, und haben durch die Anordnung der Briefe einen Querverweis zum Galaterbrief geschaffen.[44] In den Evangelien ist Paulus durch Lukas vertreten, die Jerusalemer durch Matthäus und Johannes, und Markus verbindet beide Gruppen auf wunderbare Weise. Die Verbindung von Paulus mit den Jerusalemer Aposteln hat System.

---

[42] Siehe S.89, Anm. 38.

[43] Im 2.Petrusbrief zeigt sich Petrus in voller Übereinstimmung mit Paulus: 2Petr 3,14-16.

[44] Auch der Judasbrief thematisiert die apostolische Autorität, auf die die Leser eingeschworen werden, Jud 17: μνήσθητε τῶν ῥημάτων τῶν προειρημένων ὑπὸ τῶν ἀποστόλων τοῦ κυρίου ἡμῶν Ἰησοῦ Χριστοῦ. Vgl. 2Petr 3,2.

Echtheit
Ich will in dieser Untersuchung zwar nicht näher auf die Frage eingehen, ob und warum so viele Schriften des Neuen Testamentes falsche Verfasserangaben tragen, aber eine in diesem Zusammenhang relevante Aussage will ich mit allem Nachdruck machen: Um den Lesern den Eindruck zu vermitteln, daß nach anfänglichen Schwierigkeiten vollkommene Harmonie und Einigkeit zwischen Jerusalemer Aposteln und Paulus herrschte, ist die Suggestion der Echtheit der neutestamentlichen Schriften eine unverzichtbare Voraussetzung.[45]

Autorenrezension der Paulusbriefsammlung
Für die Bestimmung des redaktionellen Interesses wäre es von großer Relevanz, wenn an einigen Stellen gezeigt werden könnte, daß diese Harmonisierung der Parteien gegen die Tendenz des in der Kanonischen Ausgabe verarbeiteten Materials durchgeführt wird. Meiner Ansicht nach ist das für einen Teil der Paulusbriefe möglich. Die Rekonstruktion der Vorlagen kann methodisch kontrolliert wohl nur so erfolgen, daß man Aussagen über die literarische Form der Vorlage kombiniert mit Aussagen über die Redaktion. Für die Paulusbriefe habe ich an anderer Stelle versucht, ein solches Bezugssystem aus den Analogien der antiken Briefliteratur zu gewinnen.[46]

Das Bild, das sich mir dadurch ergab, ist, daß die ersten vier Briefe der Paulusbriefsammlung als literarische Einheit gelesen werden sollten. Paulus selbst hat seine ursprünglichen Schreiben an die betreffenden Gemeinden redigiert und als Briefe an Römer, Korinther und Galater mit einem Begleitschreiben nach Ephesus gesandt (Röm 16). In diesen vier Briefen wird ein Konflikt deutlich, an dem bis auf Matthäus und Judas alle Autoren des Neuen Testamentes direkt oder indirekt beteiligt waren. Konkreter Anlaß, der aber nur eine alte Spannung offenbarte, war eine Kollekte, die Paulus bei den Gemeinden in Galatien, Makedonien und Achaia für die Jerusalemer sammelte (1Kor 16,1-4; 2Kor 8-9). Obwohl

---

[45] Dies wurde auch von Anfang an von den Lesern der Kanonischen Ausgabe empfunden: Auf die Augenzeugenschaft der Autoren weisen hin: Tertullian, *AdvMarc* 4,2; Irenaeus, *AdvHaer* 1,1,19; 3,1,2; *CanMur* 9; vgl. E.Flesseman-van Leer, „Prinzipien der Sammlung und Ausscheidung bei der Bildung des Kanons", *ZThK* 61 (1964) 411.
[46] Trobisch, *Entstehung* (1989). Trobisch, *Paulusbriefe* (1994).

Paulus als Grund dafür eine Vereinbarung mit den Jerusalemer Aposteln aufführt (Gal 2,10), befürchtet er nach Abschluß der Kollekte, daß sein „Gnadengeschenk" vielleicht nicht mit offenen Händen und großer Dankbarkeit in Jerusalem empfangen wird (Röm 15,31).[47] Doch hinter diesem äußeren Anlaß der Kollekte stehen massive Unstimmigkeiten über die Erfüllung des Gesetzes, die Beschneidung von Bekehrten und nicht zuletzt über die Finanzierung von Missionaren, wie Paulus seinen Lesern in ausdrücklicher Auseinandersetzung mit den „übrigen Aposteln", den Brüdern Jesu und Petrus darlegt[48].

Der Galaterbrief ist ausschließlich diesem Konflikt gewidmet, und Paulus nennt dort seine Gegner beim Namen: Petrus und den Herrenbruder Jakobus. Dieser Konflikt ist in dem Urkompendium des Paulus nicht aufgelöst.[49] Die Endredaktion der Kanonischen Ausgabe leugnet diesen Konflikt nicht, sie nimmt ihn auf, betont aber, daß sich später eine harmonische Zusammenarbeit zwischen Jerusalemern und Paulus entwickelte. Sollte meine Rekonstruktion der Tendenz der literarischen Vorlage zutreffen, so wurde diese durch die Endredaktion der Kanonischen Ausgabe bewußt entschärft.

Der Titel der Ausgabe

Der Titel des zweiten Teiles der Kanonischen Ausgabe lautet „Neues Testament". Welche redaktionelle Intention bringt dieser Titel zum Ausdruck? Ich versetze mich wieder in die Situation der Leser.

---

[47] Röm 15,31: ἵνα ῥυσθῶ ἀπὸ τῶν ἀπειθούντων ἐν τῇ Ἰουδαίᾳ καὶ ἡ διακονία μου ἡ εἰς Ἰερουσαλὴμ εὐπρόσδεκτος τοῖς ἁγίοις γένηται ...

[48] 1Kor 9,5.

[49] Aber auch das paulinische Kompendium Röm-Gal enthält neben Aussagen zur Kompromißlosigkeit in Bezug auf das Evangelium (Galaterbrief) eine entschlossene Ablehnung von Parteistreitigkeiten (1Kor 1-4) mit ausdrücklicher Erwähnung einer Gegenpartei um Petrus (1Kor 1,12). Diese Ermahnungen zur Einheit werden durch die Endredaktion besonders verstärkt.

Die Zweigliedrigkeit hat differenzierende und verbindende Funktion. „Testament" verbindet die beiden Teile, „Neues" unterscheidet sie.[50] Auf diese Weise verstehen die Leser das Neue Testament als gleichwertigen zweiten Teil der Kanonischen Ausgabe, deren erster Teil die Schriften der jüdischen Bibel enthält. Diese Erkenntnis mag für moderne Bibelleser banal und selbstverständlich klingen, doch war die Frage nach dem Wert der jüdischen Bibel innerhalb der Christenheit des zweiten Jahrhunderts heftig umstritten, und diese eindeutige Haltung liefert eines der deutlichsten Indizien für eine historische Einordnung der Kanonischen Ausgabe.[51]

Hinter den Ausdrücken „alt" und „neu" steht sicherlich eine Aussage, die für das Konzept der Kanonischen Ausgabe wesentlich ist, und die den Lesern die Gliederung in die beiden großen Teile erklären soll: die „neuen" heilsgeschichtlichen Ereignisse, von denen das „Neue" Testament im Christusgeschehen zu berichten hat, ist als Erfüllung und Einlösung „alter" göttlicher Verheißungen zu verstehen.

Septuaginta
Für die Redaktoren hat sich durch die Verbindung mit dem Alten Testament eine Reihe Konsequenzen technischer Art ergeben. Ich nehme nun die Perspektive der Herausgeber ein.

Da das Neue Testament offensichtlich eine Ausgabe für griechisch sprechende Leser darstellt, mußte auch der erste Teil der Ausgabe in griechischer Sprache vorgelegt werden. Es kann auch nur wenig Zweifel darüber bestehen, daß im wesentlichen als Vorlage die Übersetzung der Sieb-

---

[50] Der Begriff Neues Testament hat seine jüdische Vorgeschichte in Jer 31,31ff (vgl. die Verbindung von διαθήκη und Buch bei Sir 24,23; 1Makk 1,57: βιβλίον διαθήκης; Ex 24,7: τὸ βιβλίον τῆς διαθήκης) und begegnet neben 2Kor 3,14 in Hb 8,8; 9,15-17 (Zitat und Auslegung von Jer 31,31ff; Hb 12,24 hat im selben Zusammenhang διαθήκη νέα) und in den Einsetzungsworten Jesu beim letzten Abendmahl in Lk 22,20 (in D 05 fehlt 19b-20) und 1Kor 11,25. Ausführlich dazu: W. C. van Unnik, ‚Η καινὴ διαθήκη".

[51] Daß καινός im Gegensatz zu νέος einen Bedeutungsunterschied aufweist, ist anhand der Texte des Neuen Testamentes wohl nicht belegbar. Vgl. R. A. Harrisville, „The Concept of Newness in the New Testament", *JBL* 74 (1955) 79: „... *four distinctive features are found to be inherent in the concept of newness: the elements of contrast, continuity, dynamic, and finality.*"

zig, die Septuaginta, diente.⁵² Diese Vorlage wurde überarbeitet: sie wurde mit einem anderen Titel versehen, die *nomina sacra* wurden konsequent eingetragen, Titel und Gruppierungen der Einzelschriften festgelegt, und es wurden wohl auch alternative griechische Ausgaben geprüft. Denn die Herausgeber der christlichen Bibel haben das Buch Daniel nicht in der Fassung der Septuaginta übernommen, sondern die Übersetzung verwendet, die mit dem Namen Theodotion verbunden ist.⁵³ Die Herausgeber des Neuen Testamentes erwecken den Anschein, mit dem „Alten Testament" eine erweiterte und verbesserte Ausgabe der Septuaginta für ihre Leser zu besorgen.

Gliederung
Deutlich ist das Bestreben der Herausgeber, die Benutzeroberfläche der beiden Teile zu vereinheitlichen.

Es war aufgefallen, daß das erste Element aller neutestamentlichen Büchertitel die Schrift einer bestimmten Gattung zuweist. Automatisch ergibt sich dadurch eine Gruppierung der Schriften in Evangelien, Apostelgeschichte, Katholische Briefe, Paulusbriefe und Offenbarung. Was mag die Herausgeber zu diesem Prinzip bewogen haben?

---

[52] Hauptzeugen des griechischen Alten Testamentes sind die vier großen neutestamentlichen Kodizes Vaticanus (B 03), Sinaiticus (א 01), Alexandrinus (A 02) und Ephraemi Rescriptus (C 04). Das vielleicht älteste Fragment des griechischen Alten Testamentes mit *nomina sacra* ist der Heidelberger Papyrus VBP IV 56 mit der Notierung von κύριος und θεός. Er wird an das Ende des 2.Jahrhunderts n.Chr. datiert. Aland, *Repertorium*, bezeichnet mit 03, AT 15 und AT 30 (18, 84, 97); Turner, *Typology*: OT 24 (166); van Haelst, *Catalogue*: Nr. 33 (35); in der Göttinger Ausgabe, J.W. Wevers (Hg), *Septuaginta: Deuteronomium* (Göttingen: Vandenhoeck, 1977): Sigle 970. Editionen: F. Bilabel (Hg), „56: Septuagintapapyrus", *Veröffentlichungen aus den badischen Papyrus-Sammlungen*, 4 (1923) 24-27; H.-J. Dorn; V. Rosenberger; D. Trobisch (Hgg), „Zu dem Septuagintapapyrus VBP IV 56", *ZPE* 61 (1985) 115-121; Tafel V+VI; Dieselben (Hgg), „Nachtrag zu dem Septuagintapapyrus VBP IV 56", *ZPE* 65 (1986) 106; Tafel IIIa+b.

[53] Eine übersichtliche Einführung in die griechischen Übersetzungen der jüdischen Bibel liegt vor bei E. Tov, „Die griechischen Bibelübersetzungen", *ANRW* Teil 2: Principat Bd. 20.1 (1987) 121-189; I.L. Seeligmann, „Problems and Perspectives in Modern Septuagint Research", E. Tov (Hg), *Textus: Studies of the Hebrew University Bible Project*, 15 (Jerusalem: Magnes Press, 1990) 169-232.

Das literarische Konzept 97

Die Überschriften der hebräischen Bibel lassen sich in drei Gruppen einteilen: (1) Sie lauten wie die ersten Wörter der jeweiligen Schrift (Pentateuch, Proverbien: מִשְׁלֵי, Klagelieder: אֵיכָה). (2) Der Name der wichtigsten handelnden Person oder Personen oder des Verfassers (Josua, Samuel, Richter, Könige, Prophetenbücher, Hiob, Ruth, Esther, Daniel, Esra). (3) Gattungsbezeichnung (Psalmen, Hohelied, Chronik). Während die Gruppen zwei und drei auch in der griechischen Ausgabe erhalten bleiben — Könige wird zu Königreiche, Chronik (Tagebücher: דִּבְרֵי־הַיָּמִים) zu Auslassungen Παραλειπόμενα — können die Titel der ersten Gruppe, die den hebräischen Text zitieren, nicht übernommen werden. An ihre Stelle treten Überschriften, die den Inhalt andeuten, und die in Anlehnung an die hebräischen Vorlage fast alle eine Textstelle der bezeichneten Schrift zitieren: Αὕτη ἡ βίβλος γενέσεως (Gen 2,4); ἐξόδος τῶν υἱῶν Ισραηλ ἐκ τῆς Αἰγύπτου (Ex 19,1); ἀριθμοί (Num 1,2); γράψει ἑαυτῷ τὸ δευτερονόμιον τοῦτο εἰς βιβλίον (Dtn 17,18); ῥήματα Ἐκκλησιαστοῦ υἱοῦ Δαυιδ (Koh 1,1). Für die Leser schwerer nachvollziehbar ist die Titelgebung für Leviticus, die Vokabel λευίτης wird nur Lev 25,32-33 benutzt. Proverbia nimmt die Gattungsbezeichnung παροιμίαι aus dem Text in den Titel (1,1: Παροιμίαι Σαλωμῶντος), ebenso die Klagelieder die Gattungsbezeichnung θρῆνοι (1,1: Ιερεμιας ... ἐθρήνησεν τὸν θρῆνον τοῦτον).[54]

---

[54] Origenes kennt diese Bezeichnungen (Euseb, h.e. 6,25), ebenso Melito (Euseb, h.e. 4,26,14). — Philo gebraucht Γένεσις, Ἔξοδος, Λευιτικὸν (Λεωιτικὴ βίβλος), Δευτερονόμιον, Βασιλεῖ, Παροιμίαι. Daneben bezeichnet er Exodus aber auch als ἡ ἐξαγωγή, Deuteronomium als ἡ ἐπινομίς und Richter als ἡ τῶν κριμάτων βίβλος. Die Belege bei Philo verdeutlichen, daß die christliche Redaktion bei der Formulierung der neutestamentlichen Titel die Septuaginta zum Vorbild nahm. Ähnliche Überschriften kommen in der Mischna für Genesis, Numeri, Proverbien und Klagelieder vor. (Swete, *Introduction*, 214-215). — In diesem Zusammenhang aufschlußreich sind die Beiträge von P. Kahle, „Der gegenwärtige Stand der Erforschung der in Palästina neu gefundenen hebräischen Handschriften: 27. Die im August 1952 entdeckte Lederrolle mit dem griechischen Text der kleinen Propheten und das Problem der Septuaginta", *ThLZ* 79 (1954) 82-94; „Problems of the Septuagint", *Studia Patristica*, 1; TU 63 (1957) 328-338; „The Greek Bible and the Gospels: Fragments from the Judaean Desert", K.Aland u.a. (Hgg), *Studia Evangelica: Papers presented to the International Congress on „The Four Gospels" in*

Die hebräische Ausgabe der jüdischen Bibel stellt die Schriften in drei Gruppen zusammen: Gesetz, Propheten und die Schriften.[55] Innerhalb dieser Gruppen bilden die zwölf kleinen Propheten eine weitere Einheit, ebenso die fünf „Rollen" (Ruth, Hohelied, Prediger, Klagelieder, Esther). Der griechische Prolog zu Jesus Sirach kennt diese Einteilung bereits (SirProlog 1-2. 6-7. 14-15).[56]

Im Gegensatz zu den hebräischen Ausgaben weisen die ältesten erhaltenen Ausgaben der christlichen Bibel eine Tendenz auf, die Schriften nach Gattungen in historische, poetische und prophetische Schriften zu gruppieren.[57] Die Reihenfolge dieser Gruppen ist nicht genau festgelegt.[58] Der Codex Vaticanus (B 03) stellt die poetischen Schriften vor die prophetischen. Diese Reihe hat sich in der weiteren handschriftlichen Überlieferung durchgesetzt.[59] Der Codex Sinaiticus (א 01) und der Codex Alexandrinus (A 02) haben die prophetischen Schriften aber vor den poetischen

---

1957 (Berlin: Akademie-Verlag, 1959) 613-621; „The Greek Bible Manuscripts Used by Origen", *JBL* 79 (1960) 111-118.

[55] Ob der hebräische Kanon aus zwei oder drei Teilen bestand, wird unterschiedlich interpretiert, vgl. die Kritik an J. Barton, *Oracles of God: Perceptions of Ancient Prophecy in Israel after the Exile* (London: Darton, Longman & Todd, 1986) durch R.T. Beckwith, „A Modern Theory of the Old Testament Canon", *Vetus Testamentum*, 41 (1991) 385-395.

[56] Weitere Belege bei Swete, *Introduction*, 217.

[57] „*This distribution is clearly due to the characteristically Alexandrian desire to arrange the books according to their literary character or contents, or their supposed authorship.*" (Swete, *Introduction*, 218).

[58] *Codex Sinaiticus* (א 01) bietet die Reihe *Evangelien, Paulusbriefsammlung, Praxapostolos*, während *Codex Vaticanus* (B 03) die Folge *Evangelien, Praxapostolos, Paulusbriefsammlung* aufweist.

[59] Gründe dafür, daß sich die Reihe des Codex Vaticanus (B 03) in der weiteren handschriftlichen Überlieferung durchsetzte, könnten sein, daß diese Folge der zeitlichen Reihenfolge der berichteten Ereignisse besser entspricht. Denn David und Salomo lebten vor Hosea und Jesaja. Vielleicht war es aber auch aus christlicher Sicht passender, wenn die Propheten, deren Verheißungen sich im Neuen Testament erfüllen, dem Neuen Testament unmittelbar vorausgehen.

angeordnet. Die Reihe des Codex Ephraemi Rescriptus (C 04) ist nicht mehr eruierbar.[60]

Umfang und Anordnung der Schriften des Alten Testamentes präsentieren sich in den großen Bibelunzialen nicht so einheitlich wie in ihrem neutestamentlichen Teil. Es sind fünf Sammlungseinheiten und drei Anhänge erkennbar.

Tabelle 6
Anordnung der alttestamentlichen Schriften in B 03, ℵ 01, A 02

B	1 + a	2	3	4	5
ℵ	1 + a	3 + b	5	4	2
A	1	4	5	3 + a + b	2 + c

1 = Gen Ex Lev Num Dtn Jos Ri Rut 1Sam 2Sam 1Kön 2Kön 1Chr 2Chr
2 = Ps Spr Koh Hld Ijob Weish Sir
3 = Est Jdt Tob
4 = Hos Am Mich Joel Obd Jon Nah Hab Zef Hag Sach Mal
5 = Jes Jer Bar Klgl EpJer Ez Dan
a = Esr Neh
b = 1Makk 2 Makk 3Makk 4Makk
c = PsSal

In ℵ 01 fehlen wegen Blattausfall: Ex Lev; Dtn Jos Ri Rut 1Sam 2Sam 1Kön 2Kön; 2Chr Esr; EpJer Ez Dan; Hos Am Mich. Bar folgte nicht auf Jer und ist nicht erhalten. Quelle: Swete, *Introduction*, 201-202.

Man kann, wenn man möchte, die Dreiteilung der alttestamentlichen Schriften im Neuen Testament wiederfinden: Evangelien und Apostelgeschichte entsprechen den historischen, die Katholischen Briefe und die Paulusbriefe den poetischen und die Offenbarung den prophetischen Schriften.

Zurück zur Ausgangsfrage: Was mag die Herausgeber dazu bewogen haben, die Bücher des Neuen Testamentes nach Gattungen zu gruppieren? Die Gruppierung der neutestamentlichen Schriften nach literarischer Gattung ist wohl im Zusammenhang mit der Gliederung des Alten Te-

---

[60] Swete, *Introduction*, 129: „*As to the order of the books nothing can be ascertained, the scribe who converted the MS. into a palimpsest having used the leaves for his new text without regard to their original arrangement.*"

stamentes zu sehen und vielleicht von dort übernommen worden. Dadurch entstand eine einheitliche Benutzeroberfläche für beide Teile der Ausgabe.[61]

Textverweis auf 2Kor 3
Auch der Titel „Neues Testament" drückt einen Textverweis aus. Die Leser, die in bewährter Technik fragen, welche Erklärung der Text der Kanonischen Ausgabe für diesen Titel bietet, stoßen unweigerlich auf 2Kor 3, die einzige Stelle, in der das Begriffspaar „Altes Testament" und „Neues Testament" benutzt wird.[62] Paulus verwendet dort den Begriff Altes Testament literarisch zur Bezeichnung der Heiligen Schriften, aus denen die Juden vorlesen, und spricht von sich selbst als Diener des Neuen Testamentes.[63]

2Kor 3,6.12-16

(6) Er hat uns befähigt, *Diener des Neuen Testamentes* zu sein, nicht Diener des Buchstabens sondern Diener des Geistes: der Buchstabe nämlich tötet, der Geist aber macht lebendig. ...

ὃς καὶ ἱκάνωσεν ἡμᾶς διακόνους καινῆς διαθήκης, οὐ γράμματος ἀλλὰ πνεύματος· τὸ γὰρ γράμμα ἀποκτέννει, τὸ δὲ πνεῦμα ζῳοποιεῖ.

(12-16) Weil wir eine solche Hoffnung haben, treten wir mit großem Freimut auf, nicht wie Mose, der über sein Gesicht eine Hülle legte, damit die Israeliten das Verblassen des Glanzes nicht sahen. Doch ihr Denken wurde verhärtet.

Bis zum heutigen Tag liegt die gleiche Hülle auf dem Alten Testament, wenn daraus vorgelesen wird, und es bleibt verhüllt, daß es [das Alte Testament] in Christus ein Ende nimmt. Bis heute liegt die Hülle auf ihrem Herzen, wenn aus den Büchern Mose vorgelesen wird.

(14b-15) ἄχρι γὰρ τῆς σήμερον ἡμέρας τὸ αὐτὸ κάλυμμα ἐπὶ τῇ ἀναγνώσει τῆς παλαιᾶς διαθήκης μένει μὴ ἀνακαλυπτόμενον, ὅτι ἐν Χριστῷ καταργεῖται· ἀλλ' ἕως σήμερον ἡνίκα ἂν ἀναγινώσκηται Μωϋσῆς κάλυμμα ἐπὶ τὴν καρδίαν αὐτῶν κεῖται·

---

[61] Auffällig sind die vielen Anklänge der Offenbarung des Johannes an die Septuaginta ohne daraus zu zitieren. Dazu St. Thompson, *The Apocalypse and Semitic Syntax* (Cambridge; New York: Cambridge University Press, 1985); Nach D.D. Schmidt, „Semitisms and Septuagintalisms in the Book of Revelation", *NTS* 37 (1991) 602, dienen sie dazu, einen 'biblical effect' zu erzielen. - Auf eine eventuelle Verbindung zwischen dem Septuagintatitel und den Evangelienüberschriften wurde oben hingewiesen, S. 59f.

[62] Vgl. S.95 Anm.50.

[63] Der Verweis vom Titel „Altes Testament" auf 2Kor 3 und umgekehrt ist eindeutig, da die Formulierung παλαιὰ διαθήκη in der christlichen Bibel nur an dieser Stelle vorkommt.

Sobald sich aber einer dem Herrn zuwendet, wird die Hülle entfernt.

Von der ersten Seite der Kanonischen Ausgabe an wissen die Leser, daß der Begriff „Altes Testament" ein Buch bezeichnet, und daß dieses Buch die Geschichte Gottes mit Israel erzählt bis zu den Tagen, in denen Gott Christus auf die Welt sandte. Daß das Alte Testament mit Christus zu einem Ende kommt, hat also auch eine einfache literarische Bedeutung. Ebenso kann die Aussage, daß Paulus ein Diener des Neuen Testamentes ist, von den Lesern literarisch verstanden werden. Den Beitrag des Paulus am literarischen Vermächtnis der Apostel finden die Leser unschwer in der Paulusbriefsammlung und in den von seinen Mitarbeitern Lukas und Markus verantworteten Schriften.

Selbstverständlich muß davon ausgegangen werden, daß der schriftlichen Vorlage, die die Herausgeber der Kanonischen Ausgabe bearbeiteten, ein literarisches Verständnis des Begriffes „Testament" an dieser Stelle völlig fremd war. Aber aus der Sicht der Herausgeber, die den Titel Neues Testament bewußt gewählt haben und die ihre hohe Sensibilität für Textverweise in den Titeln der Einzelschriften deutlich zu erkennen geben, ist dieses 'Miß'-verständnis wohl nicht unerwünscht.[64]

Erst der lebendig machende Geist des Neuen Testamentes besiegt den tötenden Buchstaben des Alten Testamentes,[65] erst die Hinwendung zum Herrn beseitigt den Schleier des Unverständnisses, erst das Neue Testament bringt das Alte Testament zu seiner Erfüllung und Bestimmung.

Aus dem Verweischarakter des Buchtitels möchte ich folgern, daß die Herausgeber der Kanonischen Ausgabe in diesen Zeilen das theologische Deutungsmuster für ihre redaktionelle Aufgabe gefunden haben.

---

[64] Damit wollen die Herausgeber meines Erachtens eine frühe Entstehungszeit von Teilen des Neuen Testaments, noch zu Lebzeiten von Paulus, suggerieren. Sie unterstützen damit die Konstruktion der Apostelgeschichte, daß Lukas sein Werk noch vor dem Tod des Paulus beendete (siehe unten S.125ff.).

[65] Die Antithese zwischen Buchstabe (Altes Testament) und Geist (Neues Testament) dient als Grundlage jeder „Inspirationslehre", auch der der neutestamentlichen Autoren selbst. Dies ist auch die Überzeugung des Irenaeus, z.B. *AdvHaer* 3,17ff; van Unnik, „A Problem in the Early History of the Canon", 224-226.

Nomina Sacra

Tetragramm

Ich habe bereits darauf hingewiesen, daß die erhaltenen griechischen Exemplare der jüdischen Bibel aus dem ersten Jahrhundert konsequent vermeiden, das Tetragramm als κύριος in den Fließtext aufzunehmen, sondern es auf verschiedene Arten kennzeichnen, um es abzuheben, z.B. durch hebräische Buchstaben.[66] Diese Konvention ist deshalb auch für Paulus anzunehmen. Bei ihrer Ausgabe des Alten und Neuen Testamentes aber vereinheitlichten die Bearbeiter der Kanonischen Ausgabe die Angaben der Vorlagen, die höchstwahrscheinlich voneinander abwichen, und führten die *nomina sacra* ein. Dies erzeugt im Neuen Testament gelegentlich Mehrdeutigkeiten, die in den Vorlagen nicht vorhanden waren.[67]

An Stellen, an denen Paulus, von einem Zitat ausgehend, in seiner Argumentation eindeutig differenziert zwischen *jhwh* und Christus, werden vom Leser die beiden Worte unwillkürlich als Synonyme gelesen, da beide als κ̅ς̅ geschrieben werden. Das Verständnis der Textstelle verändert sich dadurch.[68] Ich möchte dies an der eben zitierten Stelle im 2.Korintherbrief darstellen. Der Text fährt fort: *„Sobald sich aber einer dem Herrn zuwendet, wird die Hülle entfernt."* Naheliegend und leicht dokumentierbar ist das Verständnis christlicher Bibelleser, daß hier die

---

[66] Siehe oben S.22ff.

[67] Auf die Mehrdeutigkeiten macht Howard, „Tetragram" (1977) aufmerksam. Beispiele ebd. 78: „... *the first century saw:* εἶπεν יהוה· τῷ κυρίῳ μου *(Matt 22:44; Mark 12:36; Luke 20:42), while that of the second century saw:* εἶπεν κύριος τῷ κυρίῳ μου. To the second-century church ἑτοιμάσατε τὴν ὁδὸν κυρίου (Mark 1:3) must have meant one thing, since it immediately followed the words:* ἀρχὴ τοῦ εὐαγγελίου Ἰησοῦ Χριστοῦ, *but quite something else to the first-century church which saw* ἑτοιμάσατε τὴν ὁδὸν יהוה."

[68] Howard, „Tetragram", 78, möchte damit auch die hohe Zahl der Varianten bei Stellen erklären, die *nomina sacra* enthalten. In diesem Zusammenhang interessant ist P. Winter, „Some Observations on the Language in the Birth and Infancy Stories of the Third Gospel", *NTS* 1 (1954-55) 113, der beobachtet, daß κύριος in Lk 1-2 mit einer Ausnahme als Entsprechung des Tetragrammes gebraucht wird, im Gegensatz zum restlichen Evangelium, das den Menschen Jesus damit bezeichnet. Er fragt ob hier nicht ein deutliches Indiz zur Abgrenzung einer schriftlichen, vielleicht hebräischen, Quelle vorliegt.

Das literarische Konzept 103

Hinwendung zum Herrn und Heiland Jesus Christus gemeint ist.[69] Ausgehend von der wahrscheinlichen Annahme, daß 2Kor 3,16 eine wörtliche Anspielung an Ex 34,34[70] ist und der Bibeltext, den der Apostel Paulus aufnimmt, das Tetragramm bot, ergibt sich zwingend, daß auch in den folgenden Versen das Tetragramm enthalten war.[71] Wird κύριος mit Artikel gebraucht, gehe ich davon aus, daß Jesus Christus bezeichnet werden soll, das Tetragramm also nicht im ursprünglichen Brief stand.

2Kor 3,16-18
(16) ἡνίκα δὲ ἐὰν ἐπιστρέψῃ πρὸς יהוה, περιαιρεῖται τὸ κάλυμμα. (17) ὁ δὲ κύριος τὸ πνεῦμά ἐστιν· οὗ δὲ τὸ πνεῦμα יהוה, ἐλευθερία. (18) ἡμεῖς δὲ πάντες ἀνακεκαλυμμένῳ προσώπῳ τὴν δόξαν יהוה κατοπτριζόμενοι τὴν αὐτὴν εἰκόνα μεταμορφούμεθα ἀπὸ δόξης εἰς δόξαν, καθάπερ ἀπὸ יהוה πνεύματος.

Sobald sich aber einer *jhwh* zuwendet, wird die Hülle entfernt. Der Herr [Christus] aber ist der Geist [*jhwh*'s] und wo der Geist *jhwh*'s wirkt, da ist Freiheit. Wir alle spiegeln mit enthülltem Angesicht die Herrlichkeit *jhwh*'s wider und werden so in sein eigenes Bild verwandelt, von Herrlichkeit zu Herrlichkeit, durch den Geist *jhwh*'s.

Die Verbindung zwischen *jhwh* und Christus wurde nach dieser Rekonstruktion in der Vorlage etwas umständlich durch die Gleichsetzung von Christus und Geist *jhwh*'s hergestellt. Die Hinwendung zu Christus wird dadurch zur Hinwendung zu *jhwh* und nimmt den alttestamentlichen Bezug auf. Die Leser der Kanonischen Ausgabe aber brauchen keine Umwege zu gehen, für sie bedeutet 2Kor 3,16: Sobald sich aber ein Jude

---

[69] H.-D. Wendland, *Die Briefe an die Korinther*, NTD 3 (1965) 158: „Allein durch Christus (und die Zuwendung zu ihm, siehe V.16) wird diese auf dem A.T. liegende Decke vernichtet, und also gibt es auch nur durch den die rechte geistliche Erkenntnis des Gesetzes, der die Erfüllung des Gesetzes und die Befreiung vom Gesetze ist."
[70] Ex 34,34 LXX: ἡνίκα δ' ἂν εἰσεπορεύετο Μωυσῆς ἔναντι יהוה λαλεῖν αὐτῷ, περιῃρεῖτο τὸ κάλυμμα ἕως τοῦ ἐκπορεύεσθαι.
[71] Könnte es sein, daß Paulus das Tetragramm vermied, weil er an Heidenchristen schrieb? Dies erscheint mir sehr unwahrscheinlich, da es hier um technische Konventionen geht. Die Leser, die offensichtlich mit der griechischen jüdischen Bibel vertraut waren (sonst gäben Anspielungen wie die oben zitierten keinen Sinn), konnten nach heutigem Wissensstand nur mit Ausgaben konfrontiert worden sein, die das Tetragramm in irgendeiner Form bewahrt hatten.

dem Herrn (Jesus) zuwendet, wird der Schleier entfernt, der für ihn über der Lektüre des Alten Testamentes lag.[72]
Dieses Mißverständnis wird von der Redaktion in Kauf genommen.[73] Das Leseerlebnis, das der christliche Leser seither erfährt, ist wohl bewußt herbeigeführt: יהוה und Jesus sind Synonyme.

Zur Entstehung

Wer schon einmal zuständig war für die Endredaktion eines Sammelwerkes, sei es eine Briefsammlung, eine Festschrift oder eine Zeitschrift, weiß von den redaktionellen Entscheidungen, die der Wunsch nach Vereinheitlichung erzwingt. Daß es vor allem technische Beweggründe waren, die die Einführung der *nomina sacra* veranlaßten, möchte ich im folgenden plausibel machen. Ich meine, drei Stufen erkennen zu können.

Erstens: Ein offensichtliches Problem, das die Herausgeber bei ihrer Ausgabe des Alten Testamentes lösen mußten, war der Umgang mit dem Tetragramm. Sie entschieden sich, die beiden Entsprechungen κύριος und θεός zu kontrahieren und durch einen Überstrich zu kennzeichnen.[74] Ob diese Idee auf die Herausgeber zurückgeht oder einer Vorlage

---

[72] *Jubiläumsausgabe*, 243, zu 2Kor 3,12-16: „*Für die jüdischen Leser des Alten Testaments liegt eine Hülle über der Schrift oder vielmehr auf ihrem Herzen: so bleibt ihnen verborgen, daß der Gesetzesbund in Christus abgetan ist (Röm.11,25 ff.).*"

[73] Weitere Beispiele für die Verwechslung von Christus und *jhwh* im Neuen Testament bei Howard, „Tetragram", 78-82: Röm 10,16-17; 14,10-11; 1Kor 2,16; 10,9; 1Petr 3,14-15; Jud 5.

[74] Auch θεός kann zur Wiedergabe des Tetragrammes dienen, vgl. Howard, „Tetragram", 65, und Lifshitz, „Cave of Horror", 203-205: Sach 4,9; Joel 1,14. Vgl. J.A. Fitzmyer, „The Contribution of Qumran Aramaic to the Study of the New Testament", *NTS* 20 (1973-74) 382-407: Vielleicht liefert aramäischer Sprachgebrauch die fehlende Verbindung; in 11QtgJob wird mehrfach die Gottesbezeichnung אלהא als מרא, aramäisch Herr, wiedergegeben. „*Thus in this Palestinian Jewish document we have an instance of the missing link in the development from the construct and suffixal forms of מרא to the absolute usage of κύριος in the New Testament as a title for both Yahweh and Jesus*" (388); vgl. Howard, „Tetragram", 69-70, und in dieser Untersuchung oben S.25. — Brown, „Nomina Sacra", 13: In Alexandrien kam es vor, daß das Tetragramm in goldenen Buchstaben geschrieben wurde, vgl. dazu: Traube, *Nomina Sacra*, 21-23; Paap, *Nomina Sacra*, 1n. Wie bereits erwähnt (oben S.24), wird gelegentlich auch אל, צבאות, אדוני und אלוהים in althebräischen Schriftzeichen wiedergegeben. Damit ist eine

Das literarische Konzept

entstammt, sei dahingestellt. Es scheint mir sehr wahrscheinlich zu sein, daß den Herausgebern verschiedene Alternativen zur Wahl standen. Als vorteilhaft für die technische Herstellung erwies sich der Verzicht auf ein Fremdalphabet.[75]

Zweitens: Im Neuen Testament mußte das System aus Gründen der Einheitlichkeit beibehalten werden. Die beiden Begriffe verändern ihre Funktion als Kennzeichnung des hebräischen Tetragrammes und werden nun zu *nomina divina*.[76] Dieser Bedeutungswandel war schon darin angelegt, daß das eine hebräische Wort durch zwei griechische Entsprechungen übersetzt wurde. Die Mehrdeutigkeit von κύριος für Gott und für Jesus im Neuen Testament war, wie die Analyse oben zeigt, offensichtlich nicht unerwünscht. Der Systemzwang erforderte damit neben κύριος auch „Jesus" und „Christus" als *nomina divina* zu kennzeichnen.

Drittens: Mit der wachsenden Unabhängigkeit von der jüdischen Mutterreligion ist auch die Vertrautheit mit dem jüdischen Tetragramm geschwunden: Die *nomina divina*, — Herr, Gott, Jesus, Christus —, werden als *nomina sacra* verstanden und im Laufe der Zeit von den Abschreibern um die Worte Geist, Mensch, Kreuz, Vater, Sohn, Erlöser, Mutter, Himmel, Israel, David, Jerusalem usw. ergänzt.

Gruppendefinierende Funktion

Doch viel wichtiger als Einzelheiten der Entstehung ist die Wirkung, die das Notationssystem der *nomina sacra* auf die Gemeinden ausübte. Christliche Leser konnten mit einem Blick die Kanonische Ausgabe von jüdisch-hellenistischen Bibeln[77] und wahrscheinlich auch von konkurrierenden Ausgaben apostolischer Schriften unterscheiden. Die Kanonische

---

Übertragung der besonderen Kennzeichnung auf andere „*nomina divina*" parallelisiert; so auch Brown, „Nomina Sacra", 18-19.

[75] Die Notierung des Tetragrammes mit griechischen Buchstaben (πιπι) zeigt, daß viele Kopisten bei der Wiedergabe der hebräischen Buchstaben überfordert wurden. Auch in unserem Jahrhundert haben sich Herausgeber von Lexika, Kommentaren, Reihen aus technischen Gründen und aus Rücksicht auf ihre Leser dafür entschieden, Fremdalphabete in lateinischen Buchstaben zu transkribieren.

[76] Ein Vorschlag von Brown, „Nomina Sacra", 19.

[77] Frühe jüdische Belege bei R.T. Herford, *Christianity in Talmud and Midrash*, Reprinted (Clifton, NJ: Reference Book, 1966) 146-171. Das Fehlen des Tetragrammes war für jüdische Leser das deutlichste Merkmal christlicher Ausgaben.

Ausgabe avancierte dadurch zum Erkennungsmerkmal einer bestimmten, international organisierten, christlichen Bewegung. Die werdende katholische Kirche scheint die *nomina sacra* schon sehr früh für ihre Publikationen eingesetzt zu haben.[78]

Kodex

Ausgewählte Zeugnisse

Die Kodexform hat sich schon in vorchristlicher Zeit großer Beliebtheit erfreut. Ich stelle zunächst einige ausgewählte Nachrichten vor, die für die Geschichte des Kodex in der Zeit vor dem Entstehen des Neuen Testamentes relevant sind. In einem zweiten Durchgang interpretiere ich diese Zeugnisse im Hinblick auf die Vor- und Nachteile des Kodex gegenüber der Rolle. Auf diesem Hintergrund werde ich dann deutlich machen, warum der Kodex als Medium für die Kanonische Ausgabe so gut geeignet war.[79]

---

[78] Roberts u. Skeat, *Birth*, 41 zählen fünf christliche Handschriften aus dem 2.Jahrhundert auf, die keine Bibelhandschriften sind: (1) British Library Egerton Papyrus 2 (van Haelst 586), zwei fragmentarische Kodexseiten mit *nomina sacra*; Edition: Bell u. Skeat, *Unknown Gospel*. (2) P.Mich. 129, Hirte des Hermas (fehlerhaft verzeichnet bei van Haelst 657 und daher auch bei Roberts u. Skeat, *Birth*) ist ein einlagiger Kodex mit 17 Bögen, C. Bonner (Hg), *A Papyrus Codex of the Sheperd of Hermas (Similitudes 2-9) with a Fragment of the Mandates*, Humanistic Series 22 (Ann Arbor: University of Michigan Press, 1934) 8, und enthält *nomina sacra*. (3) Das Fragment des Hermas, P.Mich. 130, stammt dagegen von der Rückseite einer beschriebenen Rolle; *nomina sacra* sind nicht erhalten, aber in den Lücken wahrscheinlich gemacht worden (Bonner, *Sheperd*, 130); (4) P.Oxy. 1,1, Thomasevangelium (van Haelst 594), Kodexblatt, *nomina sacra*. (5) P.Oxy. 3,405 (Nachtrag P.Oxy. 4, S.264-265), Irenaeus, *Adversus Haereses* (van Haelst 671), Rolle mit *nomina sacra*. Bei der Verbreitung anderer christlicher Literatur der ersten vier Jahrhunderte, wird der Kodex von den Christen deutlich bevorzugt, ersetzt die Rolle aber nicht so vollständig wie bei den Bibelausgaben; statistische Angaben bei Roberts u. Skeat, *Birth*, 43-44.

[79] Das wahrscheinlich älteste lateinisches Fragment eines Lederkodex, wird nach Roberts, „Codex", 180, um 100 n.Chr. datiert und enthält Text aus einer sonst unbekannten Schrift *De Bellis Macedonicis* (P.Oxy. 1,30 = P. Lit. Lond. 121), vielleicht aus den *Historiae Philippicae* des Trogus Pompeius. Von den Erstherausgebern Grenfell und Hunt, 59, nicht vor das dritte Jahrhundert datiert. Für die Frühdatierung tritt ein: J.

Das literarische Konzept 107

Der römische Philosoph, Dichter und Zeitgenosse des Apostels Paulus, Lucius Anneus *Seneca*[80], macht sich über unnütze Fragen lustig, denen mit wissenschaftlicher Akribie nachgegangen wird, und nennt als Beispiel die Untersuchung, ob Claudius Caudex, Konsul im Jahre 164 v.Chr., seinen Namen vom Wort Kodex erhalten habe: *„weil bei den Alten die Bindung mehrerer Tafeln als 'caudex' bezeichnet wurde, woher die Bezeichnung 'codices' für öffentliche Tafeln herrührt."*[81] Ich möchte nicht die Fragestellung umkehren und untersuchen, ob der Kodex seinen Namen von Caudex erhalten habe, eine Frage, die der große Philosoph wohl als genauso lächerlich empfunden hätte. Aber es ist doch festzuhalten, daß Seneca bei seinen zeitgenössischen Lesern voraussetzen konnte, daß der Begriff *codex* bekannt war. Denn er verwendet den Begriff *codex*, um den unbekannteren Begriff *caudex* zu erklären. Und um sich noch verständlicher auszudrücken, nennt er ein anschauliches Beispiel, die öffentlichen Tafeln, *publicae tabulae*, die er bei seinen Lesern als bekannt voraussetzt.

Der römische Dichter *Martial* (38/41 bis 103/104)[82] preist eine Neuauflage seiner Gedichte (ca. 84-86 n.Chr.) an und informiert darüber, daß die beiden ersten Bücher nun in einem Kodex vereinigt ausgeliefert werden. Er nennt sogar die Adresse des Verlegers Secundus.[83]

Mallon, „Quel est le plus ancien exemple connu d'un manuscrit Latin en forme de codex?", *Emerita*, 17 (Madrid 1949) 1-8. Das nächst älteste Fragment eines lateinischen Kodex ist P.Ryl 3,472 (3.-4. Jh.), ein liturgischer Text auf Papyrus.

[80] Geboren um die Zeitenwende, philosophischer Schriftsteller und Dichter, Erzieher des Prinzen Nero, gestorben 65.

[81] Seneca, *De Brevitate Vitae*, 13: *„quia plurium tabularum contextus caudex apud antiquos vocabatur unde publicae tabulae codices dicuntur."* Vgl. Seneca, der Ältere, *controversiae* 1, praef. 18; Varro ap. non. p. 535 M: *„quod antiqui plures tabulas codices dicebant"*. Belege bei Cicero sind zusammengestellt bei Th. Birt, *Kritik und Hermeneutik nebst Abriss des antiken Buchwesens*, HKAW I,3 (München: Beck, 1913) 284.

[82] *Kleine Pauly*, 1052-1054.

[83] Vgl. auch die Werbung für den Buchladen des Atrectus am Ende des ersten Buches *Epigramme* (1,117): „Gehe nur in den Buchladen des Atrectus und laß dir den Martial geben; er kostet 5 Denare". Oder die Spitze gegen die Preiskalkulation des Buchhändlers Tryphon, *Epigramme* 13,3. Vgl. Schubart, *Buch*, 153; H.L.M. van der Valk, „On the Edition of Books in Antiquity", *VigChr* 11 (1957) 1-3. Oder Horaz am Ende des ersten Buches Briefe (ep 1,20): *„Du siehst mir aus, mein Buch, als schieltest du nach Markt und*

Martial, *Epigramme* 1,2[84]
Wenn du meine Gedichte begehrst stets bei dir zu haben
und für längeren Weg sie als Begleiter dir suchst,
dann kauf diese! Sie zwängt Pergament auf winzige Blättchen;
große, die berge der Schrein, mich jedoch faßt schon die Hand.
Doch damit du auch weißt, wo ich käuflich, und nicht durch die Stadt
erst irrend zu streifen brauchst, führ ich dich sicher den Weg.
Such vom gelehrten Lucensis den Freigelassnen Secundus
gleich nach Minervas Markt und nach dem Tempel der Pax.

Martial preist die Kodexform in höchsten Tönen: sie sei auf Reisen leichter mitzunehmen, nehme in der Bibliothek weniger Platz ein und könne schneller aufgeschlagen werden als eine Rolle, die erst ausgepackt werden müsse: „*scrinia da magnis, me manus una capit*".

Die Autoren, die nach den Worten Martials ebenfalls in Kodexform herausgegeben werden, sind keine Unbekannten: Homer, Vergil, Ovid, Cicero und Livius. Allerdings ist es nicht sicher, ob sich auch verlegerisch ein wirtschaftlicher Erfolg einstellte. Die marktschreierischen Formulierungen Martials lassen vermuten, daß um die Akzeptanz beim Kunden erst geworben werden mußte.[85]

Martials jüngerer Zeitgenosse, *Sueton* (ca. 70 bis nach 140), hält in sei-

---

Börse. Ich merk' es: feilbieten willst du dich; Gebrüder Sosius sollen dich mit dem Bimsstein glätten..." H. Färber; W. Schöne (Hgg), *Horaz: Sämtliche Werke lateinisch und deutsch*, 9.Auflage (Darmstadt: Wiss. Buchgesellschaft, 1982).

[84] Übersetzung von R. Helm (Hg), *Martial: Epigramme*, Eingeleitet und im antiken Versmaß übertragen, Bibliothek der Alten Welt (Zürich, Stuttgart: Artemis, 1957) 52.

[85] Roberts, „Codex", 179-180: „*But wether this innovation, marketed jointly by a struggling author and an enterprising publisher, was a success is another question; there are reasons for thinking that it was not...* " Wie Roberts eingesteht, kann das Argument, daß nur wenige lateinische Kodexblätter erhalten sind, keine große Beweislast tragen, da sich, klimatisch bedingt, Papyri fast nur in Ägypten erhalten haben. In Ägypten benutzte lateinische Texte können sicherlich nicht repräsentativ sein für die Situation in Rom. Martials Schweigen über die Kodexform und den Verleger Secundus in seinem weiteren literarischen Schaffen deutet Roberts als Indiz dafür, daß das ganze Projekt wirtschaftlich gescheitert ist (ebd. 180), Valk, „Edition of Books", 3 dagegen: „... *Martial's social position may have improved, so that he no longer wished to resort openly to this device. Further, in his first book he had introduced himself to the public and, as we know, had become famous.*"

ner Biographie über Caesar fest: „*Auch Briefe von ihm an den Senat sind noch vorhanden; er war scheinbar der erste, der solchen Briefen die Form eines blattweise zusammengelegten Tagebuchs gab, während früher Konsuln und Heerführer nur Briefe, die in breiten Spalten, quer zur Länge der Papierrolle geschrieben waren, absendeten.*"[86] Wichtig erscheint in unserem Zusammenhang nicht die Frage, ob Caesar nun der erste war, der von der Rollenform abwich, sondern daß Sueton bei seinen Lesern selbstverständlich voraussetzen konnte, daß sie wüßten, was er meint, wenn er von einem „*blattweise zusammengelegten Tagebuch*" sprach. Es war im Rom des ersten Jahrhunderts also mit Sicherheit eine vertraute Form. Aber — im Gegensatz zu Martials Zeugnis — beschreibt Sueton nicht ein im regulären Buchhandel vervielfältigtes und kommerziell vertriebenes Exemplar: die Briefe Cäsars lagen ihm als Autograph vor.

Lange bevor sich im vierten Jahrhundert der Kodex schließlich auch für literarische Texte durchsetzte, scheint er wenigstens in zwei anderen Bereichen bereits einen festen Platz gehabt zu haben: bei den *Juristen* und bei den *Ärzten*.

So wird ein Buch des Juristen Neratius Priscus aus dem ersten Jahrhundert als *liber sextus membranarum*[87] bezeichnet, wobei *membrana* auf die Notizen bezogen werden kann, die dem veröffentlichten Buch zugrunde lagen.[88]

Ebenso berichtet der Leibarzt Mark Aurels, Galen (129-199), daß er in einem Lederkodex, ἐν πυκτίδι διφθέρα, seines Berufskollegen Claudianus, den er nach dessen Tode erworben hatte, auf ein Rezept gegen Haarausfall gestoßen sei.[89]

Wie sehr noch in späterer Zeit die Kodexform mit medizinischer Literatur verbunden wurde, zeigt eine Nachricht bei Augustin: ein gewisser Donatus von Calama, der während der Diokletianischen Verfolgung im

---

[86] Sueton, *Caesar*, 56,6: „*Epistulae quoque eius ad senatum extant, quas primum videtur ad paginas et formam memorialis libelli convertisse, cum antea consules et duces non nisi transversa charta scriptas mitterent*". Übersetzung: Franz Schön (Hg), *C. Suetonius Tranquillus: Sämtliche erhaltene Werke* (Essen: Phaidon, 1987).
[87] Schubart, *Buch*, 115.
[88] Zur ältesten juristischen Definition des Kodex vgl. Roberts, „Codex", 180-181; Schubart, *Buch*, 114-116.
[89] Galen, Περὶ Συνθέσεως Φαρμάκων; *Opera*, e. Kühn, 12, 423.

Jahre 303 angeklagt wurde, heilige Schriften an die Verfolger ausgehändigt zu haben, verteidigt sich vor dem Bischof mit den Worten: „*dedi codices medicinales*", er habe medizinische Schriften abgeliefert.[90] Was immer genau vorgefallen sein mag, für die christlichen Brüder, vor denen sich Donatus verteidigt, muß es vorstellbar gewesen sein, daß ein Vollzugsbeamter getäuscht werden konnte, indem man an Stelle der christlichen Bibel medizinische Bücher ablieferte. Wahrscheinlich handelte es sich in beiden Fällen um Kodizes.[91]

Obwohl *Hieronymus* seine literarischen Werke in Kodexform veröffentlicht, schreibt er seine Briefe in Rollenform. Sein Korrespondenzpartner, *Augustin*, sendet einen Brief in Kodexform, empfindet aber die Ungehörigkeit und entschuldigt sich dafür.[92] Für Briefe war der Kodex offensichtlich nicht gedacht.

Rolle

Die Rolle war gut geeignet, um datierte Schriftstücke zu *archivieren*. Dokumente wurden einfach in der Reihenfolge ihrer Bearbeitung aneinandergeklebt. Dadurch war die Zusammengehörigkeit verschiedenartiger Schriftstücke zum selben Vorgang und das Eingangs- und Ausgangsdatum auf einfache Art festgehalten und gewährte einen gewissen Schutz gegen Manipulationen. Ein nachträglicher Eingriff ließ sich schlechter verbergen, da die Rolle aufgeschnitten werden mußte. Dieselbe Funktion erfüllt bei einer modernen, notariellen Akte ein Faden, der die Schriftstücke verbindet und mit speziellen Knoten und Siegel gegen nachträgliche Eingriffe absichert.

Auch für literarische Texte barg diese Eigenschaft der Rolle gewisse Vorteile. Es war fast unvermeidbar, daß sich die Bindung eines Kodex im Laufe der Zeit auflöste und erneuert werden mußte. Zahlreiche neutesta-

---

[90] Augustin, *Contra Cresconium* 3,27,30.
[91] So auch Roberts, „Codex", 195-196. Zu weiteren Täuschungsmanövern von Christen zum Schutz ihrer heiligen Schriften, C. Wendel, „Bibliothek", *RAC* 2 (1954) Sp. 248-249 = *Kleine Schriften*, 180.
[92] Augustinus, *ep* 171. Zu Hieronymus s. H.I. Marrou, „La technique de l'édition à l'époque patristique", *VigChr* 3 (1949) 208-224, und Kloeters, *Buch*.

mentliche Handschriften bezeugen mit ihren Blatt- und Lagenvertauschungen die Fehleranfälligkeit einer neuen Bindung.[93]
Eine Rolle wurde normalerweise nur *auf einer Seite beschrieben*. Dies hatte den Vorteil, daß sich die Schreiber auf die Beschriftung des Rekto beschränken konnten, bei Papyrusrollen also auf die Seite, auf der die Fasern waagerecht verlaufen, bei Lederrollen auf die glattere und hellere Fleischseite.

Die Rückseite der äußeren Blätter einer einseitig beschriebenen Rolle diente als wirkungsvoller *Schutz*, vergleichbar mit Buchrücken und Buchdeckel eines Kodex. Allerdings strapazierte das Ab- und Aufrollen der Schriftrolle das Material wahrscheinlich mehr als das Aufschlagen des Kodex.[94] Und schließlich konnte im Zuge antiker Altpapierverwertung die Rückseite beschrieben werden, ohne daß — wie beim Kodex — die Tinte abgewaschen werden mußte.[95]

Papyrus wurde in Ballen geliefert, von denen sich die Schreiber Rollen in der gewünschten Länge abschnitten.[96] Dies hatte den enormen Vorteil, daß die *Herstellung* der Rollen fast vollständig in der Verantwortung des

---

[93] Z.B. die Minuskeln 1241, 2127 (vgl. Trobisch, *Entstehung*, 16) oder $\mathfrak{P}^{72}$; dazu siehe oben S.49.

[94] Wenn die ausgelesene Rolle wieder zurückgerollt werden mußte, war es üblich, das Ende um einen Stab zu wickeln, der an beiden Enden herausragte und als *cornua*, Hörner, bezeichnet wurde, das Ganze unter das Kinn zu klemmen und mit den Händen aufzuwickeln. So jedenfalls ist Martial zu verstehen, wenn er von einem Papyrus spricht, der „*vom rauhen Kinn gerieben nicht zusammenschauert*" (Martial, *Epigramme* 1,66; Schubart, *Buch*, 104-107; 111).

[95] Martial spottet über den angehenden Dichter Picens: „*Picens schreibt seine Epigramme auf die Rückseite des Papyrus und beklagt sich: die Muse strecke ihm den Hintern entgegen*" (scribit in aversa Picens epigrammata charta / et dolet averso quod facit illa deo); Martial *Epigramme* 8,62. Eine beidseitig beschriebene Rolle, ein Opistograph, wird Offb 5,1 erwähnt: βιβλίον γεγραμμένον ἔσωθεν καὶ ὄπισθεν.

[96] Die Bemerkung des Plinius, *naturalis historiae* 13,23, daß nie mehr als zwanzig Blätter zu einer Rolle zusammengeklebt wurden (*numquam plures scapo quam vicenae*), ist wohl in Bezug auf die handelsübliche Verpackungseinheit zu verstehen, da es in den Papyri selbst Verweise auf Rollen von 50 und 70 Blättern gibt, Nachweis bei: T.C. Skeat, „The Length of the Standard Papyrus Roll and the Cost-advantage of the Codex", *ZPE* 45 (1982) 169-175; 169. Daraus errechnet sich die durchschnittliche Länge von 320-360 cm.

Papyrusproduzenten lag, der seine Erfahrung auch in die technische Weiterentwicklung der Herstellverfahren einbringen konnte. Viele der erhaltenen Papyrusexemplare weisen eine hohe Fertigungsqualität auf, die Klebestellen sind geglättet und können vom ungeübten Auge meist nicht festgestellt werden. Deshalb mußten sich die Schreiber bei der Anlage der Kolumnen auch nicht nach den Klebestellen richten sondern konnten sich von praktischen und ästhetischen Gesichtspunkten leiten lassen; das Schreibrohr blieb an den Klebungen offensichtlich nicht hängen.

Für literarische Texte, die man von Anfang bis Ende liest, war die Rolle ein sehr zweckmäßiges Medium. Um nicht unhandlich zu werden, teilte man lange Texte in mehrere 'Bücher' auf, die jeweils auf einer Rolle Platz fanden. Die Schriftsteller fanden so eine natürliche Größe, nach der sie ihr Werk strukturieren konnten, und für die Leser ergab sich aus der Aufteilung eine Hilfe beim Zitieren und Nachschlagen. Autor, Titel und Buch waren von außen zu erkennen.[97]

---

[97] Rollen trugen ihre Titel auf einem Pergamentstreifen, der oben an der Rolle befestigt war und heraushing, griechisch als *Syllybos*, lateinisch als *index* oder *titulus* bezeichnet. Schubart, *Buch*, 104: „*Darauf stand, wie die erhaltenen Exemplare zeigen, der Name des Verfassers und des Werkes*" z.B.: „*Dithyramben des Bakchylides*". Ein plastisches Beispiel bei Ovid, der aus der Verbannung, auf seine *ars amatoria* anspielend, schreibt und sein Werk direkt anredet (*Tristia* 1,105-110): „*wenn du dort [Rom] dein Haus, den gerundeten Bücherbehälter, erreicht hast, wirst du deine Brüder der Reihe nach aufgestellt sehen, die alle derselbe Trieb zum Leben erweckt hat. Die übrige Schar wird offen ihre Titel sehen lassen und ihre Namen an freier Stirn tragen. Drei aber wirst du abseits im dunklen Winkel lehnen sehen, wenn überhaupt. Sie lehren, was jeder kennt, die Liebe*" (Übersetzung nach Schubart, *Buch*, 104). Zusätzlich wurden Titel und Autor der Schrift in der Rolle am Ende in der *subscriptio* angegeben und nicht, wie es sich beim Kodex allmählich herausbildete, als Überschrift am Anfang. Der Grund dafür mag darin liegen, daß diese Angaben nur bei ordnungsgemäß zurückgewickelter Rolle dem *titulus* entnommen werden konten. Wurde die Rolle aber nicht zurückgewickelt und enthielt sie keinen *titulus*, so bekam der Nachschlagende bei erneuter Benutzung das Rollenende in die Hand und mußte sich anhand der *subscriptio* zurechtfinden; vgl. F. Zucker, „Rezension: K. Ohly, Stychometrische Untersuchungen", *Gnomon*, 8 (1932) 388; zur Übernahme der *subscriptio* in die Überschrift in der jüdischen Bibel vgl. H. M. I. Gevaryahu, „Biblical Colophons: a Source for the 'Biography' of Authors, Texts and Books", *Supplements to Vetus Testamentum*, 28 (Leiden: Brill, 1975) 42-59.

Kodex
Für Nachschlagewerke allerdings bot der Kodex deutliche Vorteile, da man leichter darin suchen und den Text gezielter aufschlagen kann. Das mag auch der Grund gewesen sein, weshalb er bei Ärzten und Juristen Verbreitung fand, bevor er für die Literatur im engeren Sinne entdeckt wurde. Die griechische Sprache kennt kein spezielles Wort für Kodex im Unterschied zur Rolle.[98] Das lateinische *membrana* bezeichnet die einzelnen Tafeln oder Blätter aus Holz, Leder oder Papyrus, unabhängig davon, ob sie zusammengebunden sind oder nicht. Auch Martial verwendet *membrana* in der Bedeutung von *codex*: „*brevibus membrana tabellis*" (*Epigramme* 1,2). Der Begriff gelangt als Lehnwort in das Griechische, μεμβράναι. Im Neuen Testament begegnet es ein Mal (2Tim 4,13): Paulus hat seine μεμβράναι bei Karpus in Troas liegen lassen und bittet Timotheus, sie ihm nach Rom zu bringen. Auch nachdem sich der Kodex im vierten Jahrhundert allgemein durchgesetzt hat, bildet sich keine griechische Bezeichnung dafür aus.[99] Oft wird σωμάτιον verwendet, was dem lateinischen *corpus* entspricht und die ideelle literarische Einheit eines Werkes bezeichnet, nicht aber den durch zwei Buchdeckel begrenzten Gegenstand.[100] Der Begriff πτυκτίον bezeichnet das Gefaltete, und im Sinne der zu Lagen 'gefalteten' Bögen manchmal das gebundene Buch. Gelegentlich begegnet auch das lateinische *codex*, das einfach transliteriert wird.[101]

---

[98] Kleberg, *Buchhandel*, 78: „*Sehr starke Gründe sprechen dafür, daß die Kodexform römischen oder wenigstens italischen Ursprungs ist.*" Vgl. Roberts, „Codex", 172; Schubart, *Buch*, 113; H.A. Sanders, „The Beginning of the Modern Book: The Codex of the Classical Era", *Michigan Alumnus*, 44/15 (1938) 101. Die Grundbedeutung von *liber* lautet Bast, Rinde.
[99] Roberts, „Codex", 176.
[100] Aber auch Martial, einer der deutlichsten frühen Belege für die Existenz des Kodex, verwendet den Begriff *codex* nicht und ist trotzdem eindeutig.
[101] Roberts, „Codex", 176. Umgekehrt übernahmen die Römer als Lehnwort aus dem Griechischen *charta* (χάρτης) als Bezeichnung für den fertig bearbeiteten Beschreibstoff Papyrus (Kleberg, *Buchhandel*, 70). Auch τεῦχος kann die Bedeutung von Buch erhalten, muß aber nicht die Kodexform bezeichnen, vgl. F.W. Hall, *Companion*

Wie bereits erwähnt, kann die Rolle als Ballen hergestellt und verkauft werden. Das Zurechtschneiden kann mit geringem Aufwand von den Schreibern selbst bewerkstelligt werden.[102] Beim Kodex hingegen wurden erst die einzelnen Blätter beschrieben, dann gefaltet, in Lagen geheftet und in Buchdeckel eingebunden. Dieser Vorgang fordert einen beträchtlichen Aufwand an Zeit und Material und setzt handwerkliche Fertigkeiten voraus, die bei den Schreibern von Rollen nicht vorhanden sein mußten. Ein Teil der *Produktionskosten* trat beim Kodex also erst auf, nachdem die eigentliche Schreibarbeit erledigt war.[103] Dieser Aspekt ist meines Erachtens bei dem Vergleich zwischen Rolle und Kodex bisher zu wenig berücksichtigt worden.

Bei der Herstellung eines Heftes wurden leere Blätter zurechtgeschnitten und in einer Lage zusammengeheftet, das äußerste Blatt diente als Umschlag. Diese Form eignete sich gut, um Texte nach und nach zu erfassen, also zum Beispiel für Tagebücher. Man mußte immer nur ein handliches Exemplar dabei haben, und, wenn es voll war, wurde ein neues Bändchen

---

to Classical Texts (Oxford: Clarendon Press, 1913; Nachdruck: Hildesheim: Georg Olms, 1968) 15. Von daher ist die Bezeichnung πεντάτευχος zu verstehen.

[102] Die Frage nach der Ausbildung der ersten christlichen Schreiber gibt Anlaß zu Spekulationen, Roberts, „Codex", 198: „*Some of the ... earliest [codices] are written in hands which in varying degrees are blends of the literary and documentary styles such as might be written by men who, while not trained calligraphers, were practised writers aware that they were not just copying a document or a private letter. In this category I should place the Rylands St.John, the Unknown Gospel in the British Museum, the Baden Deuteronomy, and the Chester Beatty Pauline Epistles.*" K. und B. Aland, Text des NT, 80, gehen für den $\mathfrak{P}^{66}$ von berufsmäßigen Schreibern aus, die die Kodizes wegen der Verfolgungsgefahr vielleicht in „Heimarbeit" hergestellt haben. Die Herstellung verlangte wahrscheinlich mehr Professionalität (vgl. Dinkler - v. Schubert, „CTAYPOC") als Hengel, „Evangelienüberschriften", 42, vermutet: die Schreiber der christlichen Handschriften waren „*... keine berufsmäßigen Kalligraphen, sondern zumeist einfache Dokumentenschreiber, die in ihrer freien Zeit für den Eigenbedarf der Gemeinden arbeiteten*".

[103] Martial, Epigramme, 1,66: „*Du irrst, habgieriger Dieb meiner Schriften, indem Du glaubst, ein Dichter werden zu können um den Preis, den die Abschrift kostet und ein geringer Einband. Des Publikums Beifall bekommt man nicht für sechs oder zehn Sesterzen.*" Martial, der sich hier gegen einen Plagiator wehrt, nennt zwei unabhängige Posten bei der Buchpreiskalkulation: die Kosten für die Raubkopie und den Einband.

Das literarische Konzept 115

begonnen. Waren solche Hefte aus Leder gefertigt, konnte die Tinte bei
Bedarf auch wieder abgewaschen und das Heft nochmals verwendet werden. Es eignete sich daher gut für den Schreibunterricht.[104] Umgekehrt
taugt es nicht für Schriftstücke, die in einem Zuge abgeschlossen werden,
deren Länge aber vor dem Schreiben nicht feststeht, wie z.b. Briefe, die in
aller Eile fertiggestellt werden müssen, weil ein Bote auf die Antwort
wartet.[105]
Die Briefe Caesars an den Senat waren sicherlich keine Gelegenheits-
schreiben, sondern stilisiert und sorgsam redigiert. Darauf weist die gebundene Heftform. Denn möchte man leere Seiten am Ende vermeiden,
muß die Länge des Textes feststehen, bevor die Bögen beschrieben werden.[106] Ähnliches ist wohl auch für die erwähnten Briefe Augustins an
Hieronymus anzunehmen. Augustin entschuldigt sich, weil die geheftete
Form seines Briefes verrät, daß es sich bei seiner brieflichen Antwort weniger um einen Brief an Hieronymus als um eine Publikation handelt,
oder um es auf heutiges Empfinden zu übertragen: Augustin antwortet
auf einen Brief des Hieronymus mit einer gedruckten Broschüre.[107]

---

[104] Marcus Fabius Quintilianus (ca. 30 bis 96) wirkte als Redner und Schriftsteller
seit 69 in Rom, *Institutio Oratoria* 10,3,31 setzt er gebundene Doppelblätter als Schul-
heft voraus. Roberts, „Codex", 175, nennt ferner P.Lit.Lond. 4 und 182, aus dem dritten und vierten Jahrhundert. Aus eigener Anschauung kenne ich den Wiener Papyrus
P.Vindob G 29274 (Aland, *Repertorium*, 332: Var 8; Rahlfs: 2090), ein Heft mit
Schreibübungen. Es wurde zunächst nur die rechte Seite beschrieben. Nachdem die
Mitte des Heftes erreicht war, wurde es umgedreht, sodaß die letzte Seite nun zur ersten
Seite wurde. Und wieder wurde nur auf der rechten Seite geschrieben. Auf diese Weise,
mußten die Schüler nur die leichter zu beschreibende Rektoseite des Papyrus benutzen,
das Verso blieb leer.
[105] Vgl. Hieronymus, *ep* 112: Als sich bei Hieronymus ein Bruder meldete, der in
drei Tagen nach Afrika aufbrechen wollte, mußte er in aller Eile diesen umfangreichen
Brief an seinen Korrespondenzpartner Augustin fertigstellen; Kloeters, *Buch*, 139.
[106] Der Papyruskodex $\mathfrak{P}^{46}$ aus der Chester-Beatty Sammlung, der Ende des 2.Jh.s in
Ägypten hergestellt wurde, dokumentiert typische Probleme: die Anzahl der Blätter
des einlagigen Kodex war vor dem Schreiben falsch berechnet worden. Ab der Mitte des
Buches begann er, die Zeilen mit immer kleineren Buchstaben und die Seiten mit immer mehr Zeilen zu füllen. Vgl. Trobisch, *Entstehung*, 26-28.
[107] Daß Augustin mit seinen Briefen publizistische Ziele verfolgte, zeigt der Brief
ep 40, den er zwischen 397-399 von Hippo aus an Hieronymus sandte und in dem er

Die Kodexform begünstigte die gewerbliche Herstellung von Büchern in *Auflagen*.[108] Während es vorstellbar ist, daß ein geübter Schreiber auch ein Einzelexemplar einer Rolle in guter Qualität herstellen kann, ist die Aufgabe bei der Fertigstellung eines Kodex sehr viel anspruchsvoller: der Umfang will vor dem Beschreiben exakt berechnet sein, damit die Lagen kalkuliert werden können. Ist diese Berechnung aber erfolgt und an einem Probeexemplar getestet worden, muß dieser Vorgang nicht bei jedem weiteren Exemplar wiederholt werden. Wenn die Texte durch Diktat vervielfältigt wurden, konnten im gleichen Diktiervorgang so viele Exemplare hergestellt werden, wie Schreiber anwesend waren, die das Diktat aufnahmen.[109] Auch ist anzunehmen, daß die Bindung durch Kostensenkung beim Einkauf des Einbandmaterials und durch bessere Ausnutzung der auf das Binden spezialisierten Arbeitskräfte rationeller organisiert werden konnte, wenn sie an mehreren Exemplaren auf einmal erfolgte.

In diesem Sinne sind meiner Ansicht nach die Bemerkungen bei Martial, *Epigramme* 1,2, zu verstehen:[110] Die Tatsache, daß es sich bei den in Kodexform angepriesenen Werken nicht um Erstausgaben, sondern um wiederaufgelegte Standardliteratur handelt, wirft ein Licht auf die Ziel-

---

nochmals die Streitpunkte der beiden Gelehrten formulierte. Augustin fordert Hieronymus in diesem Brief nachdrücklich dazu auf, bestimmte Äußerungen zurückzunehmen. Dieser Brief hat Bethlehem nie erreicht, wurde aber sicher mit Billigung Augustins in Abschriften in Rom und anderorts verbreitet und gelangte als Kopie später auch zu Hieronymus. Vgl. R. Hennings, *Der Briefwechsel zwischen Augustinus und Hieronymus und ihr Streit um den Kanon des Alten Testaments und die Auslegung von Gal. 2,11-14*, Supplements to Vigiliae Christianae, 21 (Leiden u.a.: Brill, 1994) 35-36; J. Scheele, „Buch und Bibliothek bei Augustinus", *Bibliothek und Wissenschaft*, 12 (1978) 18.

[108] Martial verweist einen aufdringlichen Verehrer seiner literarischen Kunst auf den Buchhandel: „*Vom ersten oder zweiten Fache wird er Dir für fünf Denare den Martial geben, mit Bimsstein geglättet und mit Purpur geschmückt*" (Epigramme 1,118). Da der Buchhändler mehrere Exemplare vorrätig hat, ist eine Produktion in Stückzahlen anzunehmen, vgl. H. Göll, „Der Buchhandel in Griechenland und Rom", *Kulturbilder aus Hellas und Rom*, 3. Bd, 2.Auflage (Leipzig: Hartknoch, 1869) 114. Der Käufer konnte eine gewisse Lagerhaltung erwarten.

[109] Eine ausführliche Diskussion des Diktates bei der antiken Buchherstellung bei T.C. Skeat, „The Use of Dictation in Ancient Book-Production", *Proceedings of the British Academy*, 42 (1956) 179-208.

[110] Siehe S. 108.

gruppe. Es könnte an Käufer gedacht sein, die dasselbe Buch ein zweites Mal kaufen, z.B. als Reiselektüre, und für die die bessere Transportierbarkeit, aber auch der geringere Wert wichtig waren. Oder es ist an Leser gedacht, die die Bücher zwar kannten — wahrscheinlich aus dem Schulunterricht —, aber nicht besaßen und durch den günstigen Preis angelockt werden sollten. Die Nennung der Bezugsquelle, Secundus, ergibt einen Sinn, wenn die angepriesenen Titel dort auf Lager gehalten wurden. Standardwerke waren also wahrscheinlich in Auflagen hergestellt worden und bei den genannten Geschäftsleuten, die wohl Produzenten, Verleger und Buchhändler in einem waren, zu Festpreisen erhältlich.

Es ist viel darüber debatiert worden, ob Kodizes billiger angeboten werden konnten als Rollen.[111] Bei einer rationellen Herstellung in Auflagen spricht meines Erachtens nichts mehr dagegen, daß der *Kostenvorteil* gegenüber der Rolle, der durch beidseitige Verwendung des Schreibmaterials bei der Produktion entstand, an die Kunden weitergegeben werden konnte.

Speziell wenn *Sammlungen* für die Veröffentlichung vorbereitet wurden, bot der Kodex unschätzbare Vorteile. Ich habe bereits darauf hingewiesen, daß es eine natürliche Obergrenze für die Länge einer Rolle gab, damit sie handlich blieb. Genauso gab es eine Länge, die nicht unterschritten werden sollte, damit die Rolle noch zusammengerollt werden konnte. Unter den Schriften des Neuen Testamentes wären Philemon-, Judas- und 3.Johannesbrief[112] wohl zu kurz für eine eigene Bücherrolle. Eine Veröffentlichung des Neuen Testamentes in 27 Schriftrollen wäre äußerst unpraktisch gewesen. Nimmt man aber viele kurze Schriften in eine Rolle auf, so ergibt sich ein neues Problem: es ist mühsam eine ein-

---

[111] Valk, „Edition of Books", 1-2: *„In the opening poem, he recommends the edition in membrana, which is the popular and less costly one. In I 117 he has in view the de luxe edition which, apparently, was sold in a different book-shop."* Vielleicht begründet sich der Preisunterschied auch damit, daß die eine Ausgabe als Kodex, die andere als Rolle erfolgte. Skeat, „Length", 169-175, errechnet eine Ersparnis von 26% bei der Herstellung eines Kodex (ebd. 175), er berücksichtigt aber nur die Kosten für Schreiber und Material, nicht die Bindung.

[112] Vgl. Hengel, *Joh. Frage*, 100-101 (= *Joh. Question*, 26).

zelne Schrift nachzuschlagen. Es scheint von Anfang an technisch möglich gewesen zu sein, in einem Kodex mehr Text unterzubringen als in einer Rolle.[113] Der Kodex war schon früh vom Nimbus der *Fälschungssicherheit* umgeben. Er bot mehrere Kontrollmechanismen, die Vollständigkeit signalisierten und Manipulationen erkennen ließen.[114] Das sind zum einen die Numerierungen, die wegen der komplizierten Berechnungen bei der Herstellung auf den Lagen oder den einzelnen Seiten angebracht wurden. Wenn das Buch mehr als eine Schrift enthielt, konnte außerdem ein Inhaltsverzeichnis beigelegt werden, das oft vorne eingebunden wurde und Stichenangaben bot.[115]

---

[113] Martial, *Apophoreta* 184-192, gibt an, daß Homer, die Metamorphosen von Ovid, Virgil und Ciceros Werk jeweils in einem einzigen Kodex Platz hätten. Dazu: Valk, „Editions of Books", 2, Anm. 4; Roberts, „Codex", 179; Kleberg, Buchhandel, 76; Hall, *Companion to Classical Texts*, 16-17. — Roberts, „Codex", 202, schätzt die Kapazität eines Kodex auf das Sechsfache einer Rolle. Gregor der Große (*ep* 5,53a) behauptet, ein auf 35 Rollen geschriebenes Werk in sechs Kodizes untergebracht zu haben. Vgl. die 1947 in Nag Hammadi gefundenen 13 Kodizes, die insgesamt 794 Seiten umfassen; J. Doresse, T. Mina, „Nouveaux textes gnostiques coptes découverts en Haute-Egypte: La bibliotheque de Chenoboskion", *VigChr* 3 (1949) 129-141; Roberts, „Codex", 193-194.

[114] Die griechische Entsprechung σωμάτιον drückt nur die Funktion des Kodex aus, ein abgeschlossenes Korpus zu enthalten. In dieser Bedeutung wird der Begriff auch für juristische Sammlungen verwendet. Es schwingt dabei die Abgeschlossenheit mit, die auch dem Wort 'Kanon' im christlichen Sprachgebrauch anhaftet.

[115] Die Stichenangaben unterscheiden sich von Handschrift zu Handschrift oft stark und wurden deshalb wahrscheinlich erst nach der Anfertigung der Abschrift ermittelt; vgl.: Kuhnert,E., „Geschichte des Buchhandels vom Altertum bis zur Gegenwart: Die Entwicklung in Umrissen", Fritz Milkau (Hg), *Handbuch der Bibliothekswissenschaft*, 1.Bd: Schrift und Buch (Leipzig: Harrassowitz, 1931) 724-725; Zucker, „Rezension: K. Ohly", 383-388. Eine ähnliche Funktion übernahm bei den Masoreten die Notierung der Verse (*pesukim:* פסוקים) am Buchende oder am Ende der Sammlungseinheit (Dtr 955, Torah 5888 *pesukim*; Swete, *Introduction*, 342). Eine weitere Einteilung, die älter als der Talmud ist, sind die offenen Paraschot, die den Beginn einer neuen Zeile markieren, und die geschlossenen, die einen Abschnitt innerhalb der Zeile markieren. Erstere werden in der Biblia Hebraica Stuttgartensia als פ, letzere als ס wiedergegeben. — Als Augustin an seinen Verleger Firmus sein Manuskript von *De Civitate* zur Veröffentlichung übersendet, fügt er ein Inhaltsverzeichnis bei und schlägt die Aufteilung in zwei oder

Das literarische Konzept 119

Es ist sicher kein Zufall, daß viele der alten Kanonsverzeichnisse Stichenangaben enthalten. Die Stichen, die ein Maß für die Textlänge darstellen und offensichtlich Buchhändlern, Schreibern und Käufern gleichermaßen als Berechnungsgrundlage zur Preisermittlung dienten, sollten auch vor bewußten Auslassungen der Schreiber schützen. So teilt der Verfasser des Kanon Mommsen (wohl vor 359 entstanden) den Benutzern dieses Kataloges mit: „*Ich habe die Silben sämtlicher Bücher gezählt, die Zahl durch 16 nach dem virgilianischen Stichenmaß dividiert und das Ergebnis für alle Bücher notiert*", und als Grund für diese Mühe gibt er an, „*weil man in der Stadt Rom ein Stichenverzeichnis nicht einheitlich sondern aus Geldgier [avaritiae causa] einmal so und dann wieder so führt.*" Die Überschrift kombiniert ausdrücklich Stichenverzeichnis *(indiculum versuum)* und Kanonsverzeichnis: „*incipit indiculum veteris testamenti qui sunt libri cannonici sic...* " und fährt unmittelbar im Anschluß an die Liste der biblischen Schriften mit der Aufzählung der Schriften Cyprians von Karthago fort. Buchhandel, Verbraucherschutz und Kirche gehen in diesem Dokument eine Allianz ein.[116]

War ein Kodex erst einmal gebunden, so war es sehr viel schwerer, eine Schrift hinzuzufügen oder zu entfernen, als bei einer Sammlung von einzelnen Rollen. Und nicht zuletzt wird der Nimbus der Fälschungssicherheit dadurch dokumentiert, daß Fälscher die Kodexform mit Täuschungsabsicht einsetzten. So berichtet Rufin, daß die Pneumatomachen Novatians Traktat *De Trinitate* unter die gerne gelesenen Briefe des heiligen Cyprian gemischt hätten und diese Kodizes dann unter Preis und in großer Auflage in Konstantinopel zum Verkauf anboten, offensichtlich in der Hoffnung, dadurch die Verbreitung von Novatians Schriften zu fördern.[117]

---

fünf Kodizes vor; vgl. C. Lambot, „Lettre inédite de S. Augustin relative au 'De Civitate Dei'", *Revue Bénédictine*, 51 (1939) 109-121.

[116] Text bei Zahn, *Kanon II*, 143-145; weitere Beispiele von Kanonsverzeichnissen mit Stichenangaben: Catalogus Claromontanus (ebd. 158-159) und das dem Patriarchen Nicephorus zugeschriebene Verzeichnis (ebd. 297-301). Vgl. auch Swete, *Introduction*, 345.

[117] Migne, PG 17,628 C, 692 A. — Einem gewissen Fidentinus war es gelungen, eine Seite eigener Poesie in ein Buch Martials einzuschmuggeln, Martial beschwert sich bissig darüber; Martial, *Epigramme* 1,53: Wortspiel *index-iudex*; Schubart, *Buch*, 104.

Warum aber hat sich der Kodex für literarische Texte so zögerlich durchgesetzt? Er war leichter zu transportieren, konnte bequemer aufgeschlagen und wieder aufgeräumt werden, war in der Herstellung wahrscheinlich billiger und konnte mehr Text halten als die Rolle. Eine Antwort liegt wohl darin, daß sich Bücher in der Antike — genauso wie heute — nicht über niedrige Preise verkaufen.[118] Wenn man genau benennen könnte, was ein Buch zum Erfolg macht, würde jeder Verlag weniger Titel in höheren Auflagen drucken. Es ist ein rätselhaftes Zusammenspiel aus zeitgemäßem Inhalt, bekannten Autoren und eingeführten literarischen Formen. Im Vergleich dazu ist der genaue Preis für die Kaufentscheidung von geringer Bedeutung. Für die Käufer spielen ästhetische, qualitative, authentische Aspekte eine viel größere Rolle. Dazu kommt noch die gesellschaftliche Anerkennung, der sich der Gebildete in der Antike sicher sein konnte.[119] Denn Bücher waren ein *Statussymbol*, mit dem er nach außen und innen seine Zugehörigkeit zur Gemeinschaft der Belesenen dokumentierte. Dem Kodex aber haftete der Beigeschmack des Selbstgemachten, Vorläufigen, Billigen an. Das gebundene Buch begegnete im Alltag als Notizbuch, Tagebuch, Schulheft oder als in Auflagen produzierte, billige Massenausgabe von Standardliteratur.

Auch in der weiteren Geschichte des Buches läßt sich die träge Akzeptanz neuer, preisgünstiger Buchformen mehrfach beobachten. So stieß der

---

[118] Schubart vermutet, daß die gespannten Beziehungen zwischen Rom und Ägypten, die immer wieder zu Lieferengpässen für Papyrus führten, auf das Ägypten ein internationales Produktionsmonopol besaß, in Rom die Verwendung von Leder als Beschreibstoff förderten: „*Dagegen scheint es mir ziemlich sicher, daß vornehmlich die bedrängte Lage des römischen Buchhandels den Kodex emporgehoben und befördert hat*" (Schubart, *Buch*, 164). Bei Leder, dessen Gewinnung und Verarbeitung zu Bögen ungleich aufwendiger ist als Papyrus, fällt die Materialersparnis, die der Kodex bot, daher auch mehr ins Gewicht. Und während die Größe eines Lederbogens gut für den Kodex geeignet war, war die Verarbeitung zu Rollen technisch komplizierter, da nicht über die Nahtstellen hinweg geschrieben werden konnte. Die Kunst bestand darin, etwa gleichgroße Spalten auf unterschiedlich breiten Lederblättern unterzubringen, was an den in Qumran gefundenen Lederrollen noch anschaulich studiert werden kann. Für diese Rollen wurden die Lederblätter vor der Beschriftung auf gleiche Höhe und auf ein Vielfaches der jeweiligen Spaltenbreite zugeschnitten, womit wohl auch ein beträchtlicher Ausschuß verbunden war.

[119] R.J. Starr, „The Used-Book Trade in the Roman World", *Phoenix*, 44 (1990) 156.

Das literarische Konzept 121

Buchdruck, der die viel teureren Handschriften ablöste, nicht überall sofort auf Akzeptanz.[120] Der stetige Siegeszug des Taschenbuchs im 20. Jahrhundert hat sich nicht über Nacht vollzogen, trotz des günstigeren Preises. Über die Trivialliteratur und den Kriminalroman fand das Taschenbuch seinen heute unbestrittenen Platz in der anspruchsvollen Literatur der Sachbücher, Lexika oder Belletristik. Es hat eine Weile gedauert, bis das Taschenbuch 'gesellschaftsfähig' wurde.

Vorteile für die Kanonische Ausgabe
Warum sich die Kodexform als Medium für die Kanonische Ausgabe so gut eignete, möchte ich in folgenden Punkten zusammenfassen.

Zunächst konnte der Kodex mehr Text enthalten als die Rolle. Dadurch war es von Anfang an möglich, die Sammlungseinheiten des Neuen Testamentes (Evangelien,[121] Praxapostolos, Paulusbriefsammlung, Offenbarung des Johannes) auch zusammenzubinden.

Die Herstellung von Kodizes legte aus Kostengründen eine Vervielfältigung in Auflagen nahe. Dadurch wurde eine zentrale Verwaltung des Archetyps und eine Standardisierung der Ausgaben begünstigt und der zentrale Vertrieb von Revisionen erleichtert. Dies kam dem autoritativen Anspruch der Kanonischen Ausgabe sicherlich entgegen.

Die Kodexform vermittelte durch ihre äußeren Merkmale außerdem das Gefühl der Abgeschlossenheit und eine gewisse Garantie dafür, daß auch kurze Schriften kontrolliert weitergegeben werden konnten. Die im Buchhandel eingesetzten Stichenverzeichnisse beschreiben Umfang und Aufbau eines Sammelwerkes sehr präzise.

---

[120] So schreibt der italienische Buchhändler Vespasiano da Bisticci (1421-1498) über die Bibliothek, die sich Federigo da Montefeltro mit ungeheurem Aufwand angelegt hatte: „*In dieser Bibliothek sind alle Bücher ausnehmend schön, alle mit der Feder geschrieben, alle mit feinsten Miniaturen geschmückt, und es sind keine gedruckten darunter, denn der Herzog hätte sich deren geschämt...*", H. Widmann, „Herstellung und Vertrieb des Buches in der griechisch-römischen Welt", *Archiv für die Geschichte des Buchwesens*, 8 (1967) 602.
[121] Skeat, der seine früher vertretene Skepsis (Roberts u. Skeat, *Birth*, 62-66) zurücknimmt und nach erneuter Analyse behauptet („Irenaeus", 199): „... *I would now go so far as to suggest that the Four-gospel Canon and the Four-Gospel codex are inextricably linked, and that each presupposes the other.*"

Auch die gruppendefinierende Funktion des Kodex war im Sinne der Herausgeber. Denn in Unterscheidung zu den Christen hielten die Juden für ihre heiligen Schriften an der Rolle fest.[122] Ähnlich der eigenwilligen Verzeichnung der *nomina sacra* wirkte die Kodexform als Erkennungszeichen der Kanonischen Ausgabe.[123]

Zusammenfassung

Zwei inhaltliche Ziele der Herausgeber der Kanonischen Ausgabe sind deutlich geworden:
Erstens: Die jüdische Bibel ist als Heilige Schrift der Christen unverzichtbar. Die Titel „Altes Testament" und „Neues Testament" verbinden beide Sammelwerke zu einer literarischen Einheit.

Zweitens: Neben die Schriften des Apostels Paulus werden gleichwertig die Schriften der Jerusalemer Apostel gestellt. Den Paulusbriefen entsprechen die Schriften der drei Säulen der Urgemeinde, Jakobus, Johannes und Petrus. Diese Sammlung wird vervollständigt durch die Schriften des Jüngers Jesu, Matthäus, und des Bruders Jesu, Judas, und der Apostelschüler Markus und Lukas.

Die inhaltliche Abgrenzung gegen Ausgaben, die mit der Kanonischen Ausgabe konkurrierten, wurde wahrscheinlich durch äußerliche Merkma-

---

[122] Es ist natürlich nicht zwingend argumentiert, wenn aus der Wirkung der Ausgabe auf die Absicht der Herausgeber geschlossen wird. Doch wird die Bedeutung der Polemik sicherlich häufig unterschätzt. Darauf verweist auch B. J. Diebner, „Zur Funktion der kanonischen Textsammlung im Judentum der vor-christlichen Zeit: Gedanken zu einer Kanon-Hermeneutik", *DBAT* 22 (1985-1986) 58-73. Er macht darauf aufmerksam, daß Paulus Gal 6,16 das griechische Wort κανών in Zusammenhang mit Ἰσραήλ τοῦ θεοῦ verwendet. Diebner begreift die Entstehung des dreiteiligen antik-jüdischen Bibel-Kanons als Resultat einer Auseinandersetzung um die Definition des „wahren Israels" und verweist auf parallele Vorstellungen im Schrifttum Qumrans (63). Der Begriff des Kanons wird hier soziologisch gefüllt, die Ausbildung einer Schriftensammlung nur als eine Strategie neben anderen zur Selbstdarstellung der Gruppenidentität gewertet. In diesem Zusammenhang erscheint es ihm auch wichtig, „*die 'polemische Note' bei der Sammlung religiösen Schrifttums zu normativen Zwecken stärker zu berücksichtigen*" (62).
[123] Roberts u. Skeat, *Birth*, 57.

Das literarische Konzept

le, nämlich die Verzeichnung der *nomina sacra* und die Kodexform, unterstützt.

Die sorgfältige Ergänzung der Verfasserangaben in den Titeln und die Signale, die die Herausgeber in der Benutzeroberfläche gesetzt haben, damit jeder dieser Namen aus dem Text der Kanonischen Ausgabe heraus identifiziert und seine Beziehung zu Paulus oder Jerusalem bestimmt werden kann, machen deutlich, daß der Anspruch auf Echtheit der Schriften für das redaktionelle Konzept der Ausgabe wesentlich ist. Aus Sicht der Herausgeber steht und fällt die Ausgabe mit der Korrektheit der Verfasserangaben.

Damit bringt die Endredaktion das Selbstverständnis einer bestimmten christlichen Bewegung zum Ausdruck. In der Darstellung der kirchlichen Schriftsteller des ausgehenden zweiten Jahrhunderts, allen voran Irenaeus und Tertullian, wird die Gegenposition mit dem Kleinasiaten Markion identifiziert.[124] Die von Markion bestimmten Gemeinden lehnten die Lektüre der jüdischen Bibel als heilige Schrift der Christen ab, und sie verstanden Paulus als den einzigen Apostel und Bewahrer des Evangeliums, während sie die Autorität der Jerusalemer Apostel nicht anerkannten. In der Bibel Markions leitete der Galaterbrief, der diesen Konflikt unversöhnlich zum Ausdruck bringt, die Paulusbriefsammlung ein. Aufgrund des polemischen Charakters der Quellen läßt sich nicht mehr mit Sicherheit feststellen, wieweit Markion diese Überzeugungen tatsächlich vertreten hat, ob er sie erst geschaffen oder ob er nur einer verbreiteten Überzeugung zum Ausdruck verhalf.[125] Nicht bezweifelt werden kann jedoch, daß diese Position wirkungsvoll vertreten wurde.

Handelt es sich beim Neuen Testament um eine literarische Einheit, so stellt sich die Frage nach den Herausgebern der Kanonischen Ausgabe. Denn wenn man die bisherigen Überlegungen der Untersuchung ernst nimmt und davon ausgeht, daß das Neue Testament eine einheitliche Endredaktion aufweist, so ergibt sich daraus zwingend, daß diese Ausgabe

---

[124] B. Aland, „Marcion", 89-101; Hoffmann, *Marcion*. Ausgezeichnete Textanalysen, die die Pseudepigraphen der Kanonischen Ausgabe mit Markion in Verbindung bringen, bei M. Rist, „Pseudepigraphic Refutations of Marcionism", *Journal of Religion*, 22 (1942) 39-62.
[125] Letzeres vertritt Schmid, *Marcion*.

auch einen konkreten Erscheinungsort gehabt hat und von einem konkreten Herausgeberkreis verantwortet wurde. In dieser Untersuchung möchte ich nicht näher darauf eingehen, ich bin aber zuversichtlich, daß man eines Tages Erscheinungsort, -zeit und Herausgeberkreis im Rahmen der Kirchengeschichte des zweiten Jahrhunderts weiter eingrenzen wird.

DAS EDITORIAL DER KANONISCHEN AUSGABE

Einleitung

Herausgeber von Sammelwerken haben eigentlich keinen Grund, sich zu verstecken. Sie können sich in Vorworten, Nachworten oder in kommentierenden Bemerkungen offen äußern. Ein Editorial, wie ich solche Textpassagen in Anlehnung an den modernen Sprachgebrauch nennen möchte,[1] ist als solches gekennzeichnet. Es stellt sich den Lesern als die letzte Ergänzung dar und markiert damit den Abschluß der Sammel- und Redaktionstätigkeit der Herausgeber.

Auch das Neue Testament enthält, wie wir bereits gesehen haben, in Joh 21 ein solches Editorial zum Johannesevangelium.[2] Im folgenden möchte ich zeigen, daß die Bezüge von Joh 21 über das Johannesevangelium hinauszielen, und daß sich dieses Kapitel den Lesern als letzte Textpassage ausgibt, die die Herausgeber dem Neuen Testament hinzugefügt haben. Ich möchte damit die These aufstellen, daß Joh 21 ein Editorial nicht nur zum Johannesevangelium, sondern zum Vier-Evangelien-Buch darstellt und, da die Evangeliensammlung das Herzstück der Kanonischen Ausgabe bildet, auch als Editorial zum gesamten Neuen Testament verstanden werden kann.

Relative Datierung
Zunächst zur relativen Datierung der einzelnen Schriften. Das Neue Testament ist unter anderem wesentlich an dem Konflikt zwischen Petrus und Paulus interessiert. Von beiden Männern enthält die Ausgabe ein literarisches Testament, den 2.Timotheusbrief und den 2.Petrusbrief. Diese Briefe stellen also die letzten Schriften der beiden Apostel dar. Die Apostelgeschichte endet in Rom zu einem Zeitpunkt, an dem Paulus noch am Leben ist: „*Er blieb zwei volle Jahre in seiner Mietwohnung und empfing alle, die zu ihm kamen. Er verkündete das Reich Gottes und trug*

---

[1] Duden: *Das große Wörterbuch der deutschen Sprache*, 608: „*1. Vorwort des Herausgebers in einer [Fach]zeitschrift. 2. Leitartikel des Herausgebers od. des Chefredakteurs einer Zeitung. 3. a) Redaktionsverzeichnis, -impressum; b) Verlagsimpressum.*"

[2] Siehe S.81ff. Offb 1,1-3 ist ebenfalls ein Editorial; das Proömium des Lukasevangeliums, Lk 1,1-4 ist kein Editorial, da sich der Autor und nicht der Herausgeber zu Wort meldet.

ungehindert und mit allem Freimut die Lehre über Jesus Christus, den Herrn vor" (Apg 28,30-31).³ Damit entspricht sie genau der Briefsituation des 2. Timotheusbriefes, den Paulus aus Rom schreibt (2Tim 2,16-17), wo er in Haft sitzt und auf sein Verfahren wartet (*"bei meiner ersten Verteidigung ist niemand für mich eingetreten"* 2Tim 4,16) und diese Lage zur Verkündigung nutzt (*"aber der Herr stand mir zur Seite und gab mir Kraft, damit durch mich die Verkündigung vollendet wird und alle Heiden sie hören; und so wurde ich dem Rachen des Löwen entrissen"* 2Tim 4,17). Die Leser der Apostelgeschichte, dürfen mit Recht annehmen, daß Lukas vom Tod des Petrus, des Zebedaiden Johannes, des Herrenbruders Jakobus oder des Paulus so berichtet hätte, wie er es vom Tod des Stephanus (Apg 7,54-60) oder der Hinrichtung des Zebedaiden Jakobus (Apg 12,2) getan hat, wenn er nur davon erfahren hätte. Damit ergibt sich aus Leserperspektive, daß Lukas die Apostelgeschichte vor dem Tod des Petrus und Paulus abgeschlossen hat, etwa gleichzeitig mit dem 2. Timotheusbrief.⁴ Da der Tod des Petrus⁵ und des Johannes⁶ in Joh 21 vorausgesetzt ist, wurde Joh 21 nach der Apostelgeschichte formuliert.

---

³ Unübersehbar wurden die Leser an zwei Stellen durch Aussagen des Paulus auf das kommende Martyrium vorbereitet: in der Abschiedsrede in Milet (Apg 20,24-25) und in Judäa unmittelbar vor der letzten Reise nach Jerusalem (Apg 21,13).

⁴ Mit Blick auf das Ganze des Neuen Testamentes bietet der Schluß der Apostelgeschichte, so wie er vorliegt, den Lesern also eine wesentliche Information zur relativen zeitlichen Einordnung der Schriften. Wird umgekehrt die Apostelgeschichte isoliert betrachtet, muß der Schluß als sehr unbefriedigend empfunden werden, was gelegentlich sogar zu Texteingriffen geführt hat: Äthiopische Ausgaben aus dem 17. und 18. Jahrhundert bieten innerhalb der Verszählung, also mit der Suggestion der Kanonizität, die Information, daß Paulus seinen Prozeß vor Nero zunächst gewann und zwei Jahre blieb, nach einer nicht näher ausgeführten Reise (vgl. Röm 15,24; Phil 2,24; Phlm 22) nach Rom zurückkehrte, Mitglieder der Kaiserfamilie taufte (vgl. Phil 4,22) und daraufhin von Nero enthauptet wurde. Text bei S. Uhlig, „Ein pseudepigraphischer Actaschluß in der äthiopischen Version", *Oriens Christianus*, 73 (1989) 127-136; 130.

⁵ Joh 21,19: *"Das sagte Jesus, um anzudeuten, durch welchen Tod er [Petrus] Gott verherrlichen würde."*

⁶ Joh 21,23: *"Doch Jesus hatte zu Petrus nicht gesagt: Er [Johannes] stirbt nicht, sondern: Wenn ich will, daß er bis zu meinem Kommen bleibt, was geht das dich an?"*

Ordnungsprinzip der Evangelien
Von der Apostelgeschichte her lassen sich aus Leserperspektive auch die synoptischen Evangelien zeitlich zueinander in Beziehung setzen. Da sich die Apostelgeschichte als zweiter Band eines Werkes ausgibt, muß das Lukasevangelium älter sein. Das Proömium des Lukasevangeliums erwähnt literarische Vorgänger („*schon viele haben es unternommen, einen Bericht über all das abzufassen, was sich unter uns ereignet und erfüllt hat*" Lk 1,1). Es wurde bereits darauf hingewiesen, daß diese Notiz leicht auf das unmittelbar vorhergehende Markusevangelium bezogen werden kann und nach dem Konzept der Endredaktion auch bezogen werden sollte.[7] Daraus ergibt sich dann für die Leser auch der Schlüssel für das Verständnis der Reihenfolge der vier kanonischen Evangelien: Da das Johannesevangelium zeitlich nach dem Lukasevangelium herausgegeben wurde, das Lukasevangelium aber nach dem Markusevangelium geschrieben wurde, ist deutlich, daß die letzten drei Evangelien nach dem Zeitpunkt ihrer Entstehung angeordnet sind. Dieses Ordnungsprinzip gilt wohl für die ganze Sammlungseinheit der Evangelien, folglich muß das Matthäusevangelium, mit dem die Sammlung eingeleitet wird, das älteste Evangelium sein.[8] Dies wird auch dadurch plausibel, daß Matthäus einer der zwölf Jünger Jesu und nicht wie Markus und Lukas nur Apostelschüler ist. Auch weist sich das Evangelium vom ersten bis zum letzten Satz als literarisches Produkt des Evangelisten aus und wurde nicht wie das Johannesevangelium von anderen herausgegeben. Beide Beobachtungen lassen das erste Evangelium aus Leserperspektive älter erscheinen als die drei folgenden.

Die Synoptiker sind also vor dem Tod des Paulus geschrieben worden. Da Joh 21 aber zurückblickt auf den Tod des Petrus und des Zebedaiden Johannes, ist die kanonische Gestalt des Johannesevangeliums jünger als die Petrusbriefe, die Johannesbriefe und die Offenbarung des Johannes.

Weitere Vorgangsweise
Im folgenden Abschnitt möchte ich kurz auf die Apostelgeschichte, den 2.Timotheusbrief und den 2.Petrusbrief eingehen und auf auffällige Über-

---

[7] Siehe S.77.
[8] Auch Irenaeus, *AdvHaer* 3,1,1, liest die Evangelien als wären sie chronologisch angeordnet.

einstimmungen mit dem literarischen Konzept der Endredaktion hinweisen. Dabei werde ich bewußt offen lassen, ob diese Schriften traditionell vorgegeben waren und unverändert übernommen wurden, oder ob sie von den Herausgebern der Kanonischen Ausgabe intensiv überarbeitet, vielleicht sogar erst geschaffen wurden. Beide Möglichkeiten sind denkbar und für beides fehlt es nicht an antiken Parallelen.[9] Die Antwort auf die Frage, ob die Herausgeber tendenziöse Veränderungen an den Vorlagen vorgenommen haben, wirkt sich glücklicherweise nicht auf eine Auslegung aus, die den Text konsequent aus der Leserperspektive zu betrachten sucht. Sowohl unter der Voraussetzung der konservativen Bewahrung der Vorlage als auch unter der Annahme einer Täuschungsabsicht der Herausgeber signalisiert die Ausgabe den Lesern die Echtheit und Integrität der einzelnen Schriften.

Am Ende komme ich wieder auf Joh 21 zurück.

Apostelgeschichte

Die Endredaktion der Kanonischen Ausgabe ist daran interessiert, den im Galaterbrief erwähnten Konflikt zwischen den Jerusalemer Autoritäten und Paulus zu entschärfen. Von allen Schriften des Neuen Testamentes fördert die Apostelgeschichte dieses harmonisierende Verständnis am deutlichsten.

Paulus und Petrus
Dies wird an auffälligen Parallelen in den Berichten von den beiden Aposteln und ihren Begleitern deutlich.

---

[9] Ohne Zweifel wird man sich bei dem Versuch, die historischen Herausgeber zu identifizieren, intensiv mit Fragen nach Echtheit, Pseudonymität und Täuschungsabsicht auseinandersetzen müssen. Methodisch richtungsweisend sollte hierbei ein literaturgeschichtlicher Vergleich mit anderen antiken Sammelwerken sein. Falls von der Unechtheit des 2.Petrusbriefes und des 2.Timotheusbriefes ausgegangen wird, werden die auffälligen inhaltlichen Übereinstimmungen dieser Schriften mit dem redaktionellen Konzept der Kanonischen Ausgabe wertvolle Wegweiser bilden. Im Zusammenhang dieser Untersuchung verzichte ich bewußt darauf, diesen Fragen nachzugehen.

Zunächst sind die Heilungswunder des Petrus zu nennen, die die Leser sofort an die in den kanonischen Evangelien erzählten Wunder Jesu erinnern. Liest man die Wunder des Petrus, so ergeben sich folgende Parallelen zu Paulus: Petrus heilt zusammen mit Johannes im Jerusalemer Tempel einen Mann, der von Geburt auf gelähmt war (Apg 3,1-10), Paulus heilt in Lystra in der Provinz Galatien einen Mann, der von Geburt auf gelähmt war (Apg 14,8-10). Allein durch seinen Schatten heilt Petrus in Jerusalem Kranke (Apg 5,15), Paulus vermag dasselbe in Ephesus allein durch seine Schweiß- und Taschentücher (Apg 19,12). Petrus treibt in Jerusalem unreine Geister aus (Apg 5,16), Paulus befiehlt dem Wahrsagegeist einer Magd in Ephesus erfolgreich, die Frau zu verlassen (Apg 16,18). Auch der Bericht, daß die Kranken aus den umliegenden Städten zu Petrus nach Jerusalem gebracht und alle geheilt werden (Apg 5,16), findet eine Parallele bei Paulus, zu dem nach seinem Schiffbruch und während seines Zwangsaufenthaltes auf Malta alle Kranken der Insel gebracht und geheilt werden (Apg 28,9). Tote wieder zum Leben zu erwecken, vermögen beide: Petrus erweckt die Jüngerin Tabita in Joppe (Apg 9,36-41), Paulus den jungen Eutychus in Troas, der während einer Predigt des Paulus im offenen Fenster sitzend eingeschlafen und aus dem dritten Stock hinuntergestürzt war (Apg 20,9-12). So wie Petrus in Lydda den lahmen und seit acht Jahren bettlägerigen Äneas heilt (Apg 9,33-34), so heilt Paulus auf Malta den Vater des Publius, der an der Ruhr erkrankt mit Fieber im Bett lag (Apg 28,8).

Die Macht des Petrus und Johannes übertrifft in Samarien die Macht des Magiers Simon (Apg 8,18-25); Paulus, der zusammen mit Barnabas in Paphos auf der Insel Zypern dem Prokonsul Sergius Paulus das Wort Gottes verkündet, beschimpft vor den Augen des Prokonsuls den Zauberer Elymas und läßt diesen erblinden (Apg 13,6-12), und in Ephesus bewirkt Paulus eine öffentliche Verbrennung von Zauberbüchern (Apg 19,17-20). Fällt Kornelius vor Petrus ehrfürchtig nieder (Apg 10,25), so werden Paulus und Barnabas in Lystra (Apg 14,11-18, vgl. 28,6) wie Götter verehrt, und beide Male lehnen sie die Verehrung mit dem gleichen Einwand ab: „auch ich bin nur ein Mensch" (Apg 10,26), bzw. „auch wir sind nur Menschen" (Apg 14,15). Petrus kann zusammen mit Johannes in Samarien durch Handauflegung den Heiligen Geist austeilen (Apg 8,14-

17; vgl. 10,44), Paulus legt seine Hände auf die zwölf Anhänger Johannes des Täufers und der Heilige Geist kommt auf sie herab (Apg 19,1-7). Durch eine Vision wird Petrus in Joppe zum Heidenmissionar (Apg 10; vgl. 11,5-10), und durch eine Christusvision wird Paulus vor Damaskus zum Christusverkünder (Apg 9,1-22; vgl. 22,6-11; 26,12-18).

Aber nicht nur in Bezug auf die wunderbaren Kräfte entsprechen sich Paulus und die Jerusalemer Apostel, auch in Leiden und Verfolgung teilen sie das gleiche Schicksal. Die Apostel werden in Jerusalem vor dem Hohen Rat ausgepeitscht (Apg 5,40); Paulus und seinen Begleitern werden in Philippi auf behördliche Anweisung die Kleider vom Leib gerissen, und sie werden öffentlich mit Ruten geschlagen (Apg 16,22-23). Stephanus, der von Petrus und den Aposteln eingesegnet worden war, wird in Jerusalem gesteinigt (Apg 7,54-60); Paulus wird im galatischen Lystra gesteinigt und sein Körper vor die Stadt geschleift, weil man meinte, er sei tot (Apg 14,19-20). Als die Apostel in Jerusalem ins Gefängnis geworfen wurden, öffnet nachts ein Engel des Herrn die Gefängnistore (Apg 5,17-20), dasselbe Geschehen wiederholt sich, als Petrus nach der Hinrichtung des Zebedaiden Jakobus von Herodes unter verschärfter Bewachung — mit zwei Ketten zwischen zwei Soldaten gefesselt — gefangen gehalten wurde; Paulus und Silas, deren Füße in den Block geschlossen worden waren, werden in Philippi durch die Folgen eines wunderbaren Erdbebens aus der Haft befreit (Apg 16,24-34).

Gliederung
Unter Berücksichtigung der Figur des Petrus und des Paulus läßt sich die Apostelgeschichte in zwei große Teile gliedern. Apg 1-12 beschreibt das Wachsen und Wirken der Jerusalemer Gemeinde unter Petrus und den anderen Autoritäten, Apg 13-28 berichtet von der Tätigkeit des Paulus. Beide Teile sind ineinander verschränkt: Paulus tritt im ersten Teil in Erscheinung als Zeuge der Steinigung des Stephanus (Apg 7,58), als Verfolger der christlichen Gemeinden (Apg 8,1-3), in der Erzählung von seiner Christusvision vor Damaskus (Apg 9,1-30) und in der Notiz, daß es Barnabas war, der Paulus nach Antiochien holte (Apg 11,25-26). Im zweiten Teil der Apostelgeschichte spielen die Jerusalemer Apostel außer während des Apostelkonzils (Apg 15) noch beim letzten Jerusalemaufenthalt des Paulus (Apg 21) eine wichtige Rolle.

Apostelkonzil
Die Auswahl der acht Autoren des Neuen Testamentes verweist auf den Konflikt zwischen Paulus und Petrus, konkret auf den Galaterbrief.[10] Unter dem Gesichtspunkt der Harmonisierung bildet die Schilderung vom Apostelkonzil den Mittelpunkt der Apostelgeschichte (Apg 15,1-29), aus Sicht der Endredaktion der Kanonischen Ausgabe bildet das Apostelkonzil vielleicht sogar den Mittelpunkt des Neuen Testamentes. Keine andere Textstelle dokumentiert die völlige Übereinstimmung der neutestamentlichen Autoren, das sind der Kreis um Paulus und der Kreis um Petrus, so wirkungsvoll wie der Bericht von dem Treffen und der Verabschiedung einer gemeinsamen Resolution.

Paulus und Jakobus
Nicht nur mit Petrus, auch mit dem Herrenbruder Jakobus ist Paulus auf dem Apostelkonzil völlig einig. Nach dem Bericht der Apostelgeschichte wurde Paulus, als er die Kollekte in Jerusalem ablieferte, von einer aufgebrachten Volksmenge aus dem Tempel gezerrt, auf offener Straße mißhandelt, von den Behörden verhaftet und als Gefangener nach Rom gebracht (Apg 21,27-40; 27-28). Doch bevor dies alles geschieht, trifft Paulus mit dem Herrenbruder Jakobus zusammen, der ihm persönlich eine Warnung ausspricht vor den *„vielen Tausenden von Juden, die gläubig geworden und Eiferer für das Gesetz sind"* (Apg 21, 20).[11] Beide Apostel entwerfen zusammen einen Plan, wie sie die einfältigen christlichen Juden mit einer List täuschen könnten, ohne das Aposteldekret für die christlichen Nichtjuden außer Kraft zu setzen (Apg 21,18-26). Paulus nimmt ein Nasiräatsgelübde auf sich und hofft dadurch, den Eindruck zu erwecken, daß auch er das Gesetz streng beachtet. Auch wenn der Plan gründlich mißlingt, so haben die Leser doch erfahren, daß Jakobus auf der Seite des Paulus stand und nicht auf der Seite seiner judenchristlichen Widersacher,

---

[10] Daß das Apostelamt des Paulus bei der Jerusalemer Konferenz Gal 2,7-9 Verhandlungssache war, vertritt überzeugend B.H. McLean, „Galatians 2.7-9 and the Recognition of Paul's Apostolic Status at the Jerusalem Conference: A Critique of G. Luedemann's solution", *NTS* 37 (1991) 67-76.

[11] Apg 21, 20: ... πόσαι μυριάδες εἰσὶν ἐν τοῖς Ἰουδαίοις τῶν πεπιστευκότων καὶ πάντες ζηλωταὶ τοῦ νόμου ὑπάρχουσιν.

ein Eindruck, den man aus der Lektüre des Galaterbriefes leicht gewinnen könnte.[12]

Paulus und Barnabas

Die Leser der Kanonischen Ausgabe müssen schmerzhaft feststellen, daß Petrus im Galaterbrief von Paulus vernichtend zurechtgewiesen wird: *„Wenn du als Jude nach Art der Heiden und nicht nach Art der Juden lebst, wie kannst du dann die Heiden zwingen, wie Juden zu leben?"* (Gal 2,14). Es ist dies nicht das einzige Mal, daß die Leser von einem Fehler des Petrus unterrichtet werden. In den Evangelien ist er es, der von Jesus scharf zurechtgewiesen wird, weil er die Leidensankündigung Jesu nicht versteht (Mk 8,33: *„Geh mir aus den Augen, Satan!"*), oder weil er dem Diener des Hohenpriesters das Ohr abschlägt (Joh 18,10-11). Und Petrus ist es auch, der Jesus dreimal verleugnet (Mt 26,69-75; Mk 14,66-72; Lk 22,54-62; Joh 18,17.25-27).[13] Für die Leser der Kanonischen Ausgabe verläßt Petrus im Galaterbrief nur einmal mehr mit einem Makel behaftet die Szene. Wie zum Ausgleich für die unrühmliche Rolle des Petrus im Galaterbrief werden den Lesern der Apostelgeschichte unmittelbar im Anschluß an das Apostelkonzil zwei Episoden erzählt, die ein schlechtes Licht auf den Heidenapostel Paulus werfen: der Streit mit Barnabas und die Beschneidung des Timotheus.[14]

Paulus behauptet im Galaterbrief, Barnabas sei durch das schlechte Beispiel des Petrus und der anderen Juden in Antiochien verführt worden (Gal 2,13). Auch die Apostelgeschichte weiß von einem Streit zwischen Paulus und Barnabas zu berichten, doch erklärt sie den Lesern, daß dieser Streit nur ganz am Rande mit Petrus zu tun hat. Anlaß ist der Mitarbeiter Markus, der sowohl mit Petrus als auch mit Barnabas und Paulus in Verbindung steht. Paulus wollte Markus auf die geplante Missionsreise nicht mitnehmen *„weil er sie in Pamphylien im Stich gelassen hatte, nicht mit*

---

[12] Gal 2,12: Leute aus dem Kreis um Jakobus lösten den antiochenischen Vorfall aus.

[13] M. Karrer, „Petrus im paulinischen Gemeindekreis", *ZNW* 80 (1989) 210-231; zum kritischen Petrusbild des Johannesevangeliums: A.J. Droge, „The Status of Peter in the Fourth Gospel: A Note on John 18:10-11", *JBL* 109 (1990) 307-311.

[14] Zur altkirchlichen Diskussion um die Auslegung von Gal. 2,11-14, die regelmäßig eine Verbindung zur Beschneidung des Timotheus zieht und die durchaus auch harsche Kritik am Verhalten der beiden Apostel äußert: Hennings, *Briefwechsel*, 218-264.

ihnen gezogen war und an ihrer Arbeit nicht mehr teilgenommen hatte" (Apg 15,38). *„Es kam zu einer heftigen Auseinandersetzung, so daß sie sich voneinander trennten"* (Apg 15,39). Der eigentliche Konflikt mit Barnabas bestand also nach Darstellung der Apostelgeschichte nicht zwischen Petrus und Paulus. Wie bereits gezeigt wurde, finden die Leser deutliche Signale in der Kanonischen Ausgabe dafür, daß dieser Streit später friedlich beigelegt wurde.[15]

Paulus und Timotheus
Anschließend wird ein Fehlverhalten des Paulus berichtet, das in völligem Widerspruch zu seinen eigenen Überzeugungen und den Beschlüssen des Apostelkonzils steht: *„Paulus wollte ihn [Timotheus] als Begleiter mitnehmen und ließ ihn mit Rücksicht auf die Juden, die in jenen Gegenden wohnten, beschneiden; denn alle wußten, daß sein Vater ein Grieche war"* (Apg 16,3). Paulus handelt hier in krassem Widerspruch zu seinen Behauptungen im Galaterbrief, wo er sich mit starken Wertungen gegen den Vorwurf verwahrt, er trete für die Beschneidung ein.[16] Nicht nur in ihren Stärken, auch in ihrem gelegentlichen Fehlverhalten entsprechen sich die beiden Apostel Petrus und Paulus.[17]

Querverweise
Keine andere Schrift verbindet die Sammlungseinheiten des Neuen Testamentes so deutlich wie die Apostelgeschichte. Sie gibt sich als Fortsetzung zum Lukasevangelium der Evangeliensammlung aus. Gleichzeitig bildet sie die Einleitung zu den Katholischen Briefen und stellt in ihrem ersten Teil die Autoren dieser Schreiben — Jakobus, Petrus, Johannes — vor. In ihrem zweiten Teil bietet sie biographische Angaben zu Paulus,

---

[15] Siehe S.75.
[16] Z.B.: *„Man behauptet sogar, daß ich selbst noch die Beschneidung verkündige. Warum, meine Brüder, werde ich dann verfolgt? Damit wäre ja das Ärgernis des Kreuzes beseitigt"* (Gal 5,11).
[17] Die Kommentatoren der Jubiläumsbibel finden dafür folgende Worte: *„Es würde ein Zeichen von Heuchelei und Selbstverblendung sein, wenn man sich an den Fehlern solcher Männer stieße. Die Heilige Schrift unterscheidet sich eben dadurch von menschlichen Lebensbeschreibungen, daß sie auch die Fehler der Heiligen ganz aufrichtig berichtet, während diese Beschreibungen von ihren Helden fast lauter schöne Sachen melden, obschon es um den ganzen Menschen oft recht mißlich aussieht." Jubiläumsbibel* zu Apg 15,35-41, S.179.

die den Lesern der Paulusbriefsammlung wertvolle Informationen zur Einordnung der einzelnen Briefe liefern. Ohne die Apostelgeschichte wüßten die Leser nicht, daß Paulus aus Tarsus kam (Apg 9,11; 22,3) und von Geburt an das römische Bürgerrecht besaß (Apg 22,28).[18] Auch wenn Paulus mehrfach in seinen Briefen voll Stolz darauf verweist, daß er selbst für seinen Unterhalt sorgen kann (2Kor 11,9; 1Thess 2,9; 2Thess 3,8), erfahren die Leser nur aus der Apostelgeschichte, welchen Beruf er ausübte, daß er nämlich Zeltmacher war (Apg 18,3). Die Kollektenreise für Jerusalem, die den Hintergrund zum Römerbrief (Röm 15,25-28) und zur Korrespondenz mit Korinth (1Kor 16,1-4; 2Kor 8-9) bildet, erzählt die Apostelgeschichte weiter und berichtet, wie diese Reise mit der Verhaftung des Paulus in einer Katastrophe endete (Apg 21-28). Auch die Gemeinden, an die die kanonischen Paulusbriefe gerichtet sind, werden knapp vorgestellt: die Apostelgeschichte berichtet über die Wirksamkeit des Paulus in Philippi (Apg 16,11-40; 20,6), Thessalonich (Apg 17,1-15) und Ephesus (Apg 18,19-21; 18,24-19,40; vgl. 20,16-38), und auch Galatien wird mehrfach kurz erwähnt (Apg 16,6; 18,23). Die einzige Gemeinde, an die ein Paulusbrief gerichtet ist und die in der Apostelgeschichte nicht genannt wird, ist die Gemeinde in Kolossä, die Paulus nach seinen eigenen Worten persönlich auch nie besucht hat (Kol 2,1).

2. Timotheusbrief

Betrachten wir nun den 2.Timotheusbrief. Die Leser kennen Timotheus aus der Apostelgeschichte (Apg 16,1-3; 17,14-15; 18,5; 19,22; 20,4). Wie gezeigt wurde, deckt sich die Situation des Paulus, die am Ende der Apostelgeschichte beschrieben ist, mit der Briefsituation des 2.Timotheusbriefes. Paulus ist alleine mit Lukas und erwartet sein Gerichtsverfahren (2Tim 4,11. 16). Im Angesicht des Todes („*denn ich werde nunmehr geopfert, und die Zeit meines Aufbruchs ist nahe*" 2Tim 4,6) schreibt er an seinen Mitarbeiter.

Das Ende der Apostelgeschichte vermittelt den Lesern der Kanonischen Ausgabe, daß Lukas sein Werk abgeschlossen hat, bevor Paulus gestorben

---

[18] Stegemann, „War der Apostel Paulus ein römischer Bürger?", 200-229.

war. Es ist deshalb auch offensichtlich, daß Lukas die kanonische Paulusbriefsammlung nicht gekannt hat. Wie sollte Lukas die Briefe verwenden, wenn sie noch gar nicht gesammelt und veröffentlicht vorlagen, weil Paulus seinen letzten Brief gerade erst abgesandt oder vielleicht noch gar nicht geschrieben hatte? Die Leser der Kanonischen Ausgabe lesen Apostelgeschichte und Paulusbriefe als parallele Quellen, die dieselben Ereignisse beschreiben, sie lesen sie nicht als Schriften, die voneinander abhängig sind. Es ist dasselbe Leseverhalten, das sie an der kanonischen Evangelienausgabe gelernt und eingeübt haben.[19]

Lektüreempfehlung
Interessant ist, daß Paulus und Petrus in ihren beiden letzten Schreiben auffällig übereinstimmen, was ihre Lektüreempfehlungen betrifft. Die Mitarbeiter Lukas und Markus werden den Lesern des 2. Timotheusbriefes in bestem Licht präsentiert: *„Nur Lukas ist noch bei mir. Bring Markus mit, denn er wird mir ein guter Helfer sein"* (2Tim 4,11). Damit würdigt Paulus die beiden neutestamtentlichen Autoren und wirbt aus Sicht der Leser sowohl für die Glaubwürdigkeit dieser beiden Evangelien als auch für den Praxapostolos, der von der Apostelgeschichte des Lukas eingeleitet wird. Ganz deutlich ist außerdem die Empfehlung des Alten Testamentes, für dessen Lektüre er sich mit folgenden Worten einsetzt: *„Du kennst von Kindheit an die heiligen Schriften (ἱερὰ γράμματα), die Dir Weisheit verleihen können, damit Du durch den Glauben an Christus Jesus gerettet wirst"* (2Tim 3,15). Die damit verbundene Inspirationsaussage ist so formuliert, daß sie für die Leser nicht nur auf die heiligen jüdischen Schriften, sondern auch auf die Schriften des Neuen Testamentes anwendbar ist: *„Jede von Gott eingegebene Schrift (πᾶσα γραφὴ θεόπνευστος) ist auch nützlich zur Belehrung, zur Widerlegung, zur Besserung, zur Erziehung in der Gerechtigkeit; so wird der Mann und die Frau Gottes zu jedem guten Werk bereit und gerüstet sein"* (2Tim 3,16-17).

---

[19] Die Querverbindungen zwischen Pastoralbriefen und Apostelgeschichte sind zusammengestellt bei: J.D. Quinn, „The Last Volume of Luke: The Relation of Luke-Acts to the Pastoral Epistles", Charles H. Talbert (ed.), *Perspectives on Luke-Acts* (Danville, VA: Association of Baptist Professors of Religion, 1978) 62-75.

Querverweise
Es sei nochmals an das erinnert, was bei der Behandlung der Titel schon gezeigt wurde: Die Verfasserschaft des Markus- und des Lukasevangeliums, die im Interesse der Endredaktion auch dazu dient, eine Brücke zwischen Petrus und Paulus zu schlagen, ist für diese Konstruktion auf Aussagen des 2.Timotheusbriefes angewiesen.[20] Ebenso bildet der 2.Timotheusbrief das entscheidende Indiz für die Datierung des Abschlusses der Apostelgeschichte und damit für die Datierung der vier Evangelien und die Bestimmung des Ordnungsprinzipes der Evangeliensammlung.[21]

2.Petrusbrief

Was der 2.Timotheusbrief für Leser der Paulusbriefsammlung darstellt, das bedeutet innerhalb der Katholischen Briefe der 2.Petrusbrief: er ist das literarische Testament des Petrus. In seinem zweiten Brief richtet sich der Apostel an *„diejenigen, die den gleichen Glauben (ἰσότιμον πίστιν) erlangt haben wie wir"* (2Petr 1,1), eine geographische Adresse oder Namen konkreter Personen werden nicht genannt. Für die Leser der Kanonischen Ausgabe ist es also leicht, sich mit den Adressaten zu identifizieren. Wer Petrus ist, wissen die Leser aus den Erzählungen der Evangelien und der Apostelgeschichte; in diesem Rahmen versuchen sie die Erwähnungen im 1.Korinther- und Galaterbrief zu verstehen; diesem Petrus haben sie auch den unmittelbar vorausgehenden 1.Petrusbrief zugeordnet.

Johannesevangelium
Nach dem Präskript und dem Proömium, in dem bereits die *„kostbaren und überaus bedeutenden Verheißungen"* (2Petr 1,4) angesprochen sind, die später für den Schriftbeweis aus dem Alten Testament in Anspruch genommen werden, kommt Petrus auf seine persönliche Situation zu sprechen. Er rechnet mit seinem baldigen Tod, *„denn ich weiß, daß mein Zelt bald abgebrochen wird, wie mir auch Jesus Christus, unser Herr, offenbart hat"* (2Petr 1,14). Die Leser kennen die Verheißung, die Petrus hier erwähnt, aus Joh 21,18b: *„... ein anderer wird dich gürten und dich führen,*

---

[20] Siehe oben S.75ff.
[21] Siehe oben S.125.

wohin du nicht willst", und sie haben gelesen, wie die Herausgeber des Johannesevangeliums diese Verheißung verstanden wissen wollten: „*Das sagte Jesus, um anzudeuten, durch welchen Tod er (Petrus) Gott verherrlichen würde*" (Joh 21,19a).[22]

Markusevangelium
Angesichts seines nahen Endes, erwähnt Petrus im folgenden Satz, daß er seine Botschaft für die Nachwelt erhalten möchte: „*Ich werde aber dafür sorgen, daß Ihr Euch auch nach meinem Tod jederzeit daran erinnern könnt*" (2Petr 1,15). Die Leser dürfen vermuten, daß damit ein schriftlicher Nachlaß gemeint ist. Die Formulierung, „*daß Ihr Euch daran erinnern könnt (ἔχειν ὑμᾶς τὴν τούτων μνήμην)*" wiederholt sich später ausdrücklich in Bezug auf schriftliche Äußerungen des Apostels: „*In beiden Briefen will ich ... Euch erinnern, daß Ihr Euch erinnert an... (ἐν αἷς διεγείρω ... ἐν ὑπομνήσει ... μνησθῆναι..)*" (2Petr 3,1b-2a).[23] Und da die Kanonische Ausgabe ein besonderes Interesse an Schriften des Apostels Petrus zum Ausdruck bringt, dürfen die Leser annehmen, daß die hier angekündigte Schrift in der Kanonischen Ausgabe enthalten ist, offensichtlich aber nicht unter dem Namen des Petrus. Nach diesen Vorüberlegungen bereitet es keine Schwierigkeit mehr, den literarischen Nachlaß des Petrus im Markusevangelium wiederzufinden: Markus ist der einzige

---

[22] H. Paulsen, *Der Zweite Petrusbrief und der Judasbrief*, KEK 12,2 (Göttingen: Vandenhoeck, 1992) 115. Die Querverbindung besteht nicht zu einem Jesuswort, sondern zur redaktionellen Auslegung eines Jesuswortes, zur Aktualisierung. Der ganze Brief steht unter dem Zeichen von „erinnern und verstehen"; Ch.H. Talbert, „II Peter and the Delay of the Parousia", *VigChr* 20 (1966) 138: „*The recurrence of these catchwords 'remind'* [2Petr 1,12.13.15; 3,1-2] *and 'understand'* [2Petr 1,20; 3,3] *divides the document into two parts, 1:3-2:22 and 3:1-18*". Daß dieses Motiv für Pseudepigraphie typisch ist, weist J. Zmijewski nach, „Apostolische Paradosis und Pseudepigraphie im Neuen Testament. 'Durch Erinnerung wachhalten' (2Petr 1,13; 3,1)", *BZ* 23 (1979) 161-171; ähnlich stellt sich das Grundkonzept von D.G. Meade dar, *Pseudonymity and Canon: An Investigation into the Relationship of Authorship and Authority in Jewish and Earliest Christian Tradition*, WUNT, 39 (Tübingen: Mohr, 1986), der „Vergegenwärtigung" als die zentrale Funktion von Pseudepigraphie begreift.
[23] Vgl. 2Petr 1,13: δίκαιον δὲ ἡγοῦμαι, ἐφ' ὅσον εἰμὶ ἐν τούτῳ τῷ σκηνώματι, διεγείρειν ὑμᾶς ἐν ὑπομνήσει. Hier bezeichnet das Wachhalten der Erinnerung das, was Petrus im 2.Petrusbrief schreibt.

Apostelschüler unter den Autoren des Neuen Testamentes, der in den Texten direkt mit Petrus in Verbindung gebracht wird.[24] Zwei Beobachtungen bestätigen den Lesern diese Schlußfolgerung: Die Formulierung „*ich werde dafür sorgen (σπουδάσω)*" unterstützt die Vorstellung, daß Petrus seine Erinnerungen nicht selbst geschrieben, sondern in Auftrag gegeben hat.[25] Und über den Inhalt dieses Vermächtnisses sagt Petrus im nächsten Satz, daß er und andere „*nicht irgendwelchen klug ausgedachten Geschichten (σεσοφισμένοις μύθοις) gefolgt sind*", sondern „*Augenzeugen (ἐπόπται γενηθέντες) der Macht Jesu Christi*" waren (2Petr 1,16). Dies umschreibt den Anspruch der kanonischen Evangelien treffend, nämlich das Wirken Jesu auf Grund von Augenzeugenberichten zu überliefern.[26]

---

[24] Apg 12,12; 1Petr 5,13. Zur Identifizierung des Evangelisten Markus siehe oben S.75ff.

[25] Ein weiteres Signal, das im 2.Jahrhundert Leser auf das Markusevangelium hingewiesen haben mag, liegt in der erwähnten, wiederholten Bezeichnung petrinischer Schriften als Erinnerung (ὑπομιμνῄσκειν 2Petr 1,12; ἐν ὑπομνήσει 1,13; μνήμην ποιεῖσθαι 1,15; ἐν ὑπομνήσει ... μνησθῆναι 3,1-2). Justin, *DialTryph* 106,9-10, führt ein Zitat aus dem Markusevangelium mit der Formulierung ein: „*γεγράφθαι ἐν τοῖς ἀπομνημονεύμασιν αὐτοῦ (= Πέτρου)*". Ebenso die Papiasnotiz bei Euseb, *h.e.* 3,39,14f: „*Markus schrieb als Dolmetscher des Petrus sorgfältig alles auf, was er (= Petrus) im Gedächtnis behalten hatte (ὅσα ἐμνημόνευσεν)* ... *Daher trifft den Markus keine Schuld, wenn er einiges niederschrieb, wie er (= Petrus) es im Gedächtnis hatte (ὡς ἀπεμνημόνευσεν).*" Dazu B. Orchard; H. Riley, *The Order of the Synoptics: Why Three Synoptic Gospels?* (Macon, Georgia: Mercer University Press, 1987) 188-194.

[26] Die Deutung auf das Markusevangelium findet sich schon bei Irenaeus, *AdvHaer* 3,1,1 und Euseb, *h.e.* 2,15,2; 3,39,15. Es ist heute wohl die überwiegend vertretene Auffassung, die 2Petr 1,12-15 angekündigte Schrift des Verfassers auf den 2.Petrusbrief zu beziehen; vgl. Paulsen, *2Petr*, 115; A. Vögtle, „Die Schriftwerdung der apostolischen Paradosis nach 2Petr 1,12-15", *Offenbarungsgeschehen und Wirkungsgeschichte* (Freiburg, Basel, Wien: Herder, 1985) 297-304. Doch werden die damit verbundenen Probleme empfunden, vgl. J.N.D. Kelly, *A Commentary on the Epistles of Peter and of Jude*, Black's New Testament Commentaries (London: Black, 1969; reprint 1977) 312; 315. Eine der größten Schwierigkeiten besteht darin, daß die Schrift im Futur angekündigt wird (σπουδάσω) und nicht im Präsens oder Aorist des Briefstiles, wie das sonst auch im Neuen Testament für Bezüge auf den gerade verfaßten Brief belegt ist (Röm 15,15; Phlm 21; 1Petr 5,12; Hb 13,22; Röm 16,22; bei Ignatius: *IgnRöm* 8,3; 10,3; *IgnMagn* 14; *IgnTral* 12,3) und auch für den 2.Petrusbrief gilt (2Petr 3,1: δευτέραν ὑμῖν γράφω

Das Editorial der Kanonischen Ausgabe 139

Zur Gewißheit wird die Vermutung, daß Petrus hier auf ein kanonisches Evangelium verweist, für die Leser dadurch, daß er auf den Bericht von der Verklärung auf dem Berge anspielt, der Mt 17,1-9; Mk 9,2-10 und Lk 9,28-36 überliefert wird.[27]

2Petr 1,17-18
Er hat von Gott, dem Vater, Ehre und Herrlichkeit empfangen; denn er hörte die Stimme der erhabenen Herrlichkeit, die zu ihm sprach:
„Das ist mein geliebter Sohn, an dem ich Gefallen gefunden habe."[28]
Diese Stimme, die vom Himmel kam, haben wir gehört, als wir mit ihm auf dem heiligen Berg waren.

λαβὼν γὰρ παρὰ θεοῦ πατρὸς τιμὴν καὶ δόξαν φωνῆς ἐνεχθείσης αὐτῷ τοιᾶσδε ὑπὸ τῆς μεγαλοπρεποῦς δόξης,
Ὁ υἱός μου ὁ ἀγαπητός μου οὗτός ἐστιν, εἰς ὃν ἐγὼ εὐδόκησα,
καὶ ταύτην τὴν φωνὴν ἡμεῖς ἠκούσαμεν ἐξ οὐρανοῦ ἐνεχθεῖσαν σὺν αὐτῷ ὄντες ἐν τῷ ἁγίῳ ὄρει.

Der Bericht über die Verklärung leitet über zu einem weiteren, bemerkenswerten Querverweis zum ersten Teil der Kanonischen Ausgabe, dem Alten Testament.

Altes Testament
Petrus fährt fort: „*Dadurch ist das Wort der Propheten für uns noch sicherer geworden, und Ihr tut gut daran, es zu beachten*" (2Petr 1,19), worauf geradezu klassische Formulierungen einer Inspirationslehre folgen: „*Bedenkt dabei vor allem dies: Jede Prophetie der Schrift entsteht nicht durch eigene*

ἐπιστολήν). C. Spicq, *Les Epîtres de Saint Pierre*, Sources Bibliques (Paris, 1966) 218, und Ch. Bigg, *A Critical Exegetical Commentary on the Epistles of St. Peter and St. Jude*, ICC (Edinburgh: Clark, 1956; Nachdruck der 2.Auflage 1902) 264-265, lehnen den Bezug auf den 2.Petrusbrief ausdrücklich ab.
[27] Zur Verklärung siehe: J.H. Neyrey, „The Apologetic Use of the Transfiguration in 2Peter 1:16-21", *CBQ* 42 (1980) 504-519; zur Situation des 2.Petrusbriefes allgemein, die nicht mit der Briefsituation des Judasbriefes gleichgesetzt werden soll, ders., *The Form and Background of the Polemic in 2 Peter* (New Haven: Diss. Yale, 1977).
[28] Zum Vergleich, Mk 9,7b: Οὗτός ἐστιν ὁ υἱός μου ὁ ἀγαπητός... Mt 17,5: Οὗτός ἐστιν ὁ υἱός μου ὁ ἀγαπητός, ἐν ᾧ εὐδόκησα... Lk 9,35: Οὗτός ἐστιν ὁ υἱός μου ὁ ἐκλελεγμένος... Daß Petrus kein wörtliches Zitat liefert, sondern den Markus- und Matthäustext harmonisiert, in der Wortfolge abweicht und mit ἐν ᾧ eine andere Verknüpfung aufweist, dürfte keine unüberwindbare Schwierigkeit beim Lesen bieten. Es entspricht dem Konzept der Kanonischen Ausgabe, die nicht eine harmonisierte Evangelienschrift enthält, sondern vier verschiedene Formulierungen derselben Tradition nebeneinander stehen läßt.

Auslegung (πᾶσα προφητεία γραφῆς ἰδίας ἐπιλύσεως οὐ γίνεται), denn kein einziges Mal wurde eine Prophetie durch den Willen eines Menschen erhalten, sondern vom Heiligen Geist bewegt haben Menschen im Auftrag Gottes gesprochen (ὑπὸ πνεύματος ἁγίου φερόμενοι ἐλάλησαν ἀπὸ θεοῦ ἄνθρωποι)" (2Petr 1,20-21).

Der Ausdruck πᾶσα προφητεία γραφῆς (2Petr 1,20) ist durch den Kontext näher definiert. Der folgende Vers bestimmt den Ausdruck 'Prophetie' durch die Formulierung in der Vergangenheit (2Petr 1,21) und die Erwähnung des Volkes im Zusammenhang mit der falschen Prophetie jener Zeit (2Petr 2,1) als literarischen Verweis auf die alttestamentliche Prophetie. Die Stichwortverbindung προφητικὸς λόγος (1,19) - προφητεία γραφῆς (1,20) - προφητεία ποτέ (1,21) - ψευδοπροφῆται εν τῷ λαῷ (2,1) läßt kaum eine andere Füllung des Begriffes zu.[29]

Diese Ausführungen zur Schriftprophetie stehen an einer Stelle, die für die Komposition des 2.Petrusbriefes wesentlich ist. Sie bilden die Überleitung zu Warnungen vor falschen Lehrern, die den Inhalt des zweiten Kapitels ausmachen. Ausdrücklich sind diese künftigen ψευδοδιδάσκαλοι als Parallele zu den vergangenen ψευδοπροφῆται der Schrift bezeichnet: *"Es gab aber auch falsche Propheten im Volk; so wird es auch bei euch falsche Lehrer geben"* (2Petr 2,1). Damit findet indirekt auch eine Gleichsetzung von echten Propheten des Alten Testamentes und guten Lehrern der Gegenwart statt. Die Verbindung von Propheten und Aposteln wird später deutlicher hergestellt: *"Denkt an die Worte, die von den heiligen Propheten im voraus verkündet worden sind, und an das Gebot des Herrn und Retters, das eure Apostel euch überliefert haben"* (2Petr 3,2). In diesem Licht gesehen, ist die Werbung für die Lektüre des Alten Testamentes, hier durch die Schriftpropheten symbolisiert, und die beschworene Inspiration der Propheten gleichzeitig Werbung für die Jesusüberlieferung der Apostel.

Das zweite Kapitel greift also zunächst das Stichwort „Prophetie" (2Petr 2,1) auf und führt den Lesern exemplarisch die Relevanz alttesta-

---

[29] Zum Ausdruck προφητεία γραφῆς: Spicq, *Les Epîtres de Saint Pierre*, 226, und Kelly, *Commentary*, 325. Insbesondere ist nicht an prophetische Worte Jesu oder der Apostel zu denken, vgl. A. Vögtle, „'Keine Prophetie ist Sache eigenwilliger Auslegung' (2Petr 1,20f)", *Offenbarungsgeschehen und Wirkungsgeschichte* (Freiburg, Basel, Wien: Herder, 1985) 309-310.

mentlicher Schriftstellen vor. Die Texte, die den Fall der Engel (Gen 6,1-4), die Rettung Noahs (Gen 6,5-10,32), die Bestrafung Sodoms und Gomorras und die Rettung Lots (Gen 19,1-29) beschreiben, werden als zuverlässige Berichte vom Handeln Gottes in der Geschichte eingeführt und argumentativ auf die Situation der Leser des 2.Petrusbriefes angewandt.[30] Aussagen der Vergangenheit werden zur Vorhersage der Zukunft benutzt. So wie sich Gott damals verhalten hat, wird er auch in Zukunft handeln.

Judasbrief
Auffällig sind ferner die engen Parallelen in Aufbau, Inhalt und Vokabular zum Judasbrief, die Luther veranlaßten in seiner Vorrede zur Ausgabe des Neuen Testaments von 1522 zu schreiben: „*Die Epistel aber Sanct Judas, kan niemant leugnen, das eyn austzog oder abschrifft ist aus Sanct. Peters ander Epistel, so der selben alle wort fast gleych sind.*"[31] Literarkritische Abhängigkeitsverhältnisse interessieren innerhalb einer leserorientierten Auslegung nicht, wenn sie nicht vom Text thematisiert werden, und können deshalb in unserem Zusammenhang unberücksichtigt bleiben. Die Übereinstimmungen aber sind im Rahmen der Kanonischen Ausgabe von Bedeutung. Gemeinsamkeiten sind vor allem in 2Petr 2,1-18 und Jud 4-16 zu finden, deren Text im folgenden synoptisch abgedruckt wird.[32]

---

[30] Die apokryphen Schriftverweise des Judasbriefes auf den Streit zwischen dem Erzengel Michael und dem Teufel über den Leichnam des Mose (Jud 9) und das Zitat aus der Henochliteratur (Jud 14-15) fehlt im 2.Petrusbrief: „*plainly he [2 Peter] has stricter views on the OT and is reluctant to employ apocryphal books*" (Kelly, Commentary, 227). Setzt der 2.Petrusbrief den Judasbrief voraus, wovon heute die meisten Kommentatoren ausgehen, wird an der Ausscheidung des apokryphen Materials ein redaktionelles Interesse deutlich, das dem Interesse der Endredaktion der Kanonischen Ausgabe sehr nahe stand.
[31] WA Bibel 7,386. — Forschungsbericht zum Judasbrief: R. Heiligenthal, „Der Judasbrief: Aspekte der Forschung in den letzten Jahrhunderten", ThR 51 (1986) 117-129; vgl. ders., *Zwischen Henoch und Paulus: Studien zum theologiegeschichtlichen Ort des Judasbriefes*, TANZ 6 (1992).
[32] Vgl. die Kommentare O. Knoch, *Der Erste und Zweite Petrusbrief. Der Judasbrief.*, Übersetzt und erklärt, RNT (Regensburg: Pustet, 1990) 200-208; Paulsen, 97-100; H. Windisch, *Die Katholischen Briefe*, 3., stark umgearbeitete Auflage von H. Preisker, HNT 15 (1951) 91-92; Bigg, 216-223. Eine umfassende redaktionskritische Analyse findet sich bei Neyrey, *Form and Background*, 119-167.

Tabelle 7
Synopse 2Petr 2,1-18 mit Jud 4-16

Beide Abschnitte beginnen mit einer ähnlichen Beschreibung der Irrlehrer, denen ein bevorstehendes göttliches Gericht angekündigt wird.

2.Petrusbrief

2,1 Ἐγένοντο δὲ καὶ ψευδοπροφῆται ἐν τῷ λαῷ, ὡς καὶ ἐν ὑμῖν ἔσονται ψευδοδιδάσκαλοι, οἵτινες παρεισάξουσιν αἱρέσεις ἀπωλείας, καὶ τὸν ἀγοράσαντα αὐτοὺς ❶*δεσπότην* ❷*ἀρνούμενοι*, ἐπάγοντες ἑαυτοῖς ταχινὴν ἀπώλειαν.

2,2 καὶ πολλοὶ ἐξακολουθήσουσιν αὐτῶν ταῖς ❸*ἀσελγείαις*, δι' οὓς ἡ ὁδὸς τῆς ἀληθείας βλασφημηθήσεται·

2,3 καὶ ἐν πλεονεξίᾳ πλαστοῖς λόγοις ὑμᾶς ἐμπορεύσονται, οἷς ❹*τὸ κρίμα* ἔκπαλαι οὐκ ἀργεῖ, καὶ ἡ ἀπώλεια αὐτῶν οὐ νυστάζει.

Judasbrief

4 παρεισέδυσαν γάρ τινες ἄνθρωποι, οἱ πάλαι προγεγραμμένοι εἰς τοῦτο ❹*τὸ κρίμα*, ἀσεβεῖς, τὴν τοῦ θεοῦ ἡμῶν χάριτα μετατιθέντες εἰς ❸*ἀσέλγειαν* καὶ τὸν μόνον ❶*δεσπότην* καὶ κύριον ἡμῶν Ἰησοῦν Χριστὸν ❷*ἀρνούμενοι*.

Anschließend werden jeweils drei Beispiele für Gottes Gerichtshandeln genannt, von denen zwei übereinstimmen, nämlich das der sündigenden Engel (2Petr 2,4 – Jud 6)

2,4 Εἰ γὰρ ὁ θεὸς ❶*ἀγγέλων* ἁμαρτησάντων οὐκ ἐφείσατο, ἀλλὰ σειραῖς ❷*ζόφου* ταρταρώσας παρέδωκεν ❸*εἰς κρίσιν* ❹*τηρουμένους*,

5 Ὑπομνῆσαι δὲ ὑμᾶς βούλομαι, εἰδότας ὑμᾶς πάντα, ὅτι (ὁ) κύριος ἅπαξ λαὸν ἐκ γῆς Αἰγύπτου σώσας τὸ δεύτερον τοὺς μὴ πιστεύσαντας ἀπώλεσεν,

6 ❶*ἀγγέλους* τε τοὺς μὴ τηρήσαντας τὴν ἑαυτῶν ἀρχὴν ἀλλὰ ἀπολιπόντας τὸ ἴδιον οἰκητήριον ❸*εἰς κρίσιν* μεγάλης ἡμέρας δεσμοῖς ἀϊδίοις ὑπὸ ❷*ζόφον* ❹*τετήρηκεν*

und das Beispiel von Sodom und Gomorra (2Petr 2,6 – Jud 7).

2,5 καὶ ἀρχαίου κόσμου οὐκ ἐφείσατο, ἀλλὰ ὄγδοον Νῶε δικαιοσύνης κήρυκα ἐφύλαξεν, κατακλυσμὸν κόσμῳ ἀσεβῶν ἐπάξας,

2,6 καὶ ❶*πόλεις* ❷*Σοδόμων καὶ Γομόρρας* τεφρώσας (καταστροφῇ) κατέκρινεν, ὑπόδειγμα μελλόντων ἀσεβέ(σ)ιν τεθεικώς,

7 ὡς ❷*Σόδομα καὶ Γόμορρα* καὶ αἱ περὶ αὐτὰς ❶*πόλεις*, τὸν ὅμοιον τρόπον τούτοις ἐκπορνεύσασαι καὶ ἀπελθοῦσαι ὀπίσω σαρκὸς ἑτέρας, πρόκεινται δεῖγμα πυρὸς αἰωνίου δίκην ὑπέχουσαι.

Das Editorial der Kanonischen Ausgabe 143

Nun folgen Vorwürfe, die Petrus gegen die falschen Lehrer erhebt. Dabei stimmt die Behauptung, sie ließen sich von der schmutzigen Begierde ihres Körpers beherrschen und sie verachteten die Macht des Herrn (2Petr 2,10) mit Jud 8 überein.

2,7 καὶ δίκαιον Λὼτ καταπονούμενον ὑπὸ τῆς τῶν ἀθέσμων ἐν ἀσελγείᾳ ἀναστροφῆς ἐρρύσατο·
2,8 βλέμματι γὰρ καὶ ἀκοῇ ὁ δίκαιος ἐγκατοικῶν ἐν αὐτοῖς ἡμέραν ἐξ ἡμέρας ψυχὴν δικαίαν ἀνόμοις ἔργοις ἐβασάνιζεν·
2,9 οἶδεν κύριος εὐσεβεῖς ἐκ πειρασμοῦ ῥύεσθαι, ἀδίκους δὲ εἰς ἡμέραν κρίσεως κολαζομένους τηρεῖν,
2,10 μάλιστα δὲ τοὺς ὀπίσω ❶σαρκός ἐν ἐπιθυμίᾳ ❷μιασμοῦ πορευομένους καὶ ❸κυριότητος καταφρονοῦντας. Τολμηταί, αὐθάδεις, ❹δόξας οὐ τρέμουσιν ❺βλασφημοῦντες,

8 Ὁμοίως μέντοι καὶ οὗτοι ἐνυπνιαζόμενοι ❶σάρκα μὲν ❷μιαίνουσιν, ❸κυριότητα δὲ ἀθετοῦσιν, ❹δόξας δὲ ❺βλασφημοῦσιν.

Auch der Vorwurf, die falschen Lehrer würden sich wie Tiere benehmen und über Dinge lästern, die sie nicht verstehen (2Petr 2,12) findet sich neben weiteren Einzelheiten in Jud 10.

2,11 ὅπου ἄγγελοι ἰσχύϊ καὶ δυνάμει μείζονες ὄντες οὐ φέρουσιν κατ' αὐτῶν παρὰ κυρίου ❶βλάσφημον ❷κρίσιν.
2,12 ❶οὗτοι δέ, ❷ὡς ἄλογα ζῷα γεγεννημένα ❸φυσικὰ εἰς ἅλωσιν καὶ φθοράν, ἐν οἷς ❹ἀγνοοῦσιν βλασφημοῦντες, ἐν τῇ φθορᾷ αὐτῶν καὶ ❼φθαρήσονται,
2,13-14 (⇨ Jud 12)

9 ὁ δὲ Μιχαὴλ ὁ ἀρχάγγελος, ὅτε τῷ διαβόλῳ διακρινόμενος διελέγετο περὶ τοῦ Μωϋσέως σώματος, οὐκ ἐτόλμησεν ❷κρίσιν ἐπενεγκεῖν ❶βλασφημίας, ἀλλὰ εἶπεν, Ἐπιτιμήσαι σοι κύριος.
10 ❸οὗτοι δὲ ὅσα μὲν ❻οὐκ οἴδασιν βλασφημοῦσιν, ὅσα δὲ ❸φυσικῶς ❹ὡς τὰ ἄλογα ζῷα ἐπίστανται, ἐν τούτοις ❼φθείρονται.

Und schließlich werden sie sowohl 2Petr 2,15-16 als auch Jud 11 mit Bileam verglichen und verurteilt.

2,15 καταλείποντες εὐθεῖαν ὁδὸν ἐπλανήθησαν, ἐξακολουθήσαντες ❶τῇ ὁδῷ ❷τοῦ Βαλαὰμ τοῦ Βοσόρ, ὃς ❸μισθὸν ἀδικίας ἠγάπησεν
2,16 ἔλεγξιν δὲ ἔσχεν ἰδίας παρανομίας· ὑποζύγιον ἄφωνον ἐν ἀνθρώπου φωνῇ φθεγξάμενον ἐκώλυσεν τὴν τοῦ προφήτου παραφρονίαν.

11 οὐαὶ αὐτοῖς, ὅτι ❶τῇ ὁδῷ ❷τοῦ Βαλαὰμ ❸μισθοῦ ἐξεχύθησαν, καὶ τῇ ἀντιλογίᾳ τοῦ Κόρε ἀπώλοντο.

Ihre Genußsucht und Schwelgerei wird sowohl Jud 12a als auch 2Petr 2,13 erwähnt, und von den Vergleichen mit Erscheinungen aus der Natur (Jud 12b und 13) finden sich zwei ebenfalls in 2Petr 2,17: sie sind ohne Wasser, Wolkengebilde, vom Wind getrieben. Der abschließende kurze Satz, in dem Petrus versichert, daß für diese Lehrer die dunkelste Finsternis bestimmt ist, stimmt wörtlich überein.

2,13 ἀδικούμενοι μισθὸν ἀδικίας· ἡδονὴν ἡγούμενοι τὴν ἐν ἡμέρᾳ τρυφήν, σπίλοι καὶ μῶμοι ἐντρυφῶντες ἐν ταῖς ἀπάταις αὐτῶν ❶ συνευωχούμενοι ὑμῖν,
2,14 ὀφθαλμοὺς ἔχοντες μεστοὺς μοιχαλίδος καὶ ἀκαταπαύστους ἁμαρτίας, δελεάζοντες ψυχὰς ἀστηρίκτους, καρδίαν γεγυμνασμένην πλεονεξίας ἔχοντες, κατάρας τέκνα,
2,17 Οὗτοί εἰσιν πηγαὶ ❷ ἄνυδροι καὶ ὁμίχλαι ὑπὸ λαίλαπος ἐλαυνόμεναι, ❸ οἷς ὁ ζόφος τοῦ σκότους ❹ τετήρηται.

12 οὗτοί εἰσιν οἱ ἐν ταῖς ἀγάπαις ὑμῶν σπιλάδες ❶ συνευωχούμενοι ἀφόβως, ἑαυτοὺς ποιμαίνοντες, νεφέλαι ❷ ἄνυδροι ὑπὸ ἀνέμων παραφερόμεναι, δένδρα φθινοπωρινὰ ἄκαρπα δὶς ἀποθανόντα ἐκριζωθέντα,
13 κύματα ἄγρια θαλάσσης ἐπαφρίζοντα τὰς ἑαυτῶν αἰσχύνας, ἀστέρες πλανῆται ❸ οἷς ὁ ζόφος τοῦ σκότους εἰς αἰῶνα ❹ τετήρηται.

Der wiederholte Vorwurf, sie ließen sich von ihren Lüsten treiben (2Petr 2,18), findet sich schließlich auch Jud 16.

2,18 ὑπέρογκα γὰρ ματαιότητος φθεγγόμενοι δελεάζουσιν ἐν ❶ ἐπιθυμίαις σαρκὸς ἀσελγείαις τοὺς ὀλίγως ἀποφεύγοντας τοὺς ἐν πλάνῃ ἀναστρεφομένους...

14 Προεφήτευσεν δὲ καὶ τούτοις ἕβδομος ἀπὸ Ἀδὰμ Ἐνὼχ λέγων, Ἰδοὺ ἦλθεν κύριος ἐν ἁγίαις μυριάσιν αὐτοῦ,
15 ποιῆσαι κρίσιν κατὰ πάντων καὶ ἐλέγξαι πᾶσαν ψυχὴν περὶ πάντων τῶν ἔργων ἀσεβείας αὐτῶν ὧν ἠσέβησαν καὶ περὶ πάντων τῶν σκληρῶν ὧν ἐλάλησαν κατ' αὐτοῦ ἁμαρτωλοὶ ἀσεβεῖς.
16 Οὗτοί εἰσιν γογγυσταί, μεμψίμοιροι, κατὰ τὰς ❶ ἐπιθυμίας ἑαυτῶν πορευόμενοι, καὶ τὸ στόμα αὐτῶν λαλεῖ ὑπέρογκα, θαυμάζοντες πρόσωπα ὠφελείας χάριν.

Die Leser der Kanonischen Ausgabe sind Parallelen gewohnt. Die gemeinsamen Überlieferungen der vier Evangelien werden als Übereinstimmung in der Sache und nicht im Wortlaut verstanden und bestätigen die Zuverlässigkeit dieser Schriften. Gleiches gilt für die parallele Darstellung der Paulusbriefe und der Apostelgeschichte oder die Erwähnung der Verklärung auf dem Berge (2Petr 1,17-18), die mit keinem Evangelium wörtlich übereinstimmt. Die Querverweise der Titel ordnen Judas zusammen mit seinem Bruder Jakobus dem Jerusalemer Apostelkreis um

Petrus zu. Ausdrücklich betont auch Paulus diese Zusammengehörigkeit, der 1Kor 9,5 Petrus in einem Atemzug mit den Brüdern Jesu nennt. In den inhaltlichen und wörtlichen Übereinstimmungen finden die Leser der Kanonischen Ausgabe eine weitere Bestätigung für die enge Beziehung, die den Apostel Petrus mit Judas, dem Bruder Jesu, verband.

1.Petrusbrief
Die nächste Schrift, auf die die Leser bei der Lektüre des 2.Petrusbriefes verwiesen werden, ist der 1.Petrusbrief. Petrus erinnert: „*Das ist schon der zweite Brief, den ich Euch schreibe, liebe Brüder*" (2Petr 3,1) und zitiert damit den Titel, den diese Schrift in der Kanonischen Ausgabe trägt: zweiter Brief des Petrus. Gleichzeitig setzt er Titel und Bekanntheit des 1.Petrusbriefes bei seinen Lesern voraus. Die beiden Briefe werden inhaltlich als Einheit vorgestellt: „*In ihnen (ἐν αἷς) will ich Eure klare Einsicht wachrufen und Euch erinnern*" (2Petr 3,1).

Paulusbriefsammlung
Auch das Interesse der Endredaktion der Kanonischen Ausgabe daran, das Verhältnis zwischen Paulus und Petrus zu harmonisieren, ist im dritten Kapitel des 2.Petrusbriefes mit unübersehbarer Deutlichkeit zum Ausdruck gebracht.[33]

> 2Petr 3,15b-16
> Das hat Euch auch unser geliebter Bruder Paulus mit der ihm geschenkten Weisheit geschrieben; es steht in allen seinen Briefen, in denen er davon spricht. In ihnen ist manches schwer zu verstehen, und die Unwissenden, die noch nicht gefestigt sind, verdrehen diese Stellen ebenso wie die übrigen Schriften zu ihrem eigenen Verderben.

Petrus bezeichnet Paulus positiv als geliebten Bruder (ὁ ἀγαπητὸς ἡμῶν ἀδελφός) und behauptet die vollkommene inhaltliche Übereinstimmung mit Paulus. Etwaige Konflikte werden als Fehldeutungen von Schwerverständlichem (δυσνόητά τινα) abgetan, die von Leuten ausgehen, „*die noch nicht gefestigt sind*". Die gleichen Leute verdrehen auch die „*übrigen Schriften (τὰς λοιπὰς γραφάς)*". Die Formulierung, die „übrigen" Schriften, setzt eine begrenzte Anzahl voraus, kann also auf eine

---

[33] A. Vögtle, „Petrus und Paulus nach dem Zweiten Petrusbrief", P.-G. Müller, W. Stenger (Hgg), *Kontinuität und Einheit*, FS Franz Mußner (Freiburg u.a.: Herder, 1981) 223-239.

Schriftensammlung bezogen werden, eine Schriftensammlung, zu der auch die Paulusbriefe gehören. Die Leser der Kanonischen Ausgabe werden sofort an die Schriften des Alten und Neuen Testamentes denken.[34]

Ganz selbstverständlich geht Petrus davon aus, daß die Leute, an die er seine Briefe gerichtet hat, dieselben Leser sind, für die Paulus seine Briefe geschrieben hat (ἔγραψεν ὑμῖν). Und der Verweis auf „*alle seine Briefe, in denen er davon spricht (ἐν πάσαις ἐπιστολαῖς λαλῶν ἐν αὐταῖς περὶ τούτων)*" setzt, wörtlich genommen, eine Gesamtausgabe dieser Briefe voraus, von denen aber nur einige im genannten Zusammenhang relevant sind. Den Lesern der Kanonischen Ausgabe bereiten diese Aussagen kein Problem. Denn sie dürfen annehmen, daß die im Neuen Testament enthaltene Paulusbriefsammlung eben diese angesprochene Gesamtausgabe darstellt. In diesem Falle wäre der 2.Petrusbrief nach der Apostelgeschichte und nach dem 2.Timotheusbrief geschrieben, zu einem Zeitpunkt also, als die Paulusbriefsammlung vollständig war und veröffentlicht vorlag.

1.Thessalonicherbrief und Offenbarung
Der Vollständigkeit halber müssen wenigstens noch zwei Stellen erwähnt werden, bei denen mit hoher Wahrscheinlichkeit von den Lesern Querverbindungen zu anderen neutestamentlichen Schriften hergestellt werden. In Anbetracht der bisherigen Analyse, fällt diesen Verweisen vielleicht Bedeutung zu.

Die erste Anspielung ist die Formulierung „*Der Tag des Herrn wird aber kommen wie ein Dieb ("Ἥξει δὲ ἡμέρα κυρίου ὡς κλέπτης)*" (2Petr 3,10), die an 1Thess 5,2 denken läßt: „*Ihr selbst wißt genau, daß der Tag des Herrn kommt wie ein Dieb in der Nacht (οἴδατε ὅτι ἡμέρα κυρίου ὡς κλέπτης ἐν νυκτὶ οὕτως ἔρχεται)*".[35]

Die zweite Anspielung ist die Verheißung eines *neuen Himmels und einer neuen Erde* (2Petr 3,13), was an Offb 21,1 erinnert, wo ebenfalls der zweite Himmel und die zweite Erde nach dem Untergang der Welt verheißen werden, aber genauso gut auf Jes 65,17 und Jes 66,12 bezogen werden kann.

---

[34] *Jubiläumsbibel*, zur Stelle, denkt nur an das Alte Testament.
[35] Vgl. Mt 24,43: ἐκεῖνο δὲ γινώσκετε ὅτι εἰ ᾔδει ὁ οἰκοδεσπότης ποίᾳ φυλακῇ ὁ κλέπτης ἔρχεται, ἐγρηγόρησεν ἂν καὶ οὐκ ἂν εἴασεν διορυχθῆναι τὴν οἰκίαν αὐτοῦ.

Das Editorial der Kanonischen Ausgabe

Querverweise

Liest man den 2.Petrusbrief als integrierten Bestandteil der Kanonischen Ausgabe der christlichen Bibel, so fallen die deutlichen Verweise auf die Sammlungseinheiten auf. Das Alte Testament, aus dem ausführlich zitiert wird, wird als prophetisches Wort aufgenommen, auf die Gegenwart bezogen und mit einer Inspirationslehre verbunden, die so formuliert ist, daß sie auch für neutestamentliche Schriften geltend gemacht werden kann. Aus der Evangeliensammlung wird auf das Johannesevangelium (Joh 21), das Markusevangelium und die synoptische Verklärungsgeschichte verwiesen. Aus dem Praxapostolos wird eine enge Verbindung zum 1.Petrusbrief und zum Judasbrief signalisiert. Und schließlich wird noch eine umfassende Paulusbriefsammlung bei den Lesern vorausgesetzt. Neben diesen literarischen Bezügen ist die gleichwertige Behandlung von Petrus und Paulus ein weiterer Zug, den der 2.Petrusbrief mit dem redaktionellen Interesse der Kanonischen Ausgabe teilt.

Ergebnis

Ich hoffe, gezeigt zu haben, daß sich das am redaktionellen Rahmen ermittelte Interesse der Herausgeber der Kanonischen Ausgabe auch im Text der Apostelgeschichte, des 2.Timotheusbriefes und des 2.Petrusbriefes wiederfindet. Diese Beobachtung spricht dafür, daß es sich bei der Kanonischen Ausgabe um eine strenge Auswahl von Schriften handelt, deren Auswahlkriterium darin bestand, Schriften herauszugeben, die den Konflikt zwischen Paulus und den Jerusalemer Autoritäten entschärften. Es ist in diesem Zusammenhang vielleicht auch von Bedeutung, daß im Neuen „Testament" ein literarisches „Testament" des Paulus und ein literarisches „Testament" des Petrus enthalten sind.

Johannesevangelium

Das Johannesevangelium kommt bereits am Ende des zwanzigsten Kapitels zu einem vorläufigen Schluß: „Noch viele andere Zeichen, die in diesem Buch nicht aufgeschrieben sind (οὐκ ἔστιν γεγραμμένα ἐν τῷ βιβλίῳ τούτῳ), hat Jesus vor den Augen seiner Jünger getan. Diese aber sind aufgeschrieben, damit ihr glaubt, daß Jesus der Messias ist, der Sohn Gottes, und damit ihr durch den Glauben das Leben habt in seinem Namen" (Joh 20,30-31). Und am Ende des 21.Kapitels meldet sich eine Stimme zu Wort, die sich vom Verfasser des vierten Evangeliums, den sie als „diesen Jünger" bezeichnet, unterscheidet: „Dieser Jünger ist es, der all das bezeugt und der es aufgeschrieben hat (ὁ γράψας ταῦτα); und wir wissen (οἴδαμεν), daß sein Zeugnis wahr ist" (Joh 21,24). Es kann daher aus Leserperspektive kaum ein Zweifel bestehen, daß hier jemand über den Verfasser des Evangeliums spricht, das man gerade gelesen hat, und zwar über den Verfasser (ὁ γράψας ταῦτα) und nicht nur den Augenzeugen, dessen mündlichen Bericht man verwertet. Suchen die Leser nun nach einem Punkt, an dem das schriftliche Zeugnis des Johannes zu einem Ende gekommen ist, stoßen sie unweigerlich auf die eben erwähnten, abschließenden Formulierungen von Joh 20,30-31. Und eine Bestätigung dafür mögen die Leser in der Beobachtung finden, daß Johannes auch sein anderes Buch, die Offenbarung, mit einem Verweis auf das gerade beendete Buch (τοῦ βιβλίου τούτου, Offb 22,18f) beschließt. In Kapitel 21 haben andere das Wort, nämlich die Herausgeber des Johannesevangeliums.

Es ist viel darüber verhandelt worden, ob Joh 21 nur einen Anhang zu einem fertig formulierten Evangelium darstellt oder eng damit verflochten sei.[36] Diese Frage mag für die Bestimmung literarischer Vorformen

---

[36] Meines Erachtens ist Joh 21 nicht einfach ein Anhang zu einer bereits abgeschlossenen Vorform, die vielleicht mit Joh 20 endete, so z.B. J.N. Sanders, B.A. Mastin, *A Commentary on the Gospel According to St John*, BNTC (1968) 458; J.H. Bernard, *A Critical Exegetical Commentary on the Gospel According to St. John*, ICC (Edinburgh: Clark, 1928) 687. Die Zusammenhänge zum vorhergehenden Text sind vorbereitet. Joh 21 ist Produkt der Endredaktion dieses Evangeliums. Zu den Zusammenhängen s. z.B. P.S. Minear, „The Original Functions of John 21", *JBL* 102 (1983) 85-98; L. Hartman, „An Attempt at a Text-Centered Exegesis of John 21", *Studia Theologica*, 38 (1984) 29-45; F.F. Segovia, „The Final Farewell of Jesus: A Reading of John 20:30-21:25", *The Fourth Gospel From a Literary Perspective*, Semeia, 53 (1991) 167-190; J. Breck, "John 21: Appendix, Epilogue Or Conclusion?", *St. Vladimir's Theological Quarterly*, 36 (1992) 27-49; Franzmann u. Klinger, „Call Stories" (1992); Ellis, „The Authenticity Of John 21", *St. Vladimir's Theological Quarterly*, 36 (1992) 17-25. Breck, Klinger (nicht Franzmann)

von großem Interesse sein, im Rahmen der Kanonischen Ausgabe ist sie allerdings ohne Bedeutung. Historisch beweist die einheitliche handschriftliche Überlieferung der Kanonischen Ausgabe, die Handschriften ohne Joh 21 nicht kennt, daß dieses Kapitel zum Archetyp dieser Ausgabe gehört. Somit war den Lesern der Textfassung, die hier ausgelegt wird, die Integrität des kanonischen Evangeliums von Anfang an vorgegeben. Genauso deutlich ist aber auch, daß die Leser darüber informiert werden, daß ein anderer als der Lieblingsjünger die letzten Abschnitte dieses Evangeliums verfaßt hat. Dieser Herausgeber schlüpft nicht wie bei pseudepigraphen Schriften in die Haut seines Autors, er gibt sich den Lesern offen zu erkennen. Am deutlichsten aber gibt sich das Editorial im letzten Satz der kanonischen Evangeliensammlung zu erkennen.

Joh 21,25: Der letzte Satz der Evangeliensammlung
Der letzte Satz des Johannesevangeliums lautet: „*Es gibt aber noch vieles andere, was Jesus getan hat. Wenn man alles aufschreiben wollte, so könnte, wie ich glaube (οἶμαι), die ganze Welt die Bücher nicht fassen, die man schreiben müßte*" (Joh 21,25).

Dieser Satz ist aus mehreren Gründen für die literarische Interpretation des Neuen Testamentes aus Sicht der Leser von entscheidender Bedeutung.

---

und Ellis halten allerdings an der Vorstellung fest, daß Joh 21 vom Lieblingsjünger verfaßt wurde; ältere Vertreter dieser These bei Hengel, *Joh. Frage*, 225. Die Argumentation, die die Zusammenhänge zwischen Joh 1-20 und Joh 21 herausstreicht, trägt aber nichts zur Klärung dieser Frage bei. Sie beweist lediglich, wie sorgfältig das letzte Kapitel verknüpft ist, ein Ziel, das sicher auch ein Herausgeber, nicht nur ein Autor, verfolgt, vgl. die vielen Bezüge des Editorials Offb 1,1-3 auf den Text der Offenbarung des Johannes. Besonders interessant ist der Zusammenhang zwischen Mk 1,16-18, Lk 5 und Joh 21: Droge, „Peter", 308: „... *the Beloved Disciple has displaced Peter from his privileged position in the Johannine version of the first call story ... indeed, Peter is not even called by Jesus, but by his brother, Andrew (John 1:41).*" H. Thyen, „Johannes und die Synoptiker", A. Denaux (Hg), *John and the Synoptics*, BEThL 51 (Leuven, 1992), vertritt ebenfalls die „*Einsicht, daß alle Lieblingsjünger- und Petrustexte des Johannesevangeliums ihre Klimax erst in dessen 21. Kapitel erreichen und von vorneherein auf diesen Epilog hin geschaffen und komponiert sind. Das heißt ... auf jeden Fall verdanken wir unser überliefertes Johannesevangelium als einen kohärenten literarischen Text dem Autor von Joh 21*" (84).

(1) Der Wechsel von der ersten Person Plural, „*wir wissen, daß sein Zeugnis wahr ist*", zur ersten Person Singular, „*wie ich glaube*", macht deutlich, daß Joh 21,24 und Joh 21,25 nicht in einem Atemzug gelesen werden wollen und sich deshalb vielleicht auf unterschiedliche Dinge beziehen.[37]

(2) Die Erwähnung von Büchern im Plural (τὰ γραφόμενα βιβλία) im Gegensatz zu dem einen Buch von Joh 20,30 (ἐν τῷ βιβλίῳ τούτῳ) signalisiert, daß sich die Aussage nicht auf das eine Johannesevangelium bezieht, sondern auf mehrere Bücher.

(3) Der Inhalt dessen, was „*man eines nach dem anderen aufschreiben*" könnte, wird bezeichnet als „*das, was Jesus getan hat (ἃ ἐποίησεν ὁ Ἰησοῦς)*". In allen modernen Ausgaben des Neuen Testamentes folgt unmittelbar auf Joh 21,25 die Apostelgeschichte. Der implizite Autor Lukas greift dort im ersten Satz diese literarische Definition wörtlich auf, wenn er auf sein eigenes Evangelium mit den Worten zurückverweist: „*Ein Buch über das, was Jesus getan hat* (*λόγος περὶ πάντων ὧν ἤρξατο ὁ Ἰησοῦς ποιεῖν τε καὶ διδάσκειν)*". Aus Leserperspektive entsteht durch die gleiche Formulierung ein bedeutender Querverweis: Joh 21,25 läßt sich von Apg 1,1 her auf die kanonischen Evangelien beziehen. Dieser Bezug wird durch die Position dieses Satzes am Schluß der Evangeliensammlung verstärkt.

Ἔστιν δὲ καὶ ἄλλα πολλὰ ἃ ❷*ἐποίησεν* ❷*ὁ Ἰησοῦς*, ἅτινα ἐὰν γράφηται καθ' ἕν, οὐδ' αὐτὸν οἶμαι τὸν κόσμον χωρῆσαι τὰ γραφόμενα βιβλία.
ΕΥΑΓΓΕΛΙΟΝ
ΚΑΤΑ ΙΩΑΝΝΗΝ

ΠΡΑΞΕΙΣ
ΤΩΝ ΑΠΟΣΤΟΛΩΝ
Τὸν μὲν πρῶτον λόγον ἐποιησάμην περὶ πάντων, ὦ Θεόφιλε, ὧν ἤρξατο ❷*ὁ Ἰησοῦς* ❷*ποιεῖν* τε καὶ διδάσκειν ...

Akzeptiert man diese Folgerungen, so legt die enge Verbindung zum vorhergehenden Satz und die an Joh 20,30 erinnernde Formulierung nahe, daß der Herausgeber der kanonischen Evangeliensammlung auch zu den

---

[37] Die meisten Kommentatoren scheinen diesen Einschnitt nicht zu empfinden, z.B. J. Schneider, *Das Evangelium nach Johannes*, ThHK (1976) 334-335; W. Bauer, *Das Johannesevangelium*, 2., völlig neubearbeitete Auflage, HNT 6 (1925) 234; B. Weiss, *Kritisch exegetisches Handbuch über das Evangelium des Johannes*, 7.Auflage, KEK (1886) 714-716; R. Bultmann, *Das Evangelium des Johannes*, 12.Auflage, KEK (1952) 555-556; Bernard, 713-714; Sanders u. Mastin, 47-48. Dagegen aber argumentiert überzeugend Hengel, *Joh. Frage*, 224-225; 272 Anm. 195.

Herausgebern des Johannesevangeliums gehört. Die erste Person Singular aber bedeutet, daß der Herausgeber der kanonischen Evangeliensammlung davon ausging, daß ihn die Leser kannten. Die *editio princeps* ist nicht anonym erfolgt.

א 01 und Joh 21,25
Der Einschnitt zwischen Joh 21,24 und 25 wurde vielleicht auch von einigen Schreibern neutestamentlicher Handschriften empfunden. Der ursprüngliche Text des Codex Sinaiticus (א 01) endete nach Joh 21,24. Der Schreiber hatte bereits seine Endverzierung und die Subskription ευαγγελιον κατα ιωαννην angebracht, wusch die Tinte dann aber wieder vom Pergament ab, fügte den letzten Vers hinzu und brachte Schlußverzierung und Subskription erneut an.[38]
Ich halte es aufgrund der einheitlichen Überlieferung dieser Textstelle in den Handschriften für äußerst unwahrscheinlich, daß Vers 25 in der Vorlage des Codex Sinaiticus fehlte.[39] Aus irgendeinem äußeren oder inneren Grund — soviel ist festzuhalten —, sah der Schreiber des Sinaiticus den Vers zunächst nicht mehr als Bestandteil des Johannesevangeliums an. Gestützt wird diese Vermutung durch zwei Minuskeln[40], die nach Joh 21,24 den Text des Johannesevangeliums beenden und mit Joh 21,25 eine neue Seite beginnen.

---

[38] Abbildung 6 und Abbildung 7 S.152. Die Aufnahme unter ultraviolettem Licht und des korrigierten Textes stammen aus: Milne u. Skeat, *Scribes*, fig. 3. Die erste Hand habe ich durch Bildbearbeitung des digitalisierten Photos rekonstruiert.

[39] K. Lake, „Rezension: H.J.M. Milne, T.C. Skeat, Scribes and Correctors of the Codex Sinaiticus (London: British Museum, 1938)", *Classical Philology*, 37 (1942) 91, versteht den Befund als einfaches Versehen der Schreiber: „... *the omission of the verse has now no critical importance. It was merely a scribal error, corrected immediately.*" Vgl. Hengel, *Joh. Frage*, 272 Anm. 195.

[40] Milne u. Skeat, *Scribes*, 12-13: Dublin Trin.Coll A.1.8 und Minuskel 700.

152 Das Editorial der Kanonischen Ausgabe

Abbildung 6: Codex Sinaiticus, Ende des Johannesevangeliums
Betrachtung unter UV-Licht

Abbildung 7: Rekonstruktion der ersten Hand

KAIOIΔAMENOTI   KAIOIΛAMENOTI
ΛΛHΘHCECTINH   ΛΛHΘHCECTINH
MAPTYPIAAYTOY·   MAPTYPIAAYTOY·
ECTINΔEKAIAΛΛA
ΠΟΛΛΑΔΕΠΟΙΗC·N   EYAΓΓΕΛΙΟΝ
OICATINAEANΓPA   KATAIΩANNHN
ΦHTAIKAΘENOY
ΔAYTONOIMΔTON
KOCMONXΩPHCEI
ΓΑΓΡΑΦΟΜΕΝΑΚΙ
KAIA:

EYAΓΓ·ΛΙ·N
KATA
IΩANNHN

Korrigierter Text   Rekonstruktion der ersten Hand

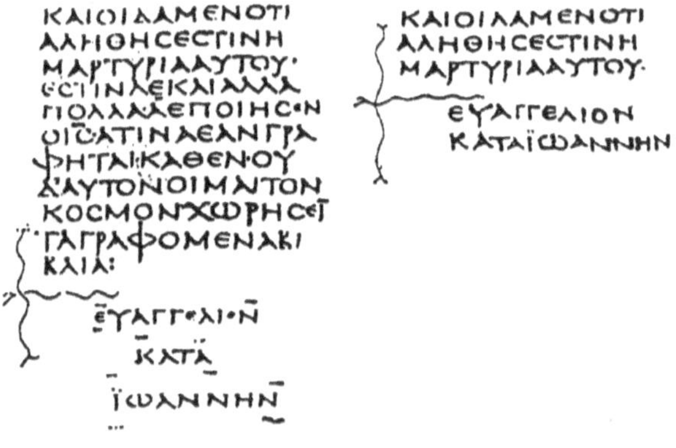

Querverweise
Bereits bei der Betrachtung der implizierten Verfasserangaben der Evangelien war die Klammer zwischen dem Titel des Johannesevangeliums und Joh 21 aufgefallen und hatte dieses Kapitel in die Nähe der Endredaktion gerückt.[41] Über die Textverweise von Joh 21,24 auf die Synoptiker der Kanonischen Ausgabe war es möglich, den im Titel genannten Johannes als den Zebedaiden Johannes zu identifizieren. Diese Zuschreibung strahlte dann auch auf die Verfasserschaft der Johannesbriefe und der Offenbarung des Johannes aus. Die Autorschaft des Johannes verbindet Evangelien, Praxapostolos und Offenbarung.

Die Stellung des Johannesevangeliums innerhalb der Kanonischen Ausgabe drückt eine Sensibilität für die Sammlungseinheit des Praxapostolos aus. Denn es ist zunächst nicht einsichtig, warum Lukasevangelium und Apostelgeschichte durch das Johannesevangelium unterbrochen werden. Wollten die Herausgeber die vier Evangelien aber chronologisch anordnen – aus diesem Grund haben sie das Johannesevangelium durch ihr Editorial als jüngstes Evangelium der Sammlung gekennzeichnet – und wollten sie die Apostelgeschichte unbedingt den Katholischen Briefen zuordnen, so wirkt diese Stellung des Johannesevangeliums harmonisch.

Unter den beiden aus Leserperspektive plausiblen Voraussetzungen, daß der Märtyrertod des Petrus, auf den das Johannesevangelium zurückblickt, und der Märtyrertod des Paulus etwa gleichzeitig erfolgten,[42] und daß der ebenfalls bereits verstorbene Johannes die Brüder Jesu, Jakobus

---

[41] Joh 21 birgt viele Verweise auf die synoptischen Evangelien, von denen am deutlichsten wohl der Bezug auf den wunderbaren Fischfang Lk 5,1-11 ist; vgl. F. Neirynck, „John 21", *NTS* 36 (1990) 321-329. Von den Lesern kann auch leicht eine Verbindung von der dreifachen Verleugnung Jesu durch Petrus zur dreifachen Einsetzung des Petrus durch Jesus gezogen werden (vgl. z.B. Bernard, *John*, 691).

[42] Clemens von Alexandrien hat die chronologischen Angaben der Kanonischen Ausgabe jedenfalls so gedeutet, daß mit der Hinrichtung des Paulus unter Nero der letzte der neutestamentlichen Autoren den Tod gefunden hat. Im Zusammenhang seiner Auseinandersetzung mit Basilides, Valentinus und Markion schreibt er: „*Die Tätigkeit seiner Apostel einschließlich des Wirkens des Paulus kommt zur Zeit Neros zu Ende, und erst später zu den Zeiten des Kaisers Hadrian sind die Begründer der Irrlehrer aufgetreten*", und folgert: „*Da es sich so verhält, so ist es klar, daß diese später entstandenen und die der Zeit nach noch jüngeren Irrlehren gegenüber der ältesten und wahrhaftigsten Kirche Neuerungen und Fälschungen sind*" (stromata 7,106,4; 7,107,2).

und Judas, überlebt hatte, weist sich Joh 21 als die zeitlich letzte Passage der Kanonischen Ausgabe aus. Damit ist das wichtigste Formmerkmal eines Editorials gegeben: Es muß als die zeitlich letzte Textpassage einer Ausgabe gelesen werden können. Nimmt man ferner die erste Person Singular ernst und verweist die Formulierung nicht in den Bereich einer bedeutungslosen Floskel, so wird man den letzten Satz des Johannesevangeliums über das Johannesevangelium hinaus auf die Evangeliensammlung und über die Evangeliensammlung hinaus auf die Kanonische Ausgabe beziehen und als das Editorial des Herausgebers deuten dürfen, das auf die Veröffentlichung – „Bücher" werden in die „Welt" hinausgesandt – anspielt und den Abschluß der Sammlung dokumentiert:

„ ... ἐὰν γράφηται καθ᾿ ἕν, οὐδ᾿ αὐτὸν οἶμαι τὸν κόσμον χωρῆσαι τὰ γραφόμενα βιβλία."

„Wenn man alles aufschreiben wollte, so könnte, wie ich meine, die ganze Welt die Bücher nicht fassen, die zu schreiben wären."

AUSBLICK

Moderne Ausgaben

Was bedeutet das Ergebnis dieser Untersuchung für eine moderne Druckausgabe der christlichen Bibel?

Obwohl der Text des Neuen Testamentes sehr früh für inspiriert gehalten wurde, galt er nicht als unveränderbar. Es gibt wohl keinen Vers, der nicht in wenigstens einer der über 5300 griechischen Abschriften einen abweichenden Text aufweist.

Ziel der Textkritik

Die zahlreichen Varianten des griechischen Textes und der vollwertige Gebrauch von Übersetzungen im Kult der christlichen Kirche machen deutlich, daß der genaue Wortlaut – im Unterschied zur jüdischen Bibel und zum Koran – nicht das wesentliche Element im Konzept der Kanonischen Ausgabe darstellt. Im Gegenteil, bereits der Titel „Neues Testament" drückt – wie wir gesehen haben – einen Textverweis auf 2Kor 3 aus, der die Leser aufklärt, daß es sich im Falle des Neuen Testamentes nicht um heilige 'Buchstaben' handelt, denn „*Gott hat uns zu Dienern des Neuen Testamentes gemacht, nicht zu Dienern des Buchstabens, sondern des Geistes: denn der Buchstabe tötet, der Geist aber macht lebendig*" (2Kor 3,6). Der genaue Wortlaut des Textes ist im Vergleich zu den großen Zügen des literarischen Konzeptes von geringerer Bedeutung. Diese Züge sind noch beschreibbar und sollten auch in den modernen Druckausgaben der christlichen Bibel zur Geltung kommen. Eine Ausgabe zu produzieren, die der Endgestalt der *editio princeps* der Kanonischen Ausgabe so nahe wie möglich kommt, was Einzelheiten des Textes betrifft, vor allem aber auch was den redaktionellen Rahmen dieses sorgfältig konstruierten Werkes angeht, das sollte sich die wissenschaftliche Textkritik in kommenden Jahren zum Ziel setzen. In diesem Sinne möchte ich Vorschläge für die Gestaltung moderner Ausgaben der christlichen Bibel machen.

Neues Testament

Moderne Druckausgaben der christlichen Bibel sollten versuchen, die Sammlungseinheiten und Anordnung der Schriften der *editio princeps* nachzubilden. Für das Neue Testament heißt das, die literarische Einheit des Vier-Evangelien-Buches, des Praxapostolos, der Paulusbriefsammlung und der Offenbarung des Johannes sollte betont werden. Dies kann geschehen, indem die Obertitel der Sammlungseinheiten schon im Inhaltsverzeichnis angegeben werden und den Sammlungseinheiten vorausgehen — etwa durch eine eingeschobene Titelseite — oder sie abschließen: ευαγγελιοι δ', πραξεις αποστολων και επιστολαι καθολικαι ζ', επιστολαι Παυλου ιδ', αποκαλυψις Ιωαννου. Insbesondere darf die Apostelgeschichte nicht von den Katholischen Briefen getrennt werden.

Die Anordnung der Sammlungseinheiten ist in den Handschriften nicht fest vorgegeben. Dem Konzept der Kanonischen Ausgabe könnte man entsprechen, indem man beginnt mit der Evangeliensammlung, weil sie das Editorial der *editio princeps* enthält und den Praxapostolos und die Paulusbriefsammlung folgen läßt, weil die Apostelgeschichte in ihrem ersten Teil die Autoren der Katholischen Briefe und ihrem zweiten Teil den Autor der Paulusbriefsammlung vorstellt und dadurch die beiden neutestamentlichen Briefsammlungen einleitet. Die Offenbarung des Johannes paßt wegen der am Ende enthaltenen, abschließenden Bemerkungen (Offb 22,18-22) ausgezeichnet an den Schluß der Ausgabe.

In diesem Falle sollten auch die Schriften des Alten Testamentes ähnlich gruppiert werden: historische Schriften, poetische Schriften, prophetische Schriften. Auch scheint mir diese Anordnung für Übersetzungen und im kultischen Gebrauch die geeignete zu sein.

Ferner sollte der Hebräerbrief als letzter der Gemeindebriefe innerhalb der Paulusbriefsammlung zwischen 2.Thessalonicherbrief und 1.Timotheusbrief abgedruckt werden.

Altes Testament

Außerdem sollte man sich um eine einheitliche Endredaktion des griechischen Alten und Neuen Testamentes bemühen. Das Neue Testament ist nur der zweite, viel kürzere Teil der Kanonischen Ausgabe. Eine Ausgabe des griechischen, christlichen Alten Testamentes, die vom gleichen Herausgeberkomitee verantwortet wird, mit den gleichen Abkürzungen, mit dem gleichen Apparat, mit dem gleichen methodischen Konzept angefertigt wie die dazugehörige Ausgabe des Neuen Testamentes, würde mehr als irgendeine andere Maßnahme dazu beitragen, daß Leser und Leserinnen die Kanonische Ausgabe der christlichen Bibel wieder als literarische Einheit „begreifen" können.

Ferner ist das griechische Alte Testament der Kanonischen Ausgabe nicht gleichzusetzen mit der hebräischen Bibel — dies geschieht heute weitgehend in der akademischen Praxis — oder der jüdischen Septuaginta. Von der hebräischen Bibel unterscheidet sie die Aufnahme der sogenannten 'Apokryphen' des Alten Testamentes, die ohne Abwertung enthalten sind, deutlich. Von der Septuaginta unterscheidet sie unter anderem das Buch Daniel, das aus der Übersetzung des Theodotion genommen ist, und die Verzeichnung der *nomina sacra*.

Ohne den Wert für die wissenschaftliche Erforschung der Bibel einschränken zu wollen, so darf doch nicht vergessen werden, daß der masoretische Text nicht die Kanonische Ausgabe der frühen Christenheit repräsentiert. Und auch wenn der Archetyp der masoretischen Überlieferung wahrscheinlich nicht in Auseinandersetzung mit dem Christentum entstand, so ist seine Textform doch seit der Entstehungszeit der Kanonischen Ausgabe ohne Zweifel von der jüdischen Glaubensgemeinschaft in Kontrast und in Konkurrenz zum christlichen Alten Testament gepflegt und bewahrt worden.[1] In diesem Punkt hat die römisch-katholische Kirche — durch die Vulgata vermittelt — die *editio princeps* der christlichen Bibel in Umfang und Reihenfolge treuer bewahrt als ihre protestantischen Schwestern und Brüder. Es kann der christlichen Exegese nur darum gehen, „*das Selbstverständnis des Alten Testaments in seiner kanonischen Form ganz ernst zu nehmen und zugleich die historische Tatsache, daß es eine doppelte Wirkungsgeschichte hat, eine jüdische und eine christliche, auch theologisch anzuerkennen.*"[2]

Nomina sacra

Über dreizehn Jahrhunderte lang bildeten die *nomina sacra* das Erkennungszeichen der christlich geprägten Literatur. Sie waren auch ein charakteristisches, redaktionelles Element der christlichen Bibel. Moderne

---

[1] Vgl. S. Lieberman, *Hellenism in Jewish Palestine: Studies in the Literary Transmission, Beliefs and Manners of Palestine in the I Century B.C.E. – IV Century C.E.*, Texts and Studies of the Jewish Theological Seminary of America, 18 (New York: Jewish Theological Seminary, 1950).

[2] Rolf Rendtorff, „Zur Bedeutung des Kanons für eine Theologie des Alten Testaments", *"Wenn nicht jetzt, wann dann?"*, FS für Hans-Joachim Kraus zum 65. Geburtstag (Neukirchen-Vluyn: Neukirchner, 1983) 11.

Ausgaben sollten in Bewahrung dieser alten Tradition die *nomina sacra* wiedergeben. Sie stellen ein wesentliches Merkmal der *editio princeps* dar und behindern die Lektüre nicht. Wenigstens die vier allgemein notierten Begriffe, κς, θς, ις, χς, und dazu vielleicht noch das Staurogramm sollten wieder in die Drucke aufgenommen werden.

Zur Leserschaft der Kanonischen Ausgabe

Ich möchte die Untersuchung mit Überlegungen zur Leserschaft der Kanonischen Ausgabe ausklingen lassen.

Zunächst ist auffällig, daß das Lokalkolorit der beiden literarischen Testamente des Paulus und des Petrus Rom und Kleinasien miteinander in Verbindung bringt: Der 2.Petrusbrief geht von Rom an alle Gemeinden in Kleinasien, den 2.Timotheusbrief schreibt Paulus in Rom nach Ephesus. Geht man davon aus, daß die Herausgeber damit versuchten, ein konkretes Interesse ihrer Leser zu befriedigen, und sucht man in der Mitte des zweiten Jahrhunderts nach einer Situation, in der die Kirche Kleinasiens mit der Kirche in Rom kommunizierte, so stößt man auf die gemeinsame Ablehnung der unter dem Namen Markions zunächst in Kleinasien und später in Rom sich formierenden christlichen Bewegung und auf den sogenannten Osterfeststreit.

Die Verbindung zwischen einer antimarkionitischen Haltung und dem redaktionellen Konzept der Kanonischen Ausgabe wurde oben bereits ausführlich dargestellt.

Aber es besteht auch eine Verbindung zwischen der kanonischen Evangeliensammlung und dem Osterfeststreit: Während Jesus nach dem Johannesevangelium am Nachmittag vor dem Paschamahl hingerichtet wurde (Joh 18,28; 19,31), erzählen die Synoptiker, daß Jesus das Paschamahl mit den Jüngern feierte und erst am darauf folgenden Tag starb. Diese beiden Aussagen stehen im Vier-Evangelien-Buch unausgeglichen nebeneinander. Sie widersprechen sich und lassen sich nicht vereinbaren.

Die kleinasiatischen Gemeinden betonten die Tradition des Johannesevangeliums und feierten den Todestag Jesu parallel zum jüdischen Paschafest am vierzehnten Tag des Mondmonats, ganz gleich auf welchen Wochentag dieser fiel. Die meisten anderen Gemeinden bestanden aber darauf, daß die Auferstehung an keinem anderen Tag als am Sonntag gefeiert werden dürfe (Euseb, h.e. 5,23,1). Der Todestag Jesu fiel nach dieser Ansetzung immer auf einen Freitag. Trotz gutem Willen und wiederholten Bemühungen gelang es der Kirche im zweiten Jahrhundert nicht, einen weltweit einheitlichen Ostertermin und eine damit verbundene einheitliche Fastenpraxis zu erwirken. Jeder blieb bei seinem Brauch, und man versuchte, in Frieden miteinander auszukommen. Irenaeus formuliert: „*Aber trotz dieser Verschiedenheit lebten all diese Christen in Frieden, und leben auch wir in Frieden. Die Verschiedenheit im Fasten erweist die Einheit im Glauben*" (Euseb, h.e. 5,24,13). Dies ist auch die literarische Lösung der kanonischen Evangeliensammlung. Statt ein Evangelium auszuwählen und eine Tradition für verbindlich zu erklären, werden vier Evangelien nebeneinander gestellt und doch zur kanonischen Evangeliensammlung vereint. In der Verschiedenheit der Evangelien liegt die Einheit des Evangeliums. Das Neue Testament ist Geist, nicht Buchstabe.

Dieses Milieu, in dem sich die Auseinandersetzung mit der markionitischen Bewegung und der Osterfeststreit abgespielt hat, enthält vieles, was die implizite Leserschaft der Kanonischen Ausgabe charakterisiert. Die Ausgabe ist bestrebt, Paulus und die Jerusalemer Autoritäten als harmonische Einheit darzustellen, und setzt damit bei ihren Lesern und Leserinnen ein Bewußtsein für die weltumgreifende Einheit der Kirche voraus. Nicht ein innerkirchliches Machtwort, sondern eine Leserschaft, deren Überzeugungen in der Kanonischen Ausgabe besser zum Ausdruck gebracht wurden als in konkurrierenden literarischen Produkten, hat dieses Buch zu einem publizistischen Erfolg werden lassen. Und umgekehrt hat gerade in den schweren Zeiten der Verfolgung dieses Buch unter seinen Lesern Identität gestiftet und Einheit geschaffen.

Im ausgehenden zweiten und beginnenden dritten Jahrhundert wird die Ausgabe bereits weltweit benutzt: von Irenaeus in Lyon, von Tertullian in Karthago und in Kleinasien, von Clemens in Alexandrien und von Origenes in Palästina.

Die Geschichte der christlichen Bibel ist die Geschichte eines literarischen Klassikers. Und wie alle klassischen Bücher, muß auch die Kanonische Ausgabe von jeder Generation neu aufgenommen, bearbeitet und an die Nachwelt weitergegeben werden. Ich wünsche mir, daß die vorliegende

Untersuchung einen Beitrag zu diesem andauernden Prozeß des Neulesens und Neuschreibens leisten kann.

VERZEICHNIS DER ZITIERTEN LITERATUR

Aland, Barbara (s. Walter Bauer)

Aland, Barbara, „Die Rezeption des neutestamentlichen Textes in den ersten Jahrhunderten", *The New Testament in Early Christianity*, BEThL 86 (Leuven: University Press, 1989) 1-38.

Aland, Barbara, „Marcion (ca. 85-160)/ Marcioniten", *TRE* 22 (1992) 89-101.

Aland, Barbara, „Marcion: Versuch einer neuen Interpretation", *ZThK* 70 (1973) 420-447.

Aland, Barbara, Kurt Aland, Johannes Karavidopoulos, Carlo M. Martini, Bruce M. Metzger (Hgg), *The Greek New Testament*, 4. revidierte Auflage (Stuttgart: Deutsche Bibelgesellschaft, 1993).

Aland, Barbara, Kurt Aland, Johannes Karavidopoulos, Carlo M. Martini, Bruce M. Metzger (Hgg), *Novum Testamentum Graece*, 27. neu bearbeitete Auflage (Stuttgart: Deutsche Bibelgesellschaft, 1993).

Aland, Barbara; Kurt Aland, *Der Text des Neuen Testaments: Einführung in die wissenschaftlichen Ausgaben sowie in Theorie und Praxis der modernen Textkritik*, 2., ergänzte und erweiterte Auflage (Stuttgart: Deutsche Bibelgesellschaft, 1989).

Aland, Kurt (Hg), *Materialien zur neutestamentlichen Handschriftenkunde*, ANTF 3 (1969).

Aland, Kurt (Hg), *Repertorium der griechischen christlichen Papyri, 1: Biblische Papyri, Altes Testament, Neues Testament, Varia, Apokryphen*, Im Namen der patristischen Arbeitsstelle Münster (Berlin, New York: De Gruyter, 1976).

Aland, Kurt (s. Barbara Aland; Walter Bauer)

Aland, Kurt, „Bemerkungen zum Alter und zur Entstehung des Christogrammes anhand von Beobachtungen bei P66 und P75", *Studien zur Überlieferung des Neuen Testaments und seines Textes*, ANTF 2 (1967) 173-179.

Aland, Kurt, „Das Problem der Anonymität und Pseudonymität in der christlichen Literatur der ersten beiden Jahrhunderte", *Studien zur Überlieferung des Neuen Testaments und seines Textes*, ANTF 2 (1967) 24-34.

Aland, Kurt, „Das Problem des neutestamentlichen Kanons", *Studien zur Überlieferung des Neuen Testaments und seines Textes*, ANTF 2 (1967) 1-23.

Aland, Kurt, „Die griechischen Handschriften des Neuen Testaments: Ergänzungen zur 'Kurzgefaßten Liste' (Fortsetzungsliste VII)". *Materialien zur neutestamentlichen Handschriftenkunde*, ANTF 3 (1969) 1-53.

Aland, Kurt, „Falsche Verfasserangaben? Zur Pseudonymität im frühchristlichen Schrifttum", *Th Rv* 75 (1979) 1-10.

Aland, Kurt, „Neue neutestamentliche Papyri", *NTS* 3 (1957) 261-286.

Aland, Kurt, „Neue neutestamentliche Papyri II", *NTS* 12 (1966) 193-210.

Aland, Kurt, „Noch einmal: Das Problem der Anonymität und Pseudonymität in der christlichen Literatur der ersten beiden Jahrhunderte", *Pietas*. FS Bernhard Kötting, JAC.E 8 (1980) 121-139.

Aland, Kurt, „Über die Möglichkeiten der Identifikation kleiner Fragmente neutestamentlicher Handschriften mit Hilfe des Computers", J.K. Elliott (Hg), *Studies in New*

Testament Language and Text, in Honour of George D. Kilpatrick, NT.S 44 (1976) 14-38.

Aland, Kurt, *Kurzgefaßte Liste der griechischen Handschriften des Neuen Testaments*, ANTF 1 (Berlin: De Gruyter, 1963).

Aland, Kurt; Matthew Black; Carlo M.Martini; Bruce M.Metzger; Allen Wikgren (Hgg), *Novum Testamentum Graece*, 26. neu bearbeitete Auflage (Stuttgart: Deutsche Bibelgesellschaft, 1979).

Altaner, Berthold; Alfred Stuiber, *Patrologie: Leben, Schriften und Lehre der Kirchenväter*, 9.Auflage (Freiburg, Basel, Wien: Herder, 1980).

American Bible Society (Hg), *The American Bible Society Reference Bible on CD-ROM*, Release 1.02 (New York: American Bible Society, 1993).

Anderson, Ch.P., „The Epistle to the Hebrews and the Pauline Letter Collection", HThR 59 (1966) 429-438.

Avi-Yonah, M., „Abbreviations in Greek Inscriptions", *Quarterly of the department of antiquities in Palestine*, Supplement to vol. IX (Jerusalem, 1940) 1-125.

Bammel, C.P. Hammond, „Products of Fifth-Century Scriptoria Preserving Conventions Used by Rufinus of Aquileia", JThS 30 (1979) 430-462.

Barthélemy, D., „Redécouverte d'un chaînon manquant de l'Histoire de la Septante", RB 60 (1953) 18-29.

Barton, John, *Oracles of God: Perceptions of Ancient Prophecy in Israel after the Exile* (London: Darton, Longman & Todd, 1986).

Bartsch, Hans-Werner, *Codex Bezae versus Codex Sinaiticus im Lukasevangelium* (Hildesheim, Zürich, New York: Georg Olms, 1984).

Baudissin, Wolf Wilhelm Graf, *Κυριος als Gottesname im Judentum und seine Stelle in der Religionsgeschichte*, Otto Eissfeldt (Hg) 4 Bände (Giessen: Töpelmann, 1929).

Bauer, Walter, *Das Johannesevangelium*, 2., völlig neubearbeitete Auflage, HNT 6 (1925).

Bauer, Walter; Kurt und Barbara Aland, *Griechisch-deutsches Wörterbuch zu den Schriften des Neuen Testaments und der übrigen urchristlichen Literatur*, 6., völlig neu bearbeitete Auflage (Berlin, New York: de Gruyter, 1988).

Bauer, Walter; Martin Dibelius; Rudolf Knopf; Hans Windisch (Hgg), *Die Apostolischen Väter*, HNT.EB (Tübingen: Mohr, 1923).

Beckwith, Roger T., „A Modern Theory of the Old Testament Canon", *Vetus Testamentum*, 41 (1991) 385-395.

Beckwith, Roger T., *The Old Testament Canon of the New Testament Church and its Background in Early Judaism* (Grand Rapids: Eerdmans, 1985).

Behm, Johannes, *Der Begriff ΔΙΑΘΗΚΗ im Neuen Testament* (Leipzig: Deichert, 1912).

Bell, H. Idris; T.C. Skeat (Hgg), *Fragments of an Unknown Gospel and Other Early Christian Papyri*, 2. Auflage (London, 1935).

Berger, Klaus, *Formgeschichte des Neuen Testaments* (Heidelberg: Quelle & Meyer, 1984).

Bernard, J.H., *A Critical Exegetical Commentary on the Gospel According to St. John*, ICC (Edinburgh: Clark, 1928).

Literaturverzeichnis 163

Best, Ernest, „Ephesians i,1". *Text and Interpretation: Studies in the New Testament presented to Matthew Black*, Edited by Ernest Best and R.McL.Wilson (Cambridge, London, New York, Melbourne: Cambridge University Press, 1979) 29-41.

Bigg, Charles, *A Critical Exegetical Commentary on the Epistles of St. Peter and St. Jude*, ICC (Edinburgh: Clark, 1956; Nachdruck der 2.Auflage 1902).

Bihlmeyer, Karl (Hg), *Die Apostolischen Väter*, Neubearbeitung der Funkschen Ausgabe, 2.Auflage mit einem Nachtrag von W.Schneemelcher, 1.Teil. (Tübingen: Mohr, 1956).

Bilabel, Friedrich (Hg), „56: Septuagintapapyrus", *Veröffentlichungen aus den badischen Papyrus-Sammlungen: Griechische Papyri (Urkunden, Briefe, Schreibtafeln, Ostraka etc.)* mit 2 Tafeln, 4 (1923) 24-27.

Bindemann, Walther, „Verkündigter Verkündiger: Das Paulusbild der Wir-Stücke in der Apostelgeschichte: Seine Aufnahme und Bearbeitung durch Lukas", *ThLZ* 114 (1989) 706-719.

Birt, Theodor, *Kritik und Hermeneutik nebst Abriss des antiken Buchwesens*, HKAW I,3 (München: Beck, 1913).

Black, David Allen, „The Peculiarities of Ephesians and the Ephesian Address", *Grace Theological Jounal*, 2 (1981) 59-73.

Black, Matthew(s. Kurt Aland)

Blaß, F.; Debrunner, A., *Grammatik des neutestamentlichen Griechisch*, 17. Auflage. Bearbeitet von Friedrich Rehkopf (Göttingen: Vandenhoeck, 1990).

Blum, Georg Günter, *Tradition und Sukzession: Studie zum Normbegriff des Apostolischen von Paulus bis Irenäus*, Arbeiten zur Geschichte und Theologie des Luthertums 9 (Berlin, Hamburg: Luther. Verlagshaus, 1963).

Bonner, Campbell (Hg), *A Papyrus Codex of the Sheperd of Hermas (Similitudes 2-9) with a Fragment of the Mandates*, Humanistic Series 22 (Ann Arbor: University of Michigan Press, 1934).

Boring, M.Eugene, „Mark 1:1-15 and the Beginning of the Gospel", *Semeia*, 52 (1991) 43-81.

Breck, John, „John 21: Appendix, Epilogue Or Conclusion?", *St. Vladimir's Theological Quarterly*, 36 (1992) 27-49.

Brett, Mark G., *Biblical Criticism in Crisis? The Impact of the Canonical Approach on Old Testament Studies* (Cambridge: University Press, 1991).

Brown, Schuyler, „Concerning the Origin of the Nomina Sacra", *Studia Papyrologica*, 9 (1970) 7-19.

Bruce, F. F., „Some Thoughts in the Beginning of the New Testament Canon", *Bulletin of The John Rylands University Library*, 65 (Manchester, 1982-1983) 37-60.

Bruce, F. F., *The Canon of Scripture* (Downers Grove, IL: Inter Varsity Press, 1988).

Bultmann, Rudolf, *Das Evangelium des Johannes*, 12.Auflage, KEK (1952).

Burchard, Christoph, „Zu Jakobus 2,14-26", *ZNW* 71 (1980) 27-45.

Burkitt, F.C. (Hg), *Fragments of the Books of Kings According to the Translation of Aquila* (Cambridge: University Press, 1897).

Byington, Steven T., „יהוה and אדני", *JBL* 76 (1957) 58-59.

Campenhausen, Hans von, *Die Entstehung der christlichen Bibel*, BHTh 39 (1968).
Chapman, J., „The Order of the Gospels in the parent of Codex Bezae", *ZNW* 6 (1905) 339-346.
Childs, Brevard S., *Biblical Theology of the Old and New Testaments: Theological Reflection on the Christian Bible* (London: SCM Press, 1992).
Childs, Brevard S., *Introduction to the Old Testament as Scripture* (Philadelphia: Fortress, 1979).
Childs, Brevard S., *The New Testament as Canon: An Introduction* (London: SCM Press, 1984; Philadelphia: Fortress, 1985).
Christ, Wilhelm von, *Geschichte der Griechischen Litteratur*, Bearbeitet von Wilhelm Schmid, 7. Auflage, HAW 7 (1913).
Collins, Raymond F., „The Matrix of the New Testament Canon", *BTB* 7 (1977) 51-59.
Cosgrove, Charles H., „Justin Martyr and the Emerging Christian Canon: Observations on the Purpose and Destination of the Dialogue with Trypho", *VigChr* 36 (1982) 209-232.
Crossan, John Dominic, „Thoughts on Two Extracanonical Gospels", *Semeia*, 49 (1990) 161-166.
Culpepper, R. Alan, *Anatomy of the Fourth Gospel : A Study in Literary Design* (Philadelphia: Fortress, 1983).
Dallas Theological Seminary (Hg), *CDWORD: The Interactive Bible Library* (Dallas: Dallas Theological Seminary, 1990).
Deissmann, Adolf, *Die Septuaginta-Papyri und andere altchristliche Texte der Heidelberger Papyrus-Sammlung*, Veröffentlichungen aus der Heidelberger Papyrus-Sammlung, 1 (Heidelberg: Winter, 1905).
Delcor, M., „Des diverses manières d'écrire le tétragramme sacré dans les anciens documents hébraïques", *Revue de l'histoire des religions*, 147 (1955) 145-173.
Deutsche Bibelstiftung, Stuttgart; Katholische Bibleanstalt, Stuttgart; Österreichisches Katholisches Bibelwerk, Klosterneuburg (Hgg), *Einheitsübersetzung der Heiligen Schrift: Die Bibel*, Gesamtausgabe (Stuttgart, Kath. Bibelanstalt, 1980).
Dibelius, Martin (s. Walter Bauer)
Diebner, Bernd Jørg, „Zur Funktion der kanonischen Textsammlung im Judentum der vor-christlichen Zeit: Gedanken zu einer Kanon-Hermeneutik", *DBAT* 22 (1985-1986) 58-73.
Dinkler von Schubert, Erika, „CTAYPOC: Vom 'Wort vom Kreuz' (I Cor. I,18) zum Kreuz-Symbol", *FS K. Weitzmann* (Princeton, 1995).
Dinkler, Erich, „Zur Geschichte des Kreuzsymbols", *ZThK* 48 (1951) 148-172.
Dodd, C. H., „A New Gospel", *The John Rylands Library*, 2.Auflage (Manchester: University Press, 1954) 56-92.
Dodrowski, Günther (Hg), *Duden: Das große Wörterbuch der deutschen Sprache*, Durchgesehener Nachdruck (Mannheim, Wien, Zürich: Bibliograph. Institut, 1977).
Donfried, Karl P., *The Setting of Second Clement in Early Christianity*, NT.S 38 (1974).

Doresse, Jean; Togo Mina, „Nouveaux textes gnostiques coptes découverts en Haute-Egypte: La bibliotheque de Chenoboskion", *VigChr* 3 (1949) 129-141.

Dormeyer, Detlev, *Euangelium als literarische und theologische Gattung*, Erträge der Forschung, 263 (Darmstadt: Wissenschaftliche Buchgesellschaft, 1989).

Dorn, H.-J.; V. Rosenberger; D. Trobisch (Hgg), „Nachtrag zu dem Septuagintapapyrus VBP IV 56", *ZPE* 65 (1986) 106; Tafel IIIa+b.

Dorn, H.-J.; V. Rosenberger; D. Trobisch (Hgg), „Zu dem Septuagintapapyrus VBP IV 56", *ZPE* 61 (1985) 115-121; Tafel V+VI.

Droge, Arthur J., „The Status of Peter in the Fourth Gospel: A Note on John 18:10-11", *JBL* 109 (1990) 307-311.

Duden, s. Dodrowski, Günther (Hg).

Dunand, F., *Papyrus grecs bibliques (F. Inv. 266): Volumina de la Genèse et du Deutéronome*, Papyrus grecs bibliques (F. Inv. 266): Volumina de la Genèse et du Deutéronome, Recherches d'archéologie, de philologie et d'histoire, 27 (Kairo 1966).

Ehrman, Bart D., „The Text of Mark in the Hands of the Orthodox", *Lutheran Quarterly*, 5 (Milwaukee, Wis.: 1991) 143-156.

Einheitsübersetzung (s. Deutsche Bibelstiftung)

Ellis, Peter F., „The Authenticity Of John 21", *St. Vladimir's Theological Quarterly*, 36 (1992) 17-25.

Färber, Hans; Wilhelm Schöne (Hgg), *Horaz: Sämtliche Werke lateinisch und deutsch*, 9.Auflage (Darmstadt: Wiss. Buchgesellschaft, 1982).

Farkasfalvy, Denis M. (s. William R. Farmer)

Farmer, William R.; Denis M. Farkasfalvy, *The Formation of the New Testament Canon* (New York u.a.: Paulist Press, 1983).

Fischer, Joseph A. (Hg), *Die Apostolischen Väter: Griechisch und deutsch*, Eingeleitet, herausgegeben, übertragen und erläutert (Darmstadt: Wissenschaftliche Buchgesellschaft, 1956).

Fischer, Joseph, „Die Einheit der beiden Testamente bei Laktanz, Viktorin von Pettau und deren Quellen", *Münchener Theologische Zeitschrift*, 1 (1950) 96-101.

Fischer, Karl Martin, „Anmerkung zur Pseudepigraphie im Neuen Testament", *NTS* 23 (1977) 76-81.

Fitzmyer, Joseph A., „Der semitische Hintergrund des neutestamentlichen Kyriostitels", G. Strecker (Hg), *Jesus Christus in Historie und Theologie: Neutestamentliche Festschrift für Hans Conzelmann zum 60. Geburtstag* (Tübingen: Mohr, 1975) 267-298.

Fitzmyer, Joseph A., „The Contribution of Qumran Aramaic to the Study of the New Testament", *NTS* 20 (1973-74) 382-407.

Flesseman-van Leer, Ellen, „Prinzipien der Sammlung und Ausscheidung bei der Bildung des Kanons", *ZThK* 61 (1964) 404-420.

Frank, Isidor, *Der Sinn der Kanonbildung: Eine historisch-theologische Untersuchung der Zeit vom 1. Clemensbrief bis Irenäus von Lyon*, Freiburger Theologische Studien, 90 (Freiburg: Herder, 1971).

Frankemölle, Hubert, *Evangelium - Begriff und Gattung: Ein Forschungsbericht*, Stuttgarter Biblische Beiträge, 15 (Stuttgart: Katholisches Bibelwerk, 1988).

Franzmann, M.; Klinger, M., "The Call Stories of John 1 and John 21", *St. Vladimir's Theological Quarterly*, 36 (1992) 7-15.

Gallazzi, C., "Frammenti di un codice con le Epistole di Paolo", *ZPE* 46 (1982) 117-122.

Gamble, Harry, *The New Testament Canon: Its Making and Meaning* (Philadelphia: Fortress, 1985).

Georgi, Dieter, "Die Aristoteles- und Theophrastausgabe des Andronikus von Rhodus: Ein Beitrag zur Kanonsproblematik", Rüdiger Bartelmus u.a. (Hgg), *Konsequente Traditionsgeschichte*, Festschrift für Klaus Baltzer, OBO 126 (1993) 45-78.

Gerstinger, Hans, "Rezension: A.H.R.E. Paap: Nomina sacra in the Greek Papyri of the first five centuries A.D. (Leiden: Brill 1959)", *Gnomon*, 32 (1960) 371-374.

Gevaryahu, H. M. I., "Biblical Colophons: a Source for the 'Biography' of Authors, Texts and Books", *Supplements to Vetus Testamentum*, 28 (Leiden: Brill, 1975) 42-59.

Göll, Hermann, "Der Buchhandel in Griechenland und Rom", *Kulturbilder aus Hellas und Rom*, 3. Bd, 2.Auflage (Leipzig: Hartknoch, 1869) 98-124.

Goodspeed, Edgar J., *A History of Early Christian Literature*, Revised and enlarged by Robert M. Grant (Chicago: University of Chicago Press, 1966).

Goodspeed, Edgar J., *The Apostolic Fathers: An American Translation* (New York: Harper, 1950).

Grant, Robert M. (Hg), *The Apostolic Fathers: A New Translation and Commentary* (New York, Toronto: Nelson, 1964-1968).

Greenlee, J. Harold, *Nine Uncial Palimpsests of the Greek New Testament*, Studies and Documents, 39 (Salt Lake City: University of Utah Press, 1968).

Gregson, R., "A Solution of the Problems of the Thessalonian Epistles", *Evangelical Quarterly*, 38 (1966) 76-80.

Haenchen, Ernst, *Die Apostelgeschichte*, 7. Auflage, KEK 3 (1977).

Hagedorn, Dieter (Hg), "P.IFAO II 31: Johannesapokalypse 1,13-20", *ZPE* 92 (1992) 243-247.

Hahn, Ferdinand, "Die Heilige Schrift als älteste christliche Tradition und als Kanon", *Evangelische Theologie*, 40 (1980) 456-466.

Hahneman, Geoffrey Mark, *The Muratorian Fragment and the Development of the Canon*, Oxford Theological Monographs (Oxford: Clarendon, 1992).

Hall, F.W., *Companion to Classical Texts* (Oxford: Clarendon, 1913; Nachdruck: Hildesheim: Georg Olms, 1968).

Harmer, J.R. (s. J.B. Lightfoot)

Harnack, Adolf von, *Das Neue Testament um das Jahr 200* (Freiburg: Mohr, 1889).

Harnack, Adolf von, *Die Entstehung des Neuen Testamentes und die wichtigsten Folgen der neuen Schöpfung* (Leipzig: Hinrichs, 1914).

Harnack, Adolf von, *Marcion: Das Evangelium vom fremden Gott: Eine Monographie zur Geschichte der Grundlegung der katholischen Kirche* (Leipzig: Hinrichs, 1921; Neudruck 1960).

Harris, J.Rendell (Hg), *Biblical Fragments from Mount Sinai* (London, 1890).
Harrison, P.N., *Polycarp's Two Epistles to the Philippians* (Cambridge: University Press, 1936).
Harrisville, R. A., „The Concept of Newness in the New Testament", *JBL* 74 (1955) 69-79.
Hartman, Lars, „An Attempt at a Text-Centered Exegesis of John 21", *Studia Theologica*, 38 (1984) 29-45.
Hatch, William H.P., „The Position of Hebrews in the Canon of the New Testament", *HThR* 29 (1936) 133-151.
Head, Peter M., „A Text-Critical Study of Mark 1.1: 'The Beginning of the Gospel of Jesus Christ'", *NTS* 37 (1991) 621-629.
Heath, Dale Eldon, *The Text of Manuscript Gregory 048 (Vatican Greek 2061)* (Upland, Indiana: Taylor University, 1965).
Heiligenthal, Roman, „Der Judasbrief: Aspekte der Forschung in den letzten Jahrhunderten", *ThR* 51 (1986) 117-129.
Heiligenthal, Roman, *Zwischen Henoch und Paulus: Studien zum theologiegeschichtlichen Ort des Judasbriefes*, TANZ 6 (1992).
Helm, Rudolf (Hg), *Martial: Epigramme*, Eingeleitet und im antiken Versmaß übertragen, Bibliothek der Alten Welt (Zürich, Stuttgart: Artemis, 1957).
Hengel, Martin, *Die Evangelienüberschriften*, SHAW.PH 1984,3 (Heidelberg: Winter, 1984).
Hengel, Martin, *Die johanneische Frage: Ein Lösungsversuch*, mit einem Beitrag zur Apokalypse von Jörg Frey, WUNT 67 (Tübingen: Mohr, 1993).
Hengel, Martin, *The Johannine Question* (London: SCM; Philadelphia: Trinity, 1989).
Hennings, Ralph, *Der Briefwechsel zwischen Augustinus und Hieronymus und ihr Streit um den Kanon des Alten Testaments und die Auslegung von Gal. 2,11-14*, Supplements to Vigiliae Christianae, 21 (Leiden u.a.: Brill, 1994).
Herford, R.Travers, *Christianity in Talmud and Midrash*, Reprinted (Clifton, NJ: Reference Book, 1966).
Hoffmann, R.Joseph, *Marcion: On the Restitution of Christianity: An Essay on the Development of Radical Paulinist Theology in the Second Century* (Chico CA: Scholars Press, 1984).
Hoh, J., *Die Lehre des Hl. Irenäus über das Neue Testament*, Neutestamentliche Abhandlungen, 7 (Münster: Aschendorffsche Verlagsbuchhandlung, 1919).
Howard, George, „The Tetragram and the New Testament", *JBL* 96 (1977) 63-83.
Jubiläumsbibel (s. Stuttgarter Jubiläumsbibel)
Kahle, P., „Der gegenwärtige Stand der Erforschung der in Palästina neu gefundenen hebräischen Handschriften: 27. Die im August 1952 entdeckte Lederrolle mit dem griechischen Text der kleinen Propheten und das Problem der Septuaginta", *ThLZ* 79 (1954) 82-94.
Kahle, P., „Problems of the Septuagint", *Studia Patristica*, 1; *TU* 63 (1957) 328-338.

Kahle, P., „The Greek Bible and the Gospels: Fragments from the Judaean Desert", K.Aland u.a. (Hgg), *Studia Evangelica: Papers presented to the International Congress on „The Four Gospels" in 1957* (Berlin: Akademie-Verlag, 1959) 613-621.

Kahle, P., „The Greek Bible Manuscripts Used by Origen", *JBL* 79 (1960) 111-118.

Kalin, Everett R., „Re-examining New Testament Canon History: 1. The Canon of Origin", *Currents in Theology and Mission*, 17 (Chicago, IL, 1990) 274-282.

Karavidopoulos, Johannes (s. Barbara Aland)

Karrer, Martin, „Petrus im paulinischen Gemeindekreis", *ZNW* 80 (1989) 210-231.

Käsemann, Ernst (Hg), *Das Neue Testament als Kanon: Dokumentation und kritische Analyse zur gegenwärtigen Diskussion* (Göttingen: Vandenhoeck, 1970).

Kasser, Rudolphe; Victor Martin (Hgg), *Papyrus Bodmer XIV, Evangile de Luc, Chap.3-24* (Cologny/Genf: Bibliothèque Bodmer, 1961).

Kasser, Rudolphe; Victor Martin (Hgg), *Papyrus Bodmer XV, Evangile de Jean, Chap. 1-15* (Cologny/Genf: Bibliothèque Bodmer, 1961).

Kasser, Rudolphe; Victor Martin (Hgg), *Papyrus Bodmer XVII, Actes des Apôtres, Epîtres de Jaques, Pierre, Jean et Jude* (Cologny/Genf: Bibliothèque Bodmer, 1961).

Kelly, J.N.D., *A Commentary on the Epistles of Peter and of Jude*, Black's New Testament Commentaries (London: Black, 1969; reprint 1977).

Kent, Homer A., „The Gospel According to Matthew", Everett F. Harrison (Hg), *The Wycliffe Bible Commentary: The New Testament*, 4.Auflage (New York: Iversen-Norman Associates, 1973) 1-112.

Kenyon, F.G. (Hg), *British Museum: The Codex Alexandrinus: (Royal Ms 1 D V-VIII)*, In Reduced Photographic Facsimile: Old Testament (London: Oxford, University Press u.a., 1915).

Kenyon, F.G. (Hg), *The Chester Beatty Biblical Papyri, Descriptions and Texts of Twelve Manuscripts on Papyrus of the Greek Bible, Fasciculus II: The Gospels and Acts (Plates)* (London: Emery Walker Lim., 1934).

Kenyon, F. G. (Hg), *The Chester Beatty Biblical Papyri: Descriptions and Texts of Twelve Manuscripts on Papyrus of the Greek Bible*, Fasciculus III supplement, Pauline Epistles (London: Walker, 1936/37).

Kenyon, F. G., „Nomina Sacra in the Chester Beatty Papyri", *Aegyptus*, 13 (1933) 5-10.

Kim, Young Kyu, „Paleographical Dating of $\mathfrak{P}^{46}$ to the Later First Century", *Bib.* 69 (1988) 248-257.

Kinzig, Wolfram, „Ἡ καινὴ διαθήκη: The Title of the New Testament in the Second and Third Centuries", *JThS* 45 (1994) 519-544.

Klauck, Hans-Josef, *Die Johannesbriefe*, Erträge der Forschung, 276 (Darmstadt: Wissenschaftliche Buchgesellschaft, 1991).

Kleberg, Tönnes, *Buchhandel und Verlagswesen in der Antike* (Darmstadt: Wissenschaftliche Buchgesellschaft, 1967).

Klijn, A. F. J., „Die Entstehungsgeschichte des Neuen Testaments", *ANRW* 2,26,1 (1992) 64-97.

Klinger, M. (s. M. Franzmann)

Kloeters, Gert, *Buch und Schrift bei Hieronymus* (Münster: Diss. phil., 1957).
Knoch, Otto, *Der Erste und Zweite Petrusbrief. Der Judasbrief*, Übersetzt und erklärt von Otto Knoch, RNT (Regensburg: Pustet, 1990).
Knopf, Rudolf (s. Walter Bauer)
Knox, John, *Marcion and the New Testament: An Essay in the Early History of the Canon* (Chicago: University of Chicago Press, 1942).
Koester, Helmut, *Ancient Christian Gospels: Their History and Development* (London: SCM; Philadelphia, PA: Trinity Press International, 1990).
Körtner, Ulrich H.J., „Markus der Mitarbeiter des Petrus", *ZNW* 71 (1980) 160-173.
Kraft, Heinrich, „Das besondere Selbstbewußtsein der Verfasser der Neutestamentlichen Schriften", J.M. Hollenbach, Hugo Staudinger (Hgg), *Moderne Exegese und historische Wissenschaft* (Trier: Spee-Verlag, 1972) 77-93.
Krause, Gerhard u.a. (Hgg), *Theologische Realenzyklopädie* (Berlin, New York: de Gruyter, 1977ff).
Kuhnert, Ernst, „Geschichte des Buchhandels vom Altertum bis zur Gegenwart: Die Entwicklung in Umrissen", Fritz Milkau (Hg), *Handbuch der Bibliothekswissenschaft*, 1.Bd: Schrift und Buch (Leipzig: Harrassowitz, 1931) 717-827.
Kutsch, Ernst, *Neues Testament - Neuer Bund? Eine Fehlübersetzung wird korrigiert* (Neukirchen-Vluyn: Neukirchner Verlag, 1978).
Lake, Helen; Lake, Kirsopp (Hgg), *Codex Sinaiticus Petropolitanus: The New Testament, the Epistle of Barnabas and the Shepherd of Hermas*. (Oxford, Clarendon, 1911) reproduced in facsimile from photographs with a description and introduction to the history of the Codex.
Lake, Helen; Lake, Kirsopp, *Codex Sinaticus Petropolitanus et Frederico- Augustanus Lipsiensis: The Old Testament: Preserved in the Public Library of Petrograd, in the Library of the Society of Ancient Literature in Petrograd, and in the Library of the University of Leipzig*, Reproduced in Facsimile from Photographs. With a Description and Introduction to the History of the Codex by Kirsopp Lake (Oxford: Clarendon, 1922).
Lake, Kirsopp (s. Helen Lake)
Lake, Kirsopp, „Rezension: H.J.M. Milne, T.C. Skeat, Scribes and Correctors of the Codex Sinaiticus (London: British Museum, 1938)", *Classical Philology*, 37 (1942) 91-96.
Lambot, C., „Lettre inédite de S. Augustin relative au 'De Civitate Dei'", *Revue Bénédictine*, 51 (1939) 109-121.
Lieberman, Saul, *Hellenism in Jewish Palestine: Studies in the Literary Transmission, Beliefs and Manners of Palestine in the I Century B.C.E. - IV Century C.E.*, Texts and Studies of the Jewish Theological Seminary of America, 18 (New York: Jewish Theological Seminary, 1950).
Lietzmann, Hans, *Wie wurden die Bücher des Neuen Testaments heilige Schrift? Fünf Vorträge* (Tübingen: Mohr, 1907).
Lifshitz, B., „The Greek Documents from the Cave of Horror", *Israel Exploration Journal*, 12 (Jerusalem, 1962) 201-207.

Lightfoot, J.B.; J.R. Harmer (Hgg), *The Apostolic Fathers*, Edited and revised by Michael W. Holmes, 2.Auflage, 5.Nachdruck (Grand Rapids, Michigan: Baker Book House, 1992; 1.Auflage: London, 1891).

Lohmeyer, Ernst, *Diatheke: Ein Beitrag zur Erklärung des neutestamentlichen Begriffs* (Leipzig: Hinrichs, 1913).

Loisy, A., *Histoire du canon du Nouveau Testament* (Paris, 1891; unveränderter Nachdruck Frankfurt: Minerva, 1971).

Lührmann, Dieter, „Gal 2,9 und die katholischen Briefe: Bemerkungen zum Kanon und zur regula fidei", *ZNW* 72 (1981) 65-87.

Maier, Gerhard (Hg), *Der Kanon der Bibel* (Wuppertal: R.Brockhaus, 1990).

Mallon, Jean, „Quel est le plus ancien exemple connu d'un manuscrit Latin en forme de codex?", *Emerita*, 17 (Madrid 1949) 1-8.

Marrou, H.I., „La technique de l'édition à l'époque patristique", *VigChr* 3 (1949) 208-224.

Martin, Victor (s. Rudolphe Kasser)

Martini, Carlo M. (s. Barbara Aland; Kurt Aland)

Martini, Carolus M. (Hg), *Novum Testamentum e Codice Vaticano Graeco 1209 (Codex B): Tertia vice phototypice expressum*, Vorwort von C.M.Martini (Vatikanstadt, 1968).

McLean, Bradley H., „Galatians 2.7-9 and the Recognition of Paul's Apostolic Status at the Jerusalem Conference: A Critique of G. Luedemann's solution", *NTS* 37 (1991) 67-76.

McNamee, Kathleen, *Abbreviations in Greek Literary Papyri and Ostraca*, Bulletin of the American Society of Papyrologists, Supplements 3 (1981).

Meade, David G., *Pseudonymity and Canon: An Investigation into the Relationship of Authorship and Authority in Jewish and Earliest Christian Tradition*, WUNT, 39 (Tübingen: Mohr, 1986).

Metzger, Bruce M. (s. Barbara Aland; Kurt Aland)

Metzger, Bruce M., *Der Kanon des Neuen Testaments: Entstehung, Entwicklung, Bedeutung* (Düsseldorf: Patmos, 1987).

Metzger, Bruce M., *Der Text des Neuen Testaments: Eine Einführung in die neutestamentliche Textkritik* (Stuttgart, Berlin, Köln, Mainz: Kohlhammer, 1966).

Metzger, Bruce M., *Manuscripts of the Greek Bible: An Introduction to Greek Palaeography* (New York, Oxford: Oxford University Press: 1981).

Metzger, Bruce M., *The Canon of the New Testament: Its Origin, Development and Significance* (Oxford: Clarendon, 1987).

Meyer, Marvin W., „The Youth in the Secret Gospel of Mark", *Semeia*, 49 (1990) 129-154.

Miller, Ed. L., „The Johannine Origins of the Johannine Logos", *JBL* 112 (1993) 445-457.

Milne, H.J.M., *Greek Shorthand Manuals: Syllabary and Commentary* (London, 1936).

Milne, H.J.M.; T.C.Skeat, *Scribes and Correctors of the Codex Sinaiticus* (Oxford: University Press, 1938).

Minear, Paul S., "The Original Functions of John 21", *JBL* 102 (1983) 85-98.

Minor, Mark, *Literary-Critical Approaches to the Bible: An Annotated Bibliography* (West Cornwall, CT: Locust Hill Press, 1992).

Mitteis, L.; Ulrich Wilcken (Hgg), *Grundzüge und Chrestomathie der Papyruskunde*, Erster Band: Historischer Teil (Hildesheim: Olms, 1963; Nachdruck der 1.Aufl., Leipzig 1912).

Montgomery, J.A., "A Survival of the Tetragrammaton in Daniel", *JBL* 40 (1921) 86.

Nachmanson, Ernst, "Die schrifliche Kontraktion auf den griechischen Inschriften", *Eranos*, 9 (1909) 101-141.

Neirynck, Frans, "John 21", *NTS* 36 (1990) 321-336.

Neyrey, Jerome H., "The Apologetic Use of the Transfiguration in 2Peter 1:16-21", *CBQ* 42 (1980) 504-519.

Neyrey, Jerome H., *The Form and Background of the Polemic in 2 Peter* (New Haven: Diss. Yale, 1977).

NTG^{27} (s. Barbara Aland u.a. Hgg, *Novum Testamentum Graece*, 27. Auflage)

Ohlig, Karl-Heinz, *Die theologische Begründung des neutestamentlichen Kanons in der Alten Kirche* (Düsseldorf: Patmos, 1972).

Orchard, Bernhard; Harold Riley, *The Order of the Synoptics: Why Three Synoptic Gospels?* (Macon, Georgia: Mercer University Press, 1987).

Oss, Douglas A., "Canon as Context: the Function of Sensus Plenior in Evangelical Hermeneutics", *Grace Theological Journal*, 9 (1988) 105-127.

Paap, A.H.R.E., *Nomina Sacra in the Greek Papyri of the First Five Centuries A.D.* (Leiden: Brill, 1959).

Pack, Roger A., *Greek and Latin Literary Texts from Greco-Roman Egypt* (Ann Arbor: University of Michigan Press, 1952; 2.Auflage, 1965).

Parker David C., *Codex Bezae: An Early Christian Manuscript and its Text* (Cambridge, New York: Cambridge University Press, 1992).

Paulsen, Henning, "Die Bedeutung des Montanismus für die Herausbildung des Kanons", *VigChr* 32 (1978) 19-52.

Paulsen, Henning; *Der Zweite Petrusbrief und der Judasbrief*, KEK 12,2 (Göttingen: Vandenhoeck, 1992).

Peppermüller, Rolf, "Ein Unzialfragment auf dem Athos (Vatopediu und Protatu) und in Paris (0102 + [0138])", K. Aland (Hg), *Materialien zur neutestamentlichen Handschriftenkunde*, ANTF 3 (1969) 144-176.

Pesch, Rudolf, "Die Zuschreibung der Evangelien an apostolische Verfasser", *ZKTh* 97 (1975) 56-71.

Pesch, Rudolf, "Levi-Matthäus (Mc 2,14 / Mt 9,9 10,3): Ein Beitrag zur Lösung eines alten Problems", *ZNW* 59 (1968) 40-56.

Quinn, Jerome D., "The Last Volume of Luke: The Relation of Luke-Acts to the Pastoral Epistles", Charles H. Talbert (ed.), *Perspectives on Luke-Acts* (Danville, VA: Association of Baptist Professors of Religion, 1978) 62-75.

Rendtorff, Rolf, „Zur Bedeutung des Kanons für eine Theologie des Alten Testaments", *„Wenn nicht jetzt, wann dann?", FS für Hans-Joachim Kraus zum 65. Geburtstag* (Neukirchen-Vluyn: Neukirchner, 1983) 2-11.

Riesner, Rainer, „Ansätze zur Kanonbildung innerhalb des Neuen Testaments", *Der Kanon der Bibel*, G. Maier (Hg) (Basel: Brunnen; Wuppertal: Brockhaus, 1990) 153-164.

Riley, Harold (s. Bernhard Orchard)

Rist, Martin, „Pseudepigraphic Refutations of Marcionism", *Journal of Religion*, 22 (1942) 39-62.

Ritter, Adolf Martin, „Die Entstehung des neutestamentlichen Kanons: Selbstdurchsetzung oder autoritative Entscheidung?", Aleida und Jan Assman (Hgg), *Kanon und Zensur: Beiträge zur Archäologie der literarischen Kommunikation*, 2 (München: Fink, 1987).

Ritter, Adolf Martin, „Zur Kanonbildung in der alten Kirche", *Charisma und Caritas: Patristische Aufsätze* (Göttingen: Vandenhoeck, 1993).

Roberts, Colin Henderson, „P. Yale 1 and the Early Christian Book", Essays in Honor of C. Bradford Welles, *American Studies in Papyrology*, 1 (New Haven: American Society of Papyrologists, 1966) 25-28.

Roberts, Colin Henderson, „The Codex", *Proceedings of the British Academy*, 40 (1954) 169-204.

Roberts, Colin Henderson, *Manuscript, Society and Belief in Early Christian Egypt*, The Schweich Lectures of the British Academy 1977 (London, 1979).

Roberts, Colin Henderson; T.C. Skeat, *The Birth of the Codex* (London; New York: Oxford University Press, 1983).

Rosenberger, V. (s. H.-J. Dorn)

Rudberg, Gunnar, „Ad usum circumscribentem praepositionum Graecarum adnotationes", *Eranos*, 19 (1919-20) 173-206.

Rudberg, Gunnar, *Neutestamentlicher Text und Nomina sacra*, Skrifter utgifna at K. Humanistiska Vetenskaps-Samfundet i Uppsala 17:3 (Uppsala: Akademiska Bokhandeln; Leipzig: Harrassowitz,1915).

Rudberg, Gunnar, „Zur paläographischen Kontraktion auf griechischen Ostraka", *Eranos*, 9 (1909) 71-100.

Sand, A., *Kanon: Von den Anfängen bis zum Fragmentum Muratorianum*, Handbuch der Dogmengeschichte 1,3a,1 (Freiburg u.a., 1974).

Sanders, Henry A. (Hg), *A Third-Century Papyrus Codex of the Epistles of Paul*, University of Michigan Studies, Humanistic Series, 38 (Ann Arbor: University of Michigan Press, 1935).

Sanders, Henry A. (Hg), *Facsimile of the Washington Manuscript of the Four Gospels in the Freer Collection*, Studies Humanistic Series 9,1 (Ann Arbor, Michigan: University of Michigan, 1912).

Sanders, Henry A., „The Beginning of the Modern Book: The Codex of the Classical Era", *Michigan Alumnus*, 44/15 (1938) 95-111.

Sanders, J.N.; B.A. Mastin, *A Commentary on the Gospel According to St John*, BNTC (1968).
Sanz, P., *Christliche Papyri aus der Papyrussammlung der Nationalbibliothek zu Wien* (Wien: Phil. Diss., 1936).
Scheele, Jürgen, „Buch und Bibliothek bei Augustinus", *Bibliothek und Wissenschaft*, 12 (1978) 14-114.
Schmid, Ulrich, *Marcion und sein Apostolos: Rekonstruktion und historische Einordnung der marcionitischen Paulusbriefausgabe*, ANTF 25 (1995).
Schmidt, Daryl D., „Semitisms and Septuagintalisms in the Book of Revelation", *NTS* 37 (1991) 592-603.
Schnackenburg, Rudolf, *Die Johannesbriefe*, 2. Auflage, HThK 13 (1963).
Schneider, Gerhard, *Die Apostelgeschichte*, HThK 5 (1980-82).
Schneider, Johannes, *Das Evangelium nach Johannes*, Aus dem Nachlaß hg. von Erich Fascher, ThHK (1976).
Schofield, E.M. (Hg), *The Papyrus Fragments of the Greek New Testament* (Clinton, New Jersey, 1936).
Schön, Franz (Hg), *C. Suetonius Tranquillus: Sämtliche erhaltene Werke*, Unter Zugrundelegung der Übertragung von Adolf Stahr neu bearbeitet von Franz Schön und Gerhard Waldherr; Mit einer Einführung von Franz Schön (Essen: Phaidon, 1987).
Schöne, Wilhelm (s. Hans Färber)
Schubart, Wilhem, *Das Buch bei den Griechen und Römern*, 2. umgearbeitete Auflage (Berlin, Leipzig: de Gruyter, 1921); 3. (gekürzte) Auflage: E. Paul (Hg) (Heidelberg, Leipzig, 1962) *[Die Seitenangaben im Manuskript folgen der ausführlicheren 2.Auflage]*.
Schumacher, Joseph, *Der apostolische Abschluß der Offenbarung Gottes*, Freiburger Theologische Studien, 114 (Freiburg, Basel, Wien: Herder, 1979).
Scobie, Charles H., „The Challenge of Biblical Theology", *Tyndale Bulletin* 42 (1991) 33-61.
Seeligmann, Isaac L., „Problems and Perspectives in Modern Septuagint Research", Emanuel Tov (Hg), *Textus: Studies of the Hebrew University Bible Project*, 15 (Jerusalem: Magnes Press, 1990) 169-232.
Segovia, Fernando F., „The Final Farewell of Jesus: A Reading of John 20:30-21:25", *The Fourth Gospel From a Literary Perspective*, Semeia, 53 (1991) 167-190.
Sheppard, Gerald T., „Canonization: Hearing the Voice of the Same God Through Historically Dissimilar Traditions", *Interpretation: A Journal of Bible and Theology*, 36 (1982) 21-33.
Sheppard, Gerald T., „'Enemies' and the Politics of Prayer in the Book of Psalms", David Jobling, Peggy L. Day, Gerald T. Sheppard (Hgg), *The Bible and the Politics of Exegesis* (Cleveland, Ohio: Pilgrim Press, 1991) 61-82; 308-311.
Siegel, Jonathan P., „The Employment of Palaeo-Hebrew Characters for the Divine Names at Qumran in the Light of Tannaitic Sources", *Hebrew Union College Annual*, 42 (1971) 159-172.
Skeat, T.C. (s. H. Idris Bell; Colin Roberts)

Skeat, T.C., „Irenaeus and the Four-Gospel Canon", *NT* 34 (1992) 194-199.

Skeat, T.C., „The Length of the Standard Papyrus Roll and the Cost-advantage of the Codex", *ZPE* 45 (1982) 169-175.

Skeat, T.C., „The Use of Dictation in Ancient Book-Production", *Proceedings of the British Academy*, 42 (1956) 179-208.

Skehan, P.W., „The Qumran Manuscripts and Textual Criticism", *Volume du Congrès, Strasbourg 1956*, Supplements to Vetus Testamentum, 4 (Leiden: Brill, 1957) 148-160.

Skehan, P.W., „The Text of Isaias at Qumran", *CBQ* 17 (1955).

Smith, Dennis E., „Narrative Beginnings in Ancient Literature and Theory", *Semeia*, 52 (1991) 1-9.

Spicq, C., *Les Epîtres de Saint Pierre*, Sources Bibliques (Paris, 1966).

Stanton, Graham N., *A Gospel for a New People: Studies in Matthew* (Edinburgh: Clark, 1992).

Starr, Raymond J., „Reading Aloud: Lectores and Roman Reading", *The Classical Journal*, 86 (1991) 337-343.

Starr, Raymond J., „The Used-Book Trade in the Roman World", *Phoenix*, 44 (1990) 148-157.

Stegemann, Wolfgang, „War der Apostel Paulus ein römischer Bürger?", *ZNW* 78 (1987) 200-229.

Stemberger, Günter, *Der Talmud: Einführung · Texte · Erläuterungen*, 2.Auflage (München: Beck, 1987).

Strecker, Georg, „εὐαγγέλιον, ου, τό; euaggelion; Evangelium", *EWNT* 2 (1992) 176-186.

Strecker, Georg, *Literaturgeschichte des Neuen Testaments* (Göttingen: Vandenhoeck, 1992).

Stuhlhofer, Franz, *Der Gebrauch der Bibel von Jesus bis Euseb: Eine statistische Untersuchung zur Kanonsgeschichte* (Wuppertal: R.Brockhaus, 1988).

Stuiber, Alfred (s. Berthold Altaner)

Stuttgarter Jubiläumsbibel mit erklärenden Anmerkungen: Die Bibel oder die ganze Heilige Schrift des Alten u. Neuen Testaments nach der deutschen Übersetzung D. Martin Luthers, neu durchgesehen nach dem vom Deutschen Evangelischen Kirchenausschuß genehmigten Text, mit erklärenden Anmerkungen (Stuttgart: Privileg. Württembergische Bibelanstalt, 1912).

Sundberg, Albert C. Jr., „The Bible Canon and the Christian Doctrine of Inspiration", *Interpretation*, 29 (1975) 352-371.

Sundberg, Albert C., „Canon Muratori: A Fourth-Century List", *HThR* 66 (1973) 1-41.

Sundberg, Albert C., „Canon of the New Testament", Supplementary Volume, *Interpreters Dictionary of the Bible*.

Sundberg, Albert C., *The Old Testament of the Early Church* (Cambridge, Mass.: Harvard University Press, 1964).

Sundberg, A. C., „Towards a Revised History of the New Testament Canon", *Studia Evangelica*, 4, *TU* 102 (1968) 452-461.

Swete, Henry Barclay, *An Introduction to the Old Testament in Greek: With an Appendix containing the Letter of Aristeas edited by H.St.J. Thackeray* (Cambridge: University Press, 1900) (rev. R.R. Ottley, reprinted New York: Ktav, 1968).

Talbert, Charles H., „II Peter and the Delay of the Parousia", *VigChr* 20 (1966) 137-145.

Testuz, Michel (Hg), *Papyrus Bodmer VII-IX. VII: L'Epître de Jude ; VIII: Les deux Epîtres de Pierre; IX: Les Psaumes 33 et 34* (Cologny/Genf: Bibliothèque Bodmer, 1959).

Theologische Realenzyklopädie (s. Gerhard Krause).

Thompson, Steven, *The Apocalypse and Semitic Syntax* (Cambridge; New York: Cambridge University Press, 1985).

Thornton, Claus-Jürgen, *Der Zeuge des Zeugen: Lukas als Historiker der Paulusreisen*, WUNT 56 (Tübingen: Mohr, 1991).

Thyen, Hartwig, „Johannes und die Synoptiker", A. Denaux (Hg), *John and the Synoptics*, BEThL 51 (Leuven, 1992) 81-107.

Tischendorf, Constantin (Hg), *Codex Ephraemi Syri Rescriptus: sive fragmenta utriusque testamenti e codice graeco parisiensi celeberrimo quinti ut videtur post christum saeculi* (2 Bd.) (Leipzig: Taubnitz, 1843).

Tischendorf, Constantinus (Hg), *Novum Testamentum Graece ad antiquissimos testes denuo recensuit, apparatum criticum apposuit Constantinus Tischendorf,* Editio octava critica maior volumen III, Prolegomena scripsit Caspar Renatus Gregory (Leipzig: Hinrichs, 1894).

Tov, Emanuel (Hg), *The Greek Minor Prophets Scroll From Naḥal Ḥever (8HevXIIgr) (The Seiyâl Collection I)*, Discoveries in the Judaean Desert, 8 (1990).

Tov, Emanuel, „Die griechischen Bibelübersetzungen", *ANRW* Teil 2: Principat Bd. 20.1 (1987) 121-189.

Traube, Ludwig, *Nomina Sacra: Versuch einer Geschichte der christlichen Kürzungen* (München, 1907; Nachdruck: Darmstadt: Wiss. Buchgesellschaft, 1967).

Treu, Kurt, „24. LXX, Psalm 9,12-15 auf Einzelblatt", Papyrus Erzherzog Rainer (P. Rainer Cent.); *Festschrift zum 100-jährigen Bestehen der Papyrussammlung der österreichischen Nationalbibliothek* (Wien: Hollinek, 1983).

Treu, Kurt, „Christliche Papyri VI", *APF* 26 (1978) 149-159.

Treu, Kurt, „Christliche Papyri VII", *APF* 27 (1980) 251-258.

Treu, Kurt, „Die Bedeutung des Griechischen für die Juden im Römischen Reich", *Kairos*, 15 (1973) 123-144.

Trobisch, David (s. H.-J. Dorn).

Trobisch, David, „Das Rätsel um die Verfasserschaft des Hebräerbriefes und die Entdeckung eines echten Paulustextes", D.Trobisch (Hg), *In Dubio pro Deo* (Heidelberg, Wiss.theol. Seminar, 1993) 320-323.

Trobisch, David, *Die Entstehung der Paulusbriefsammlung: Studien zu den Anfängen christlicher Publizistik*, NTOA, 10 (Freiburg, Schweiz: Universitätsverlag, Göttingen: Vandenhoeck, 1989).

Trobisch, David, *Die Paulusbriefe und die Anfänge der christlichen Publizistik* (Gütersloh: Kaiser, 1994).

Tucker, Gene M., „Prophetic Superscriptions and the Growth of a Canon", *Canon and Authority: Essays in Old Testament Religion and Theology* (Philadelphia: Fortress, 1977) 56-70.

Turner, Eric G., *The Typology of the Early Codex* (University of Pennsylvania Press, 1977).

Uhlig, Siegbert, „Ein pseudepigraphischer Actaschluß in der äthiopischen Version", *Oriens Christianus*, 73 (1989) 127-136.

van der Valk, H.L.M., „On the Edition of Books in Antiquity", *VigChr* 11 (1957) 1-10.

van Haelst, J. (Hg), *Catalogue des papyrus littéraires juifs et chrétiens* (Paris: Publications de la Sorbonne, 1976).

van Unnik, W.C. , „De la regle Μήτε προσθεῖναι μήτε ἀφελεῖν dans l'histoire du canon", *VigChr* 3 (1949) 1-36; = *Sparsa Collecta*, 2 (Leiden 1980) 157-171.

van Unnik, W.C., „Ἡ καινὴ διαθήκη - A Problem in the Early History of the Canon", *Studia Patristica*, 4 = *TU* 79 (Berlin, 1961) 212-227; auch: *Sparsa Collecta*, 2 (Leiden, 1980) 157-171.

Vielhauer, Philipp, *Geschichte der urchristlichen Literatur: Einleitung in das Neue Testament, die Apokryphen und die Apostolischen Väter*, 2. durchgesehener Druck (Berlin, New York: de Gruyter, 1978).

Vogt, Hermann Josef, „Die Geltung des Alten Testaments bei Irenäus von Lyon", *Theologische Quartalschrift*, 160 (München: Erich Wewel, 1980) 17-28.

Vögtle, Anton, „'Keine Prophetie ist Sache eigenwilliger Auslegung' (2Petr 1,20f)", *Offenbarungsgeschehen und Wirkungsgeschichte* (Freiburg, Basel, Wien: Herder, 1985) 305-328.

Vögtle, Anton, „Die Schriftwerdung der apostolischen Paradosis nach 2Petr 1,12-15", *Offenbarungsgeschehen und Wirkungsgeschichte* (Freiburg, Basel, Wien: Herder, 1985) 297-304.

Vögtle, Anton, „Petrus und Paulus nach dem Zweiten Petrusbrief", P.-G. Müller, W. Stenger (Hgg), *Kontinuität und Einheit, FS Franz Mußner* (Freiburg u.a.: Herder, 1981) 223-239.

Wachtel, Klaus; Klaus Witte (Hgg), *Das Neue Testament auf Papyrus: II. Die Paulinischen Briefe, Teil 2: Gal, Eph, Phil, Kol, 1 u. 2 Thess, 1 u. 2 Tim, Tit, Phlm, Hebr*, ANTF 22 (1994).

Waddell, W.G., „The Tetragrammaton in the LXX", *JThS* 45 (1944) 158-161.

Wanke, G., „Bibel, I. Die Entstehung des Alten Testaments als Kanon", *TRE* 6 (1980) 1-8.

Warns, Rüdiger, *Untersuchungen zum 2.Clemens-Brief* (Marburg: Diss., 1985).

Weber, R., *Sancti Cypriani Episcopi Opera: Ad Quirinum, Ad Fortunatum*, CCL 3 (Turnhout, 1972).

Wehnert, Jürgen, *Die Wir-Passagen der Apostelgeschichten: Ein lukanisches Stilmittel aus jüdischer Tradition*, GTA 40 (1989).

Weiss, Bernhard, *Kritisch exegetisches Handbuch über das Evangelium des Johannes*, 7.Auflage, KEK (1886).

Wendel, Carl, „Bibliothek", *RAC* 2 (1954) Sp. 231-274.

Wendel, Carl, *Kleine Schriften zum antiken Buch- und Bibliothekswesen*, Werner Krieg (Hg) (Köln: Greven, 1974).

Wendland, Heinz-Dietrich, *Die Briefe an die Korinther*, NTD 3 (1965).

Wengst, Klaus (Hg), *Schriften des Urchristentums: Zweiter Teil: Didache (Apostellehre), Barnabasbrief, Zweiter Klemensbrief, Schrift an Diognet*, Eingeleitet, herausgegeben, übertragen und erläutert (Darmstadt: Wissenschaftliche Buchgesellschaft, 1984).

Wenham, John, „The Identification of Luke", *The Evangelical Quarterly*, 63 (London: Paternoster Press, 1991) 3-44.

Wessely, C., „Literarischer theologischer Text Nr.26", *Studien zur Paläographie und Papyruskunde*, 12 (1912) 246.

Westcott, Brooke Foss, *A General Survey of the History of the Canon of the New Testament*, 6.Auflage (Cambridge, London: Macmillan, 1889).

Wevers, J.W. (Hg), *Septuaginta: Deuteronomium* (Göttingen: Vandenhoeck, 1977).

Widmann, Hans, „Herstellung und Vertrieb des Buches in der griechisch-römischen Welt", *Archiv für die Geschichte des Buchwesens*, 8 (1967) 564-640.

Wikgren, Allen (s. Kurt Aland)

Wilamowitz-Moellendorf, Ulrich von, *Die griechische Literatur und Sprache*, Die griechische und lateinische Literatur und Sprache, U. v. Milamowitz-Moellendorff, K. Krumbacher, J. Wackernagel u. a. (Hgg), 3. Auflage (Leipzig: Teubner, 1912).

Wilcken, Ulrich (s. L. Mitteis)

Wilcken, Ulrich, „The Chester Beatty Biblical Papyri", *APF* 11 (1935) 112-114.

Williams, A. Lukyn, „The Tetragrammaton - Jahweh, Name or Surrogate?", *ZAW* 54 (1936) 262-269.

Wills, Lawrence M., „The Depiction of the Jews in Acts", *JBL* 110 (1991) 631-654.

Windisch, Hans (s. Walter Bauer)

Windisch, Hans, *Die Katholischen Briefe*, 3., stark umgearbeitete Auflage von Herbert Preisker, HNT 15 (1951).

Winter, Paul, „Some Observations on the Language in the Birth and Infancy Stories of the Third Gospel", *NTS* 1 (1954-55) 111-121.

Yadin, Yigael (Hg), *The Ben Sira Scroll from Masada* (Jerusalem: Israel Exploration Society, 1965).

Zahn, Theodor, *Geschichte des Neutestamentlichen Kanons*, Erster Band: Das Neue Testament vor Origenes (Erlangen: Deichert, 1888/1889). Zweiter Band: Urkunden und Belege zum ersten und dritten Band (Erlangen, Leipzig: Deichert, 1890/1892).

Zaki, Aly (Hg), *Three rolls of the Early Septuagint: Genesis and Deuteronomy*, Papyrologische Texte und Untersuchungen, 17 (Bonn: Rudolf Habelt, 1980).

Zmijewski, Josef, „Apostolische Paradosis und Pseudepigraphie im Neuen Testament. 'Durch Erinnerung wachhalten' (2Petr 1,13; 3,1)", *BZ* 23 (1979) 161-171.

Zucker, Friedrich, „Rezension: K. Ohly, Stychometrische Untersuchungen (Leipzig: Harrasowitz, 1928)", *Gnomon*, 8 (1932) 383-388.

REGISTER

Bibel

Altes Testament
Gen 2,4 97
Gen 6,1-4 141
Gen 6,5-10,32 141
Gen 19,1-29 141

Ex 19,1 97
Ex 24,7 95
Ex 34,34 103

Lev 25,32-33 97

Num 1,2 97
Num 5,14 19
Num 27,16.18 19

Dtn 17,18 97

1Makk 1,57 95

Ijob 42,11-12 23

Ps 3 86
Ps 9,12-22 34
Ps 9,25 34
Ps 18 86
Ps 33 49
Ps 34 49, 86
Ps 56 86
Ps 57 86

Spr 1,1 97

Koh 1,1 97

SirProlog 1-2. 6-7.
14-15 98
Sir 24,23 95

Jes 48, 6-8.11-14.17-18 34
Jes 65,17 146
Jes 66,12 146

Jer 31,31ff 95

Klgl 1,1 97

Dan 9,2 23

Hosea 1,2 60

Joel 1,14 104

Sach 4,9 104
Sach 8,23b-9,2 24

Neues Testament
Mt 1,1 61
Mt 1,17 74
Mt 4,21 88
Mt 9,9 73; 74; 77
Mt 9,9-10 77
Mt 10,2 88
Mt 10,2-4 88
Mt 10,3 74; 88
Mt 13,55 88
Mt 17,1 83; 88
Mt 17,1-9 139
Mt 17,5 139
Mt 18,24 74
Mt 19,20 77
Mt 20,20-23 88
Mt 21,24-24,15 46
Mt 22,44 102
Mt 24,43 146
Mt 25,15 74
Mt 26,37 83; 88
Mt 26,69-75 132

Mk 1,1 60; 61
Mk 1,3 102
Mk 1,16-18 149
Mk 1,19 88
Mk 1,19-20 88
Mk 2,14 74
Mk 3,16-19 88
Mk 3,17 88
Mk 3,18 88
Mk 5,37 83; 88
Mk 6,3 88
Mk 8,33 132
Mk 9,2 88
Mk 9,2-10 139
Mk 9,7 139
Mk 10,17-22 77
Mk 10,35-40 88
Mk 10,38 83
Mk 12,36 102
Mk 14,33 88
Mk 14,50-51 77
Mk 14,51-52 77
Mk 14,66-72 132
Mk 15,40 88
Mk 16,5 77

Lk 1,1 127
Lk 1,1-2 78
Lk 1,1-4 125

Register

Lk 1,3 79
Lk 1-2 102
Lk 3,23-4,2 46
Lk 5 149
Lk 5,1-11 153
Lk 5,10-11 88
Lk 5,27 74
Lk 6,14-16 88
Lk 6,15 88
Lk 6,16 88
Lk 8,51 88
Lk 9,28 88
Lk 9,28-36 139
Lk 9,35 139
Lk 20,42 102
Lk 22,19b-20 95
Lk 22,20 95
Lk 22,54-62 132
Lk 24,51-53 79

Joh 1 43
Joh 1,1.4.14 87
Joh 1,6 81
Joh 1,15 81
Joh 1,19 81
Joh 1,26 81
Joh 1,28 81
Joh 1,32 81
Joh 1,34 85
Joh 1,35 81
Joh 1,37-39 83
Joh 1,40 81; 85
Joh 1,41 149
Joh 1,42 81; 86
Joh 1-20 84; 85; 149
Joh 3,23 81
Joh 3,24 85
Joh 3,27 81
Joh 4,1 81
Joh 5,33 81
Joh 5,36 81
Joh 10,40-41 81

Joh 13 84
Joh 13,23-25 82
Joh 15 33, 34
Joh 16 33, 34
Joh 18,10-11 132
Joh 18,17.25-27 132
Joh 18,28 158
Joh 19,31 158
Joh 20 148
Joh 20,30 150
Joh 20,30-31 148
Joh 21 83; 84; 85;
  87; 125; 126;
  127; 128; 147;
  148; 149; 153;
  154
Joh 21,15-17 81; 86
Joh 21,18 136
Joh 21,19 126; 137
Joh 21,19b-23 83
Joh 21,20 82
Joh 21,23 84; 126
Joh 21,24 82; 83;
  148; 150; 151;
  153
Joh 21,25 149; 150;
  151

Apg 1,1 61; 150
Apg 1,1-2 79
Apg 1,13 88
Apg 1,14 88
Apg 1-12 130
Apg 3,1-10 129
Apg 4,6 86
Apg 5,15 129
Apg 5,16 129
Apg 5,17-20 130
Apg 5,40 130
Apg 6,1 65
Apg 7,54-60 126;
  130

Apg 7,58 130
Apg 8,1-3 130
Apg 8,14-17 130
Apg 8,18-25 129
Apg 9,1-22 130
Apg 9,1-30 130
Apg 9,11 134
Apg 9,33-34 129
Apg 9,36-41 129
Apg 10 130
Apg 10,25 129
Apg 10,26 129
Apg 10,44 130
Apg 11,5-10 130
Apg 11,25-26 130
Apg 11,28 80
Apg 12,2 83; 88;
  126
Apg 12,12 75; 77;
  86; 138
Apg 12,12.25 75
Apg 12,24-25 77
Apg 12,25 75; 86
Apg 13,5 78
Apg 13,6-12 129
Apg 13,13 75; 77
Apg 13-28 130
Apg 14,4.14 62
Apg 14,8-10 129
Apg 14,11-18 129
Apg 14,15 129
Apg 14,19-20 130
Apg 15 89; 92; 130
Apg 15,1 92
Apg 15,1-29 131
Apg 15,6-29 92
Apg 15,22 89
Apg 15,23-29 89
Apg 15,35-41 76;
  133
Apg 15,37 86
Apg 15,37-38 77

Apg 15,37-39 75; 77	Apg 26,12-18 130	2Petr 1,20f 140
Apg 15,37-41 75	Apg 27,1 – 28,16 80	2Petr 1,21 140
Apg 15,38 133	Apg 27,14-16 80	2Petr 2,1 90; 140
Apg 15,39 133	Apg 27-28 131	2Petr 2,1-18 141; 142
Apg 16,1-3 134	Apg 28,6 129	
Apg 16,3 133	Apg 28,8 129	2Petr 2,4 142
Apg 16,6 134	Apg 28,9 129	2Petr 2,6 142
Apg 16,10-17 79	Apg 28,30-31 48; 126	2Petr 2,10 143
Apg 16,11-40 134		2Petr 2,12 143
Apg 16,16 78		2Petr 2,13 143
Apg 16,18 129	Jak 1,1 88; 89	2Petr 2,15-16 143
Apg 16,22-23 130	Jak 1,11 48	2Petr 2,17 143
Apg 16,24-34 130	Jak 2,14-26 88	2Petr 2,18 144
Apg 17,1-15 134	Jak 2,24 88	2Petr 3,1 138; 145
Apg 17,14-15 134		2Petr 3,1-18 137
Apg 17,17 52	1Joh 1,1 86	2Petr 3,1-2 137; 138
Apg 18,3 134		2Petr 3,1b-2a 137
Apg 18,5 134	3Joh 12-15 47	2Petr 3,2 92; 140
Apg 18,19-21 134		2Petr 3,3 137
Apg 18,23 134	1Petr 1,1 90	2Petr 3,10 146
Apg 18,24-19,40 134	1Petr 3,14-15 104	2Petr 3,13 146
	1Petr 5,12 138	2Petr 3,14-16 92
Apg 19,1-7 130	1Petr 5,13 76; 77; 138	2Petr 3,15b-16 145
Apg 19,12 129		
Apg 19,17-20 129	1Petr 5,13-14 47	Jud 1 87; 88
Apg 19,22 134		Jud 3-5 47
Apg 20,4 134	2Petr 1,1 136	Jud 4-16 141; 142
Apg 20,5-15 80	2Petr 1,3-2,22 137	Jud 5 104
Apg 20,6 134	2Petr 1,4 136	Jud 6 142
Apg 20,9-12 129	2Petr 1,5-8.14-16 47	Jud 7 142
Apg 20,16-38 134	2Petr 1,12 138	Jud 8 143
Apg 20,24-25 126	2Petr 1,12-13 137	Jud 9 141
Apg 21 130	2Petr 1,12-15 138	Jud 10 143
Apg 21,1-18 80	2Petr 1,13 137; 138	Jud 11 143
Apg 21,13 126	2Petr 1,14 136	Jud 12-13 143
Apg 21,18-26 131	2Petr 1,15 137; 138	Jud 14-15 141
Apg 21,20 131	2Petr 1,16 138	Jud 16 144
Apg 21,27-40 131	2Petr 1,17-18 139; 144	Jud 17 92
Apg 21-28 134		Jud 25 30
Apg 22,3 134	2Petr 1,19 139	
Apg 22,6-11 130	2Petr 1,20 137; 140	Röm 1,17 70
Apg 22,28 134	2Petr 1,20-21 140	Röm 3,28 88

Register

Röm 10,16-17 104
Röm 14,10-11 104
Röm 15,15 138
Röm 15,24 126
Röm 15,25-28 134
Röm 15,31 94
Röm 16 93
Röm 16,22 138

1Kor 1,12 94
1Kor 1-4 94
1Kor 2,16 104
1Kor 4,1 78
1Kor 9,5 88; 94; 145
1Kor 9,6 76
1Kor 10,9 104
1Kor 11,25 95
1Kor 16,1-4 93; 134

2Kor 1,1 64
2Kor 3 100; 155
2Kor 3,6 155
2Kor 3,6.12-16 100
2Kor 3,12-16 104
2Kor 3,14 95
2Kor 3,16 103
2Kor 3,16-18 103
2Kor 8,18 81
2Kor 8-9 93; 134
2Kor 11,9 134
2Kor 11,22 65

Gal 1,19 88; 89
Gal 2,2-10 92
Gal 2,7-9 131
Gal 2,9 89; 90; 92
Gal 2,10 94
Gal 2,11-21 92
Gal 2,12 132
Gal 2,13 132
Gal 2,14 132

Gal 5,11 133
Gal 6,16 122

Kol 1,2 64
Kol 2,1 134
Kol 2,1-10.13-14 46
Kol 4,10 76
Kol 4,10-11 77
Kol 4,14 80

Phil 2,24 126
Phil 3,5 65
Phil 4,22 126

1Thess 2,9 134
1Thess 5,2 146

2Thess 2,4-7.12-17 46
2Thess 3,8 134

Hb 8,8 95
Hb 9,14 39
Hb 9,15-17 95
Hb 12,24 95
Hb 13,22 138

2Tim 1,17 80
2Tim 2,16-17 126
2Tim 3,15 135
2Tim 3,16-17 135
2Tim 4,6 134
2Tim 4,11 76; 77; 78; 80; 135
2Tim 4,11. 16 134
2Tim 4,11a 81
2Tim 4,13 113
2Tim 4,16 126
2Tim 4,17 126

Phlm 2 64
Phlm 21 138

Phlm 22 126
Phlm 23-24 80
Phlm 24 76; 77; 78; 80

Offb 1,1 65; 86; 87
Offb 1,1-3 125; 149
Offb 1,4 87
Offb 1,4-7 33
Offb 1,9 87
Offb 5,1 111
Offb 21,1 146
Offb 22,8 87
Offb 22,18-19 55; 148
Offb 22,18-22 156

Primärquellen

1Clem 39; 41; 64
2Clem 39; 41; 64
AnonAntimontanist 55; 69
Apollonius 62
Apostolische Väter 35
Athanasius
  39. Osterfestbrief 56
Augustinus
  Contra Cresconium 3,27,30 110
  ep 171 110
  ep 40 115
Barn 9,7 27
Catalogus Claromontanus 53; 119
Cato der Ältere
  ep ad Ant. 1,2 107
Clemens Alexandrinus
  stromata 2,29,2-3 70

stromata 7,106,4 81
stromata 7,106,4;
  7,107,2 153
Euseb
  h.e. 2,15,2 138
  h.e. 3,24,7-13 85
  h.e. 3,39,14f 138
  h.e. 3,39,15 138
  h.e. 3,39,16 61
  h.e. 4,26,13-14 69
  h.e. 4,26,14 97
  h.e. 5,16,3 55; 69
  h.e. 5,18,1.5 62
  h.e. 5,23,1 159
  h.e. 5,24,13 159
  h.e. 6,25 97
  h.e. 6,25,11-14 56
  h.e. 6,25,13 56
Galen
  Περὶ Συνθέσεως
    Φαρμάκων,
    Opera, e. Kühn,
    12, 423 109
Geheimes Markus-
  evangelium 77
Gregor der Große
  ep 5,53a 118
Hieronymus
  ep 25, AdMarcellam
    23
  ep 112 115
  Praef. Sam. et Mal.
    25
  Prologus galeatus
    23
Horaz
  ep 1,20 107
Ignatius
  IgnMagn 14 138
  IgnRöm 8,3 138
  IgnRöm 10,3 138
  IgnTral 12,3 138

Irenaeus
  AdvHaer 1,1,19 93
  AdvHaer 3,1,1 127;
    138
  AdvHaer 3,1,2 93
  AdvHaer 3,17ff 101
Josephus
  ContraApionem
    1,3,18 60
Justin
  DialTryph 106.9-10
    138
Kallisthenes 62
Kanon Muratori 56; 57
Kanon Muratori 9 93
Laktanz
  DeMortPers 44,5
    17
Laodizenerbrief 53
Martial
  Apophoreta 184-
    192 118
  Epigramme 1,2
    108; 113; 116
  Epigramme 1,53
    119
  Epigramme 1,66
    111; 114
  Epigramme 1,118
    116
  Epigramme 8,62
    111
  Epigramme 13,3
    107
Melito
  Eklogai 69
Nicephorus
  Kanonsverzeichnis
    119
Origenes
  Hom 1 in Lucam
    (PG 13,1804) 81

InJoannem 5,8 70
Ovid
  Tristia 1,105-110
    112
Papias 61
Paulus und Seneca 64
Philostratos
  Leben des Apollo-
    nius 62
Plinius
  naturalis historiae
    13,23 (77) 111
Quintilian
  Institutio Oratoria
    10,3,31 115
Qumran
  1Q14,27 24
  1QIsa^a 21
  1QpHab 24
  1QpHab 10,6-7.9-13
    24
  1QpHab 11,10.12-
    15 25
  4Q180. 183 24
  4QLXXLev^b 24
  11QtgJob 104
Rufinus
  Migne, PG 17,628
    C, 692 A 119
Seneca
  De Brevitate Vitae
    13 107
Seneca der Ältere
  controversiae 1 107
  praef. 18 107
Sosylos 62
Sueton
  Caesar, 56,6 109
Talmud 118
Tertullian
  AdvMarc 4,2 93

Register

AdvMarc 5,11.17 63
ContraHermog 22 55
ContraPraxean 15 70
DePud 1 70
Trogus Pompeius
  Historiae Philippicae
    De Bellis Macedonicis 106
Varro 107

Handschriften

Qumranhandschriften (siehe Primärquellenregister)
Bibelhandschriften
  Tabellen und Listen 44-47
𝔓⁴ 45
𝔓¹⁰ 43
𝔓¹² 33
𝔓¹³ 33
𝔓¹⁸ 26; 33; 34
𝔓²² 33; 34
𝔓³⁰ 46
𝔓³¹ 33
𝔓³⁴ 45
𝔓⁴³ 33; 43
𝔓⁴⁵ 17; 26; 52; 53
𝔓⁴⁶ 17; 19; 47; 48; 49; 53; 57; 115
𝔓⁵⁰ 43
𝔓⁵³ 45
𝔓⁶¹ 46
𝔓⁶² 43
𝔓⁶⁴ 59

𝔓⁶⁶ 17; 18; 43; 59; 114
𝔓⁶⁷ 59
𝔓⁷² 49; 54; 111
𝔓⁷⁴ 46; 53
𝔓⁷⁵ 17; 46; 59
𝔓⁷⁸ 43
𝔓⁹² 45

ℵ 01 38; 57; 63; 96; 98; 99
A 02 39; 62; 96; 98; 99
B 03 40; 57; 63; 96; 98; 99
C 04 39; 96; 99
D 05 27; 50; 51; 54; 80
D 06 53; 54
H 015 47
I 016 47
N 022 47
P 025 62; 63
Q 026 45
T 029 45
W 032 54
X 033 50
Σ 042 47
Φ 043 47
048 47
055 50
064 47
067 45
070 45
078 45
083 45
087 45
088 45
093 46
0102 46
0104 46
0107 46
0166 47; 48
0171 46

0208 46
0209 46
0247 47
0251 47
0285 47

223 29
594 50
700 151
1241 111
2127 111

Cairo Geniza MS B 25
Egerton Papyrus 2 106
P.Alex.Inv.203 34
P.Fuad Inv. 266 23
P.Lit.Lond 182 115
P.Lit.Lond 4 115
P.Lond 126 33
P.Mich. 129 106
P.Narmuthis
  Inv.69.39a + 69.229a 45

P.Oxy 1 106
P.Oxy 4 106
P.Oxy 13, 1598 46
P.Oxy 30 106
P.Oxy 50, 3522 23
P.Oxy 405 106
P.Oxy 657 33
P.Oxy 1007 25
P.Oxy 1079 26; 33; 34
P.Oxy 1224 26
P.Oxy 1228 33; 34

P.Rainer Cent. 34
P.Ryl 3,472 107
P.Vindob G 29274 115
P.Vindob G 29525 + 30465 + 30893 + 39786 + 40405 34

Zum vorliegenden Buch

Die These der vorliegenden Untersuchung lautet: Das Neue Testament ist nicht das Ergebnis eines jahrhundertelangen Sammlungsprozesses, sondern stellt eine Publikation des zweiten Jahrhunderts dar. Die Titel, die Anzahl und die Anordnung der Schriften standen von Anfang an fest, sie gehen auf einen einzigen Archetyp zurück. Die Argumentation stützt sich auf den textkritischen Befund und auf die Beobachtung, dass das Neue Testament eine einheitliche Endredaktion aufweist, die die einzelnen Schriften und Sammlungseinheiten durch ein übergreifendes literarisches Konzept miteinander verbindet. Während ältere Untersuchungen fast ausschliesslich sekundäre Zeugnisse der Kirchenväter auslegen, verwertet diese Untersuchung zum ersten Mal umfassend die erhaltenen Handschriften, von denen viele erst im 20. Jahrhundert bekannt geworden sind, und konzentriert sich auf die redaktionellen Zusätze der Ausgabe. Vorgestellt und ausgelegt werden unter anderem: Anzahl und Anordnung neutestamentlicher Schriften in den Handschriften, Kodexform, *nomina sacra*, Titelgebung, Benutzeroberfläche, Autorenwahl und Intention der Herausgeber.

This investigation presents the following thesis: The New Testament is a publication of the second century and not the result of a gradual growth process extending over several centuries. The titles, the number of writings, and their arrangement were determined from the very beginning and represent one single archetype. The argument is based on the textual critical evidence and on the observation that the New Testament displays features of a uniform final redaction. A thoughtfully devised literary concept combines the single writings and collection units covering all parts of the New Testament. Whereas older investigations rely almost exclusively on the interpretation of secondary sources taken from early Christian literature, this investigation evaluates for the first time comprehensively the extant manuscripts, –many of which have been discovered only in the twentieth century–, and it focuses on the redactional features of this edition. Evidence which is introduced and interpreted includes: the number and the arrangement of New Testament writings in the manuscripts, the codex form, the *nomina sacra*, the titles, the composition of the New Testament, the selection of authors and the intention of the publisher.

ISBN 3-7278-1075-0 (Universitätsverlag)
ISBN 3-525-53933-9 (Vandenhoeck & Ruprecht)

www.ingramcontent.com/pod-product-compliance
Lightning Source LLC
Chambersburg PA
CBHW032146160426
43197CB00008B/790